KB202910

부모가 예수 안에서 건강 장수 원하는 분의 책

백세시대 예수안에서 장수하는법

강요셉지음

건강 장수는 예수님과 동행할 때 누린다.

성령

백세 시대
예수 안에서
장수하는 법

성령

들어가는 말

건강은 건강할 때 지켜야한다고 강조합니다. 건강은 질병으로 고통을 당해보아야 건강의 중요성을 인정한다고 말하기도 합니다. 한마디로 건강은 건강할 때 관심을 가지고 예방해야 한다는 것입니다. 신년인사가 "건강하세요."입니다. 건강은 그만큼 중요한 것입니다. 가정의 한사람이 병들면 가족전체가 고통을 당합니다. 세상 사람들의 말에도 "돈을 잃으면 조금 잃은 것이요, 명예를 잃으면 많이 잃은 것이요, 건강을 잃으면 전부를 잃는다."고 건강에 대한 중요성은 모두가 알고 있는 사실입니다. 현 시대를 인생 백세시대라고 합니다. 그뿐 아니라, 건배를 하면서 9988 231일 한다는 것입니다. 이는 "99세까지 팔팔하게 살다가 1-2 앓고 3일에 벌떡 일어나자"라는 말입니다. 그리고 9988 234라고 하는데 "99세까지 팔팔하게 살다가 2-3일 앓고 떠나자"라고 말하는 것으로 보아 세상 사람이나 믿는 성도들이나 건강에 대해 지대한 관심을 가지고 있습니다.

필자가 지난해 성탄절 축하예배를 마치고 기도하다가 성도들의 영-혼-육의 건강을 위하여 글을 쓰라는 감동을 성령님께 받았습니다. 그동안 인생을 살아오면서 건강에 대한 관심이 지대한 터라, 인생을 살아오면서 체험과 원리를 성령의 감동을 받아가며 정리한 글입니다.

문제는 건강은 어디에서 발원하는 가입니다. 두말할 것이 없이 마음 안에 있는 영혼에서 건강에너지가 올라오는 것입니다. 영혼이 건강해야 영－혼－육이 건강해진다는 것입니다. 영혼이 건강하려면 성령으로 세례를 받아 마음안의 성전이 견고하게 지어져야 합니다. 마음안의 성전이 견고하게 지어지려면 예배와 말씀묵상과 성령으로 기도해야 합니다. 영혼의 건강 없이 정신적인 건강이나, 육체적인 건강을 기대할 수가 없습니다.

많은 성도들이 육체의 건강을 위하여 노력합니다. 그러나 영혼이 건강하지 못하면 육체의 건강을 위한 노력은 임시요법에 불과하게 됩니다. 이 책에는 영혼의 건강뿐만이 아니고 정신적인 건강과 육체적인 건강의 관리를 위하여 적용할 수 있는 실제적인 방법들이 제시되어 있습니다. 이 책을 통하여 우리 크리스천이 하나님의 뜻대로 영－혼－육이 건강하게 지낼 수 있을 것입니다. 아무쪼록 이 책을 통하여 예수 안에서 건강한 삶을 누리는 분들이 많아지기를 소원합니다.

주후 2016년 7월 20일
충만한 교회 성전에서
저자 강요셉목사

세부적인목차

1부 건강 장수는 하나님의 뜻이다.

1장 건강하기를 바라시는 하나님

(잠언4:20-22)"내 아들아 내 말에 주의하며 내가 말하는 것에 귀를 기울이라. 그것을 네 눈에서 떠나게 하지 말며 네 마음속에 지키라. 그것은 얻는 자에게 생명이 되며 그의 온 육체의 건강이 됨이니라."

하나님은 모든 성도들이 주안에서 건강하기를 소원하십니다. 건강을 백번 강조해도 지나칠 수 없는 말입니다. 성도들뿐만 아니고 세상을 살아가는 모든 사람들은 건강하기를 원합니다. 새해 벽두에 소원을 말하라면 모두 자신의 건강과 가족의 건강을 말합니다. 건강은 참으로 중요하다는 것입니다.

필자가 지난 성탄절 예배를 마치고 기도를 하니 성령께서 성도들의 건강에 대하여 글을 쓰라는 감동을 주셨습니다. 그래서 건강에 대하여 글을 쓰려고 준비하면서 기도하고 자료를 확인하니 참으로 건강이 중요하다는 것을 다시 한 번 느끼고 느끼게 되었습니다. 성령께서 건강에 대하여 글을 쓰라고 감동하신 이유는 필자에게 건강에 대하여 관심을 가지라는 것입니다. 나이가 나이인 만큼 나 자신이 건강에 대하여 관심을 가지고 살아가라는 신호인 것입니다.

필자는 건강의 중요성에 대하여 실제로 깨달은 바가 많이 있습니다. 군대에서 나와 신학을 하고 교회를 개척했을 때 무엇보다도 개척교회 목사는 건강해야 한다는 것을 체험했습니다. 우리가 바르게 알아야 할 것은 육체가 건강해야 정신도 건강하다는 것입니다. 육체가 건강해야 영성도 강해진다는 것입니다. 필자가 교회를 개척하고 여러 고비가 있었지만 성령께서 함께 하여 주심으로 건강하게 지금까지 지내왔다는 것입니다.

그래서 지난 세월을 돌아보면서 건강에 대하여 글을 써서 성도들의 건강에 대한 나름대로 논리를 정립하려고 합니다. 물론 이 책을 읽는 분들 중에는 필자보다 건강에 대하여 박식한 분들이 많이 계실 것입니다. 그래도 읽어보시라는 것입니다. 필자는 말씀과 성령으로 거듭난 영성을 추가하여 건강에 대하여 논리를 정립하는 것이니, 세상적인 건강에 대한 논리보다 더 깊고 강하게 역사하실 것이라고 자부하기 때문입니다.

성도들의 건강은 말씀과 성령으로 거듭난 영성이 없이는 강건한 삶은 불가능하기 때문입니다. 성령의 인도를 받아야 영-혼-육이 균형을 잡히는 건강을 유지 할 수 있기 때문입니다. 건강은 균형 잡힌 영성에서 나오는 것입니다. 어느 한쪽이 불균형을 이루면 건강한 삶을 살기란 어려운 것입니다. 육체의 건강은 예수 안에서 성령으로 충만할 때 유지할 수가 있는 것입니다. 그래서 오늘 본문 말씀에 주목하기 바랍니다.

하나님의 말씀에 귀를 기울이고 그 말을 지키는 것이 생명이 되며 육체의 건강이 된다는 본문의 말씀은 건강에 대한 탁월한 정의를 제시합니다. 건강은 육체와 함께 영혼도 건강해야 하는데, 그것이 하나님의 말씀대로 삶으로써 가능하게 된다는 말씀입니다. 하나님의 말씀은 영혼을 소성시키고(시119:25), 양육하는(딤전 4:5), 생명의 말씀으로(행5:20, 빌 2:16), 인간의 심령을 정결케 하고 거룩하게 합니다(렘5:26). 또한 하나님의 말씀은 인간의 육체를 질병에 걸리지 않게 할 뿐만 아니라, 치료해 주시는 능력을 가지고 있습니다(출 15:26, 시107:20).

첫째, 건강하기를 바라시는 하나님이시다. 예수께서는 그 공생애 기간에 많은 영혼을 구원시켰을 뿐 아니라, 많은 사람의 질병도 고쳐 주심으로써 인간이 건강하게 살기를 바라시는 하나님의 마음을 표현하셨습니다. 하나님은 성도들이 건강하고 행복하기를 원하십니다. 요삼 2절 "사랑하는 자여 네 영혼이 잘 됨같이 네가 범사에 잘되고 강건하기를 내가 간구하노라" 이 말씀은 당시 복음전도자를 선대한 가이오를 칭찬하여 축복한 말씀입니다. 이 말씀은 또한 오늘 우리에게 주시는 하나님의 축복의 선포입니다. 우리 하나님은 신실하신 하나님이십니다. 긍휼과 자비가 풍성하신 참 사랑의 하나님이십니다. 우리를 지키시고 복 주시고, 은혜 베푸시고 평강 주시기를 원하시며 부요하고 건강하기를 원하시는 하나님이십니다.

예수를 믿고 교회 안으로 들어오게 해야만 온가족이 행복하고 건강하며 진정한 복을 누릴 수 있게 됩니다. 「여자의 일생」이라는 작품을 쓴 모파상이라는 유명한 작가가 있었습니다. 이 사람은 신학교를 퇴학 맞은 학생입니다. 그가 신학교에서 방황하고 방탕한 생활을 한 후에 신앙과 결별한 인생을 살게 됩니다. 그래서 예수가 주인 된 인생이 아니라, 자기가 주인이 된 인생을 살겠다고 결심합니다. 그 후에 그는 문학에 뜻을 두고 정진해서 10년 만에 유명한 작가가 되고 돈을 많이 벌기 시작합니다. 지중해에 요트를 가지고 있었고, 노르망디에 저택을 가지고 있었는가 하면, 파리에는 호화아파트를 가지고 쉴 새 없이 아내와 애인을 바꾸며 살았습니다.

「여자의 일생」은 톨스토이도 찬사를 보낸 작품입니다. 그러나 하나님 없는 그의 인생은 신경증에 시달리게 됩니다. 안질과 불면증, 우울증…. 잠을 자지 못합니다. 끝내 살아야할 아무런 이유를 찾지 못한 모파상은 칼로 자기의 목을 찔러 자살을 기도합니다. 가까스로 목숨을 구했지만 정신이 파탄 난 그는 정신병동에서 몇 달 동안 허공을 향해서 절규하다가 그의 나이 43세를 일기로 세상을 마칩니다. 그의 무덤 묘비명에는 그가 하던 말이 적혀있다고 합니다. "나는 모든 것을 소유하고자 했지만 결국 아무것도 갖지 못했다" 그는 부자의 꿈을 이룬 것 같았지만, 실상은 처절하게 가난했던 일생을 살았던 사람입니다.

사람이 주님 밖에서 주님 안으로 들어오면 복도 오지만, 주님 안에서 주님 밖으로 나가면 복도 나갑니다. 우리가 주님 밖에서 주님 안으로 들어오는 순간, 우리는 행복 자가 되고, 건강하게 됩니다. 주님 안에서 주님 밖으로 나가는 순간, 괴로운 인생 수고로운 인생이 됩니다.

예수님은 혈루증을 앓는 여인을 고쳐 주시면서 "딸아 네 믿음이 너를 구원하셨으니 평안히 가라 네 병에서 놓여 건강할지어다."(막5:34)라고 예수님은 말씀하셨습니다. 질병이 없는 건강한 인간, 이것이 하나님이 인간에게 바라시는 자애로운 뜻임을 알 수 있습니다. 예수 그리스도께서 3년 반 동안 이 땅에서 목회하셨는데, 병든 자의 병을 안 고쳐준 적이 없습니다. 먼 곳에서 병을 고쳐달라고 하면 출장을 가서 병을 고쳐주셨습니다. 제자들에게도 회개하라 천국이 가까이 왔다 하고 가는 곳마다 병든 자를 고쳐주고 귀신을 쫓아내라고 한 것입니다. 기독교는 영-혼-육이 강건하고 병 고치는 종교인 것입니다. 교회는 병든 자들이 와서 기도하고 치료를 받는 장소가 교회인 것입니다. 하나님의 뜻이 성도들이 건강하게 사는 것이기 때문입니다.

하나님이 왜 인간들이 건강하기를 바라시는 것일까요? 그것은 이 세상에 보내신 모든 인간들이 각기 그들이 맡은 사명을 잘 감당하도록 하기 위해서입니다. 질병에 걸려 활동을 제대로 하지 못하게 되면 그가 수행해야 할 사명에도 지장이 있게 되지만, 그것 뿐만아니라 가족이나 다른 사람들에게도 폐를 끼치고 신세를 져야 하는 존재가 되기 때문에 정당한 권위를 가질 수 없게 됩니다.

그러므로 인간이 건강해야 한다는 것은 의무와 사명을 수행하거나 인격적 권위를 지키기 위하여 필요불가결한 인생의 요소이며, 기반이 된다는 것을 알 수 있습니다. 따라서 건강을 잃으면 인생을 잃는 것과 같습니다. 질병으로 고생하는 것은 하나님의 마음을 아프게 하는 것입니다.

둘째, 성도들은 건강관리를 잘 해야 한다. 성도의 영혼과 육체는 다 함께 그리스도의 피 값으로 산 하나님의 것입니다(고전 6:19). 그러므로 성도는 하나님의 영광을 위해 살아야 하며(고전6:20). 따라서 영혼도 육체도 다 함께 건강하지 않으면 안 됩니다. 바울은 이렇게 권면하고 있습니다. "누구든지 언제든지 제 육체를 미워하지 않고 오직 양육하여 보호하기를 그리스도께서 교회를 보양함과 같이 하나니 우리는 그 몸의 지체임이니라"(엡5:29,30)가 그것입니다. 기독교는 금욕주의나 고행주의가 결코 아니기 때문에 하나님의 영광을 나타내기 위해서는 항상 건강하지 않으면 안 됩니다. 건강을 잘 관리해야 하는 것은 성도의 기본적인 의무에 해당한다고 할 것입니다

영국의 시인이며 역사가인 토마스 칼라일이 말한 "건강한 사람은 자기가 건강한 것을 모르고, 병자만이 그것을 안다"라

는 말은 뜻 깊은 이야기입니다. 하나님께서 사람을 지으셨을 때 건강하게 지어 주셨기 때문에 건강하다는 것은 정상적인 상태입니다. 그러나 병들면 괴롭고 불편하기 때문에 건강을 그리워하고 건강의 중요성을 생각하게 됩니다. 건강은 건강할 때 지켜야 하고, 재산이나 명예를 위해 건강을 해치는 일을 삼가야 합니다. 더욱이 쾌락을 좇고 방탕 하느라고 건강을 잃는다면 가장 어리석은 사람일 수밖에 없습니다. 성도들은 늘 감사와 절제의 생활로 건강을 유지하고 건강을 주신 하나님을 찬양하고 그 은혜에 보답하는 생활을 해 나가야 할 것입니다.

백만장자가 고급 자동차를 타고 웅장한 건물 앞에까지 와서 차를 세우자 시중드는 사람이 내려서 그 건물의 제일 좋은 식당에 들어가 음식을 배달해 오고 부자는 차 안에서 식사를 하는 것이었습니다. 가난에 시달리며 어렵게 사는 사람이 가로수 그늘아래서 있다가 이 광경을 보고 부러워하면서 도대체 어떤 사람이기에 이런 호강을 하나 하여 가까이 가보니 그 부자가 하반신이 마비되어 스스로는 식당에 들어갈 수 없는 사람인 것을 알게 되었습니다. 이 때 가난한 사람은 먹을 것은 없지만, 자기가 그리 불행한 사람은 아니란 사실을 발견했다는 이야기가 마음에 감동으로 전해 옵니다.

돈으로 음식은 살 수 있어도 식욕은 살 수 없고, 돈으로 좋은 침대는 살 수 있어도 단잠은 살 수 없으며, 돈으로 약은 살 수 있으나 건강은 살 수 없다는 말이 있습니다. 건강이 재물보다 귀하다는 이야기입니다. 성도들은 건강하여 하나님의 기뻐하시는 일에 마음껏 충성하여야 하겠습니다. 이 세상의 많은 병은 마음으로부터 생긴다는 것입니다. 흔히 스트레스를 받는다고 말합니다. 혈압을 높이고, 잠을 빼앗고, 소화를 방해하며, 궤양을 일으키는 한편 암의 원인이 되기도 하는 것이 스트레스입니다. 그런데 성도들은 이 스트레스를 이길 수 있는 비결을 가지고 있습니다. 성령으로 하는 기도로 하나님께 아뢰고 모든 일을 선하게 이루어 주시는 하나님을 의지하는 일입니다.

빌립보서 4장 6~7절에 염려와 걱정을 떨쳐 버리고 평안을 얻는 비결이 기록되어 있습니다.「현대어 성경」으로 읽어보면 다음과 같습니다. "걱정에 싸여 지내지 말고 무슨 일에 있어서든지 기도하십시오. 필요한 것을 하나님께 아뢰고, 여러분의 기도에 응답해 주시는 하나님께 감사드리는 일을 잊지 마십시오. 그러면 여러분은 인간의 이해를 훨씬 더 초월한 하나님의 평화를 경험하게 될 것입니다. 여러분이 그리스도 예수를 의지할 때 하나님의 평화가 여러분의 생각과 마음을 안정시키며 안식을 줄 것입니다." 기도는 천국 창고를 여는 열쇠이며, 문제 해결의 키(key)입니다. 기도의 특권을 부여받은 성도는 낙심하거나 실망할 필요가 없습니다. 오히려 항상 기뻐하고 범사에 감사하는 생활을 하게 될 것입니다(살전 5:16~18).

혹, 하나님의 뜻을 거역하고 욕심을 따라 살았기 때문에 죄를 지은 경우에도 용서의 길을 열어 주셨습니다. 우리가 우리 죄를 하나님께 고백하면 진실하시고 의로우신 하나님께서 우리의 죄를 용서하시고 우리의 모든 불의를 깨끗하게 씻어 주신다고 약속하셨습니다(요일 1:9). 회개하고 자복하는 기도가 죄의 용서는 물론 마음의 평안을 가져다줍니다. 주께서 회개하는 자의 기도를 들으시고 그 죄를 눈보다 희게 씻어 주시며 즐겁고 기쁜 소리를 듣게 하사 주께서 꺾으신 뼈로 즐거워하게 하시기 때문입니다(시 51:7~8). 회개하면 마음의 즐거움을 회복시키실 뿐 아니라 잃었던 건강도 찾게 하십니다.

마음의 즐거움은 양약이라도 심령의 근심은 뼈로 마르게 한다(잠 17:22) 했고, 몸의 양약이 되고 골수를 기름지게 하는 일은 여호와를 경외하며 악을 떠남(잠 3:7~8)이라 했습니다. 적극적인 신앙을 가진 성도들에게 여러 가지 시험을 만나거든 온전히 기쁘게 여기라(약 1:2)고 권면하십니다. 시험과 환난 역경과 고통 속에서 오히려 감사하고 찬송하며 기도하던 성도들의 본을 따라야 할 것입니다(행 16:22~26). 매인 것이 풀리며 닫혔던 문이 열릴 것입니다. 감사하는 자에게 즐거움이 회복되고 잃었던 건강을 되찾게 축복하시는 분이 우리의 아버지인 하나님이십니다.

사고 중에 지켜 주신 하나님, 병원에 입원하여 성공적인 수술을 받고 감사하는 것도 귀한 신앙이지만, 사고가 나지 않도록 지켜 주신 하나님, 병원에 갈 필요가 없도록 건강을 지켜

주신 하나님께 감사하는 신앙이 더욱 귀한 신앙입니다. 기독교는 예방신앙이 되어야 합니다. 질병을 고쳐 주시는 하나님 뿐 아니라, 평소에 건강을 주시는 하나님께 더욱 감사하는 성도들이 되어야 하겠습니다.

셋째, 건강관리를 해야 하는 이유를 바로알자. 건강관리를 왜 해야 하는지 바르게 알고 건강에 대하여 관심을 갖자는 것입니다. 필자가 건강에 관심을 가지고 관리하는 이유는 이렇습니다. 첫째로 하나님을 기쁘시게 하기 위해서입니다. 하나님께서 필자를 통하여 하실 일이 많이 있으시다는 것입니다. 그런데 병들어서 하나님의 뜻을 이룰 수가 없다면 하나님께서 얼마나 마음이 아프시겠습니까? 하나님은 영-혼-육이 건강한 사람을 통하여 자신의 뜻을 이루시기 때문입니다.

둘째로 필자를 필요로 하는 분들을 위하여 영-혼-육이 건강해야 한다는 것입니다. 저에게는 영육으로 고통당하는 목회자와 성도들이 찾아와 건강을 회복하여 정상적인 생활을 하는 분들이 다수가 있습니다. 특히 영적인 목회를 하다가 탈진하여 목회를 할 수 없는 목회자가 찾아옵니다. 이분들이 특별 개별집중치유에 몇 번 오셔서 안수 받고 기도하면 정상으로 회복됩니다. 종전과 같은 영적인 사역을 합니다. 참으로 감사할 일입니다. 하나님께서 저를 통하여 이런 분들을 치유하시는 것입니다.

목회자뿐만이 아니고 성도들도 영육간의 문제와 질병으로 다수가 찾아옵니다. 몇 주 동안 다니면서 말씀 듣고 기도하고 안수를 받으면 하루하루 달라지다가 정상으로 회복이 됩니다. 만약에 제가 병들어서 사역을 하지 못한다면 하나님께도 누가 될 것입니다. 이렇게 고통을 당하던 분들이 제가 병들어서 사역을 하지 못한다고 하면 희망을 잃게 될 것입니다. 필자는 이런 분들을 위하여 건강에 관심을 가지고 관리하고 있습니다.

세 번째는 저를 아끼고 사랑하는 가족들과 충만한 교회 성도들을 위하여 건강에 관심을 갖습니다. 제가 건강을 잃어서 병원에 입원을 한다든지 집에 누워있다고 하면 저의 사모나 자녀들이 얼마나 마음이 아프며 고통스럽겠습니까? 또, 우리 충만한교회 성도들은 어떤 마음이겠습니까? 저는 제 몸이 제 것이 아니라고 늘 생각합니다. 그래서 책임감을 가지고 건강 관리를 하고 있습니다.

가정에 한사람이 병들어 누워있으면 가족전체가 고생을 합니다. 필자가 한창 병원에 능력전도 다닐 때의 일입니다. 하루는 중환자실을 들어가니 코에다가 호스를 꽂고 누워서 숨만 쉬고 있었습니다. 옆에 젊은 여성이 있어서 좌초지정을 물었습니다. 환자는 63세의 권사님이셨습니다. 어찌하여 그렇게 되었는지 물어보니 새벽에 기도하러 교회에 갔다가 오는 길에 뇌졸중이 와서 쓰러져서 의식을 잃었다는 것입니다.

그래서 필자가 기도를 했습니다. 간구기도를 한 다음에 "내가 나사렛예수님의 이름으로 명하노니 김 권사는 깨어날지어다. 김 권사야! 잠에서 깨어날 지어다." 하니까, 눈을 뻔쩍 뜨는 것입니다. 바로 일어나면 될 것인데 다시 눈을 감는 것입니다. 슬하에 딸이 둘인데 딸 둘이 점심때와 저녁때 면회시간마다 찾아와서 얼굴을 닦아드리고, 발을 닦아드리는 것입니다. 필자역시 "내가 나사렛예수님의 이름으로 명하노니 김 권사는 깨어날지어다. 김 권사야! 잠에서 깨어날 지어다."라고 기도를 해드렸습니다. 여전하게 잠을 주무십니다. 어느덧 세월이 7개월이 지났습니다. 여전하게 숨만 쉬고 있는 것입니다. 참으로 안타까운 일이었습니다.

그러던 어느날 12시 30분 면회시간에 중환자실에 들어가니까, 딸 둘이서 얼굴에 화색이 연연하게 웃으면서 이부자리를 정리하는 것입니다. 그래서 제가 '아니 집사님! 권사님이 깨어나셔서 집중치유실로 옮기셨습니까?' 그랬더니, 큰딸이 '목사님! 어머니가 천국에 가셨습니다.' 제가 중환자실에 입원한 다른 환자들을 안수기도하면서 생각하기를 '얼마나 병수발하면서 고생을 했기에 어머니가 오늘 돌아가셨다는데 웃고 있을까,' 책을 읽고 있는 분도 한번 생각해 보시기를 바랍니다. 부모나 가족이 병들면 이렇게 가족들이 모두 고통을 당합니다. 물론 물질적인 손실도 만만하지 않을 것입니다. 건강하십시오. 건강은 건강할 때 지켜야 합니다.

건강은 무엇보다도 예수 안에서 마음 안에 있는 성전이 견고하게 지어져야 합니다. 책을 읽고 있는 분도 예수를 믿고 교회에 다니는 목적이 무엇일까 생각해보시기를 바랍니다. 영혼의 구원이 아닌 다른 목적을 말한다면 예수를 잘못 믿는 것이며, 교회를 다니는 목적이 틀렸다는 것입니다. 신앙생활을 하는 목적은 영육으로 건강하여 지금 천국을 누리며, 아브라함의 복을 받아 하늘나라를 확장하는 군사로 살다가 영원한 천국에서 기쁘고 즐겁게 살기 위해서입니다. 영원한 천국 간다고 자신만만하시다면 무슨 근거로 자신만만해 하고 계신가요? 당신이 철썩 같이 믿고 있는 근거가, 당신이 다니는 교회의 담임목사님의 설교였다면 아마 예수님의 말씀이 아니라, 신학자의 학설을 근거로 말했을 수도 있습니다. 그러나 신학자의 말이 아무리 그럴듯하더라도 성경에 기록된 예수님의 말씀위에 있을 수가 없습니다. 천국은 하나님이 건설하신 곳이지, 신학자가 지은 게 아니기 때문입니다.

"바리새인들이 하나님의 나라가 어느 때에 임하나이까 묻거늘 예수께서 대답하여 이르시되 하나님의 나라는 볼 수 있게 임하는 것이 아니요, 또 여기 있다 저기 있다고도 못하리니 하나님의 나라는 너희 안에 있느니라(눅17:20,21)" "우리는 살아 계신 하나님의 성전이라(고후6:16)" 하나님의 나라는 특정한 지역에 위치한 장소를 말하는 게 아니라, 하나님이 통치하시는 나라입니다. 그러므로 당신 안에 성령이 들어와서 통치하시고 다스린다면, 당신 안에 하나님의 나라(천국)가 이루어

졌음이 틀림없습니다.

만약 자신 안에 성령께서 주인으로 거주하셔서 마음속의 성전이 견고하게 지어져서 천국이 이루어졌다면, 영혼은 늘 기쁘고 평안하고 자유롭고, 영-혼-육이 건강해야 할 것입니다. 그러나 걱정과 염려, 두려움과 불안, 낙심과 절망이 가득 차거나 건조하고 냉랭하다면, 당신 안에 천국이 이루어지지 않은 증거입니다. 원인을 찾아 해결해야 합니다. 영혼이 건강해야 전인적인 건강을 누릴 수가 있는 것입니다.

충만한 교회에서는 직장인, 학생, 주부들을 위하여 주일날도 동일하게 성령 내적치유 집회 형식으로 예배를 인도합니다. 영-혼-육이 건강하도록 성령으로 내면을 정화하는 예배와 기도를 합니다. 담임목사는 주일날 밖에 교회에 나올 수 없는 성도들이 하나님의 뜻대로 내면을 치유 받고 성령 충만하여 현재 천국을 누리면서 살아가도록 관심을 가지고 신앙을 지도하고 있습니다. 매주 영적인 말씀을 들으면서 40-50분 이상 기도하면서 안수하여 막힌 영의통로를 뚫고, 마음의 상처를 치유하고, 영적인 문제를 해결하며, 성령님과 동행하도록 예배를 인도하고 있습니다. 예배시간은 11:00- / 13:30-입니다. 평일 시간이 없으신 분들은 오셔서 진리의 말씀을 듣고 영혼육의 건강도 유지 하시고 치유도 받으시기를 바랍니다.

2장 성도가 건강 장수해야 하는 이유

(요삼1:2)"사랑하는 자여 네 영혼이 잘됨 같이 네가
범사에 잘되고 강건하기를 내가 간구하노라"

우리 그리스도인은 건강하고 또한 건강해야 합니다. 이는 하나님의 섭리이자 주님의 뜻이기 때문입니다. "하나님은 우리 인간을 하나님의 형상대로 지으셨다(창1:27)"고 했습니다. 또한 "하나님이 보시기에 참 좋았더라(창1:31)"고 하셨습니다. 이것으로 보아 하나님은 우리 인간을 허약하고 병든 몸이 아닌, 건강하고 튼튼하게 창조하신 것을 알 수 있습니다.

예수님께서도 우리의 생명을 귀히 여겨 "사람이 만일 천하를 얻고도 네 생명을 잃으면 무엇이 유익하리오. 사람이 무엇을 주고 제 목숨을 바꾸겠는가(마가 7:36)"라고 하셨습니다. 또한 예수님의 이적 중에 대부분이 바로 아프고 병든 자를 고치시고, 죽은 자를 살리신 것입니다. 이와 같이 예수님께서도 우리 인간의 건강을 중히 여기신 것을 알 수 있습니다.

그런데 우리 기독교인 중에는 육체를 천시하는 경향을 가끔 볼 수 있는데, 이것은 잘못된 생각이며, 하나님의 뜻에 어긋나는 것입니다. 이 세상에 살 동안 육을 떠난 영과 혼은 존재할 수 없는 것입니다. 예수님께서 육을 천시 했다면 육으로 나시지 않았을 것이고, 병자를 고치시지도 않았을 것이며, 하나님께서 자

기의 형상대로 우리 인간을 창조하지도 않았을 것입니다.

영과 육의 싸움에서 육을 쳐서 복종해야 한다는 것은 육신의 정욕, 안목의 정욕, 이생의 자랑인 이 육신의 죄성을 과감히 버리고 육신을 깨끗하고 정결하게 하여 주님을 닮는 생활을 하라는 뜻이지, 육신을 천시하라는 의미는 결코 아닐 것입니다.

만약에 이 세상에 사는 동안에 육을 천시하고 관리하지 않는다면 주님께서 건강을 빼앗아 가실 것입니다. 나의 재물도 하나님의 것이고, 나의 지혜도 하나님의 것이며, 나의 건강도 또한 하나님의 것입니다. 우리는 관리자에 불과합니다. 하나님께서 우리에게 주신 건강을 잘 관리하는 것은 우리 믿는 자들이 꼭 지켜야 할 의무라고 생각합니다. 우리가 건강을 잘 관리하게 되면 하나님께서 건강한 모습으로 장수하도록 하실 것은 분명한 일입니다.

필자는, 건강을 위해서도 가장 중요한 것은 신앙생활이라고 생각합니다. 우선 하나님께서 사랑하시는 자녀인 우리 모두가 영육이 강건하게 살기를 원하시기 때문입니다. 어느 부모가, 자식들이 병고(病苦) 속에 살기를 바라겠습니까? 아버지 하나님께서도 그 자녀들이 건강하게 살기를 바라시고 건강의 복 주시기를 원하십니다. 예수님께서 말씀으로 각종 병자들을 고치시고 귀신들을 쫓아내신 것은, 주님이 오시기 7백 년 전에 선지자 이사야를 통해 "그는 참으로 우리의 질고(疾苦)를 지고 우리의 슬픔을 담당하신다(사53:4)."는 예언을 이루신 것입니다(마8:11).

또 지금도 당신의 사람들을 통해 놀라운 치료의 역사를 계속하시는 것은 그 자녀들이 건강하게 살기를 원하시기 때문입니다.

성경은, "여호와를 경외하면 장수한다. 그러나 악인의 나이는 짧아진다(잠10:27)." "자녀들아 주님 안에서 너희 부모에게 순종하여라. …네가 땅에서 잘되고 장수하게 하려는 것이다.(엡6:2~3)." 약속하셨습니다. 많은 신앙인들이 무병장수하는 걸 보면 이런 말씀에 공감할 것입니다. 또 신앙인들은 병이 나면 기도부터 합니다. 하나님께서 치료하실 병이면 의사의 손을 사용하지 않고 직접 고쳐주시기 때문입니다. 또 의사의 손을 이용하여 고치실 병은 병원에 가도록 하시기 때문입니다.

하나님께서 주신 육체를 잘 사용해야합니다. 달란트 비유를 아시지요, 1달란트 받은 자는 관리를 잘못했기 때문에 주인에게 책망을 받았을 뿐 아니라, 1달란트 마저 빼앗기지 않았습니까. 입시생이 공부는 게을리 하면서 주님께 일류대학에 합격하기를 간구한다면 이보다 어리석은 것이 어디 있겠습니까? 열심히 공부하면서 주님께 지혜와 총명을 간구할 때 주님께서 어여삐 여기사 지혜를 더해 주실 것입니다.

마찬가지로 자기의 건강은 전혀 돌보지 않고 건강하기를 기대한다면 이 이상 둔한 사람은 없을 것입니다. 우리는 건강관리를 잘 하면서 주님께 건강을 간구해야 할 것입니다. 따라서 그리스도인은 평소에 건강관리를 잘 하셔서 질병에 걸리지 않도록 해야겠고, 이미 질환으로 고생하는 분은 건강관리에 최선을 다해야 하겠습니다. 하나님이 주신 건강을 잘 관리하셔서 건강하기를 원하시는 하나님의 뜻을 이루어 드리는 우리가 되어야겠습니다. 건강해야 하나님께서 원하시는 사명을 감당할 수 있습니다. 우리 그리스도인이 건강한 삶을 살기 위해서는 먼저 길이요, 진리요, 생명이신 예수께서 병든 자를 고치시고 죽은 자를 살리신 이적을 살펴봄으로써 주 안에서 건강하게 사는 바른 길을 찾을 것으로 믿습니다. 전인적인 건강은 예수 안에서 성령으로 이뤄지기 때문입니다.

분명하게 건강은 건강할 때 건강을 지켜야 합니다. 건강에 문제가 생긴 다음에 건강의 중요성을 느낀다면 늦을 수도 있습니다. 필자가 평소에 존경하던 S목사님께서 생전에 건강에 대하여 큐티 노트에서 말씀하신 것을 여기에 옮깁니다. 요점은 "우리가 이 세상에 살아 있는 동안에 건강해야 하는 이유는 오로지 나를 아끼고 사랑하는 사람들을 위해서 입니다." 이것입니다. "이번 수술에서 세 가지를 깨달았습니다.

첫째로, 사는 것이나 죽는 것이나 모두가 하나님의 은혜라는 것입니다. 내가 더 살고 싶어서 사는 것이 아니고 일찍 죽고 싶어서 죽는 것도 아닙니다. 살게 하시는 이도 하나님이요 죽게 하시는 분도 하나님이십니다. 그래서 살아도 주를 위해서 살아야 하고 죽어도 주를 위해서 죽어야 합니다. 쾌유는 전적으로 하나님의 은혜일뿐입니다.

둘째로, 참된 신앙은 수동태입니다. 수술 받으러 들어가는 환자는 오직 의사의 손에 자신을 맡길 수밖에 없습니다. 믿음은 우리를 온전히 하나님께 맡기는 것입니다. 참된 신앙의 힘은 피동적인 데서 옵니다. 성령에 의해 움직이는 것만이 참된 힘이요 영원한 것입니다. 피동적인 것에서 능동적인 삶이 잉태합니다. 그리고 그 능동적인 삶에서 참된 힘이 나옵니다.

셋째로, 나의 육신이란 내 것이 아니라, 나를 사랑하는 사람의 것이라는 점입니다. 내가 아프니까 나의 가족과 ○○○교회 교인들이 너무 힘들어했습니다. 더 깊이 들어가 보면 자신의 삶이란 없는 것입니다. "우리가 이 세상에 살아 있는 동안에 건강해야 하는 이유는 오로지 나를 아끼고 사랑하는 사람들을 위해서 입니다." 성도들을 위해서 건강해야 하고, 나의 가족들을 위해서 건강해야 하고, 나를 아끼는 사람들을 위해 건강해야 합니다. 이것이 이번에 깨닫게 된 교훈입니다." 마음에 감동이 져려오지 않습니까? 자신을 사랑하는 사람들을 위하여 건강해야 합니다.

우리가 바르게 알아야 할 것은 인간이 행복한 삶을 영위하는 것은 하나님의 뜻입니다. 하나님의 창조 사역의 과정에서 보여주듯 인간이 창조되기 전에 이미 모든 것이 지어졌습니다. 삶의 조건들이 완벽하게 갖추어 졌습니다. 인간이 살기에 더 없이 좋은 환경이 조성된 것입니다. 여기에 사람이 채워지면서 세계는 더욱 완벽한 삶의 무대가 되었습니다.

하나님께서 심히 기뻐하실 정도로 창조된 세계로 행복하게 살 수 있는 모든 조건이 갖추어진 것입니다. 그러나 어느 때 조화가 깨지면서 행복한 삶이 무너지고 말았습니다. 삶 자체가 질곡이고 고역이 된 세상으로 바뀐 것입니다. 그러므로 인간은 늘 현실에서 시온의 행복을 꿈꾸며 살아갑니다. 이러한 행복에 대한 염원은 인간들로 하여금 행복의 조건들을 만들도록 독려하게 됩니다. 그러나 인간들은 조화를 상실했기 때문에 모든 의도와 계획은 이기적인 산물만 쌓아올릴 뿐입니다. 행복한 삶이란 실현하기 어려운 소망일 수밖에 없습니다. 따라서 낙원을 이루는 것은 영원한 과제로 남을 뿐입니다. 인간의 어쩔 수 없는 운명인 셈입니다. 그러나 가능성의 여지는 남아 있습니다. 하나님의 은혜가 바로 여기에 있는 것입니다. 시온의 그 행복, 아름다운 관계를 찾을 수 있는 길을 제시하신 것입니다.

우리들이 사는 현실의 공간에서 그 꿈을 이룰 수 있는 방법을 가르쳐 주셨습니다. 그것은 바로 그리스도를 통한 창조 질서의 회복뿐입니다. 하나님께서 건강한 관계를 회복하기 위한 사명을 주신 것입니다. 오직 그리스도 안에 삶으로 그의 군사가 되어 세상을 변화시키는 사명자가 되도록 격려하십니다. 사명자는 건강한 삶의 소유자라야 합니다. 우리가 알아야 할 것은 예수를 믿고 성령으로 거듭난 모든 성도는 사명자라는 것입니다. 예수님이 공생애에 하셨던 이 땅에 하나님의 나라를 건설하는 사명자입니다.

참 자유를 간직하며 선한 양심과 맑은 영혼을 지닌 자만이 행복한 삶의 조건들을 회복할 수 있는 능력을 소유합니다. 개인적 행복이든, 사회적 범주의 행복이든, 그것을 일구는 자는 온전한 삶을 사는 자, 즉 건강한 삶의 소유자인 것입니다.

하나님의 자녀인 성도들은 건강해야 할 책임이 있습니다. 세상을 변화하는 능력은 그리스도 안에서 사는 건강한 삶에서 비롯되기 때문입니다. 성도는 사명자입니다. 사명 자는 하나님의 뜻을 향해 가는 자입니다. 영-혼-육의 건강은 사명 자의 무기입니다. 건강해야 사명을 감당할 수가 있기 때문입니다.

스펜서라는 사람은 '건강의 유지는 우리들의 의무다. 생리학적 도덕이라고 해야 할 것이 존재하는 것을 아는 사람은 극히 드물다'고 했습니다. 건강은 단순한 행운이 아니라 힘써 지켜야 할 도덕적인 의무라는 것입니다. 왜냐하면 건강이란 자신뿐만 아니라 온 사회의 행복과 발전에 지대한 영향을 주는 힘이기 때문입니다. 성도에게 있어서 건강은 하나님께서 주시는 특권을 담는 그릇이요, 의무를 감당할 무기요, 축복을 그 삶에 적용시키는 수단이 됩니다. 이제 그와 같은 내용을 함께 살펴보도록 하겠습니다.

첫째, 하나님의 영광을 나타내기 위하여 건강해야 한다(고전10:31).
1)병약한 심신은 뭇사람의 오해를 받게 됩니다. 사람들은 어떤 내막보다는 현상적인 것을 더 중시하고, 어떤 원인보다도 그 결과를 중요하게 여깁니다. 우선 눈에 보기 좋고 마음에 선

한 영향을 주며 자신들에게 이익이 되는 일을 인정합니다. 욥이 하나님의 깊은 섭리에 의해 사단에게 큰 시련을 당하고 병이 들었을 때 그 절친한 친구들조차 욥의 당한 일과 처지를 이해하지 못했음을 우리는 압니다. 아니 한 걸음 더 나가 "생각하여 보라 죄 없이 망한 자가 누구인가?"(욥4:7)라고 하며 욥의 병이 죄로 인한 것이라고 오해합니다. 이처럼 병약한 성도는 뭇사람에게 부정적인 선입관을 주고 오해를 하게 하는 예가 많습니다. 하나님의 영광보다는 하나님의 저주와 징계를 떠올리게 합니다. 성도가 건강하지 못하면 전도의 문이 막힐 수도 있습니다. 세상 사람들은 모두 보이는 면을 가지고 판단하기 때문입니다. 건강하지 못하면 하나님께 누를 끼치게 되는 것입니다.

   2)병약한 자는 이웃의 수고를 요구합니다. 성도가 이 세상에서 하나님의 영광을 나타내려면 이웃과 사회에 무언가를 '주는 자'가 되어야 합니다. 즉 받는 자가 되어서는 곤란한 것입니다. 받을 때도 있지만 받는 것보다 더 많은 것을 이웃에게 베풀어야 이웃이 그를 하나님의 복 받은 백성으로 인정하고 가까이 하게 됩니다. 물질을 베풀고, 사랑과 관심을 쏟고, 몸과 마음으로 수고해 주고 봉사해야 이웃은 환영하고 그를 통해 하나님께 감사하며 영광을 돌리는 것입니다. 그런데 만일 성도가 극히 병약하다면, 그 사람은 주는 자가 아니라 받는 자가 될 것입니다. 눅5:18,19의 중풍병자를 보십시오. 그를 주님께 데려오기 위해 수많은 이웃의 수고와 봉사가 요구되지 않았습니까? 그러므

로 이웃에게 폐를 끼치고 수고를 요구하는 입장으로는 하나님의 영광을 드러낼 수가 없는 것입니다. 건강한 심신의 성도들이 되어야 하는 이유가 거기에 있음을 기억합시다.

둘째, 사명을 감당키 위해서 건강해야 한다(수14:11).

1)유용한 그릇이 되기 위함입니다. 병약한 성도일지라도 하나님께서 사명의 그릇으로 쓰신 경우가 있습니다. 바울 사도, 칼빈 선생, 헬렌켈러 등 위대한 사역자들도 많습니다. 몰로카이섬의 다미안 신부는 문둥병에 걸린 뒤 더 효과적으로 사명을 감당했습니다. 하지만 그와 같은 믿음의 영웅들은 특별한 예입니다. 성도가 다 그와 같은 초인적인 영웅이 될 수 없으며, 그와 같은 예도 드뭅니다. 대개, 병들면 하나님이 주신 사명 감당은 고사하고 자기 몸 하나 유지하기에도 버거워 하는 사람이 됩니다. 힘과 의지와 정열이 끓는 사람을 하나님께서 사용하시기를 기뻐하십니다. "그러므로 누구든지 이런 것에서 자기를 깨끗하게 하면 귀히 쓰는 그릇이 되어…주인의 쓰심에 합당케 되리라"(딤후2:21)고 했습니다. 건강한 심신, 그것은 주님의 일꾼들의 기본 요건입니다.

2)마귀를 대적키 위함입니다. 성도의 삶은 영적인 전쟁의 연속입니다. 그 영혼과 생활에는 늘 사단의 시험과 유혹이 가해집니다. 또 사명을 감당한다는 것은 사단의 영역을 파괴하고 그곳에 하나님의 복음 진리와 의와 사랑의 깃발을 꽂는다는 의미

를 지녔습니다. 이와같은 일은 그 영혼과 육체가 강건한 사람만이 순탄하게 행할 수 있는 것입니다. 필자가 매주 특별 개별 집중치유를 하면서 생각하는 것이 건강하지 못하면 이 사명을 감당할 수가 없다는 것입니다. 출1:10에 보면 애굽의 바로 왕이 히브리인을 멸절하려고 했을 때 히브리 여인은 애굽 여인과 같지 아니하고 건장하여 산파들이 오기도 전에 아기들을 순산함으로써 이스라엘 남아들이 보전되었으며 그로 인해 출애굽 구원의 기반을 마련했던 것입니다. 강건한 성도는 이처럼 사단의 공격과 유혹을 쉽게 이길 수가 있는 것입니다(엡6:10,11).

셋째, 행복한 삶을 살기 위함이다(잠4:22).

1)질병은 온갖 불행의 온상입니다. 건강을 잃고 극심한 질병에 시달린다면 그것은 온갖 불행의 요인이 됩니다. 가정의 즐거움도 깨지게 되고, 경제적으로도 큰 손실을 가져오며 명예도 부귀도 소용없는 것이 되고 맙니다. "일평생을 어두운 데서 먹으며 번뇌와 병과 분노가 저에게 있으리라"(전5:17)고 한 것처럼, 건강을 상실한 사람이 한 사람이라도 그 가정에 있으면 가정의 평화와 희망도 더불어 상실되고 맙니다. 물론 하나님의 복음 진리와 그 권능 안에서 그와 같은 상황을 극복한 사람들도 많습니다. 그래도 그 과정 중에 수많은 사람들의 시간과 마음과 물질이 허비되었음을 유의해야 합니다. 그러므로 성도들은 평소 건강할 때 더욱 그 건강을 유지키 위해 노력해야 하는 것입

니다.

2)건강은 삶의 고난을 이기는 힘이기 때문입니다. 기싱이라는 사람은 건강의 가치에 대해 아주 좋은 말을 했습니다. "건강한 신체와 맑은 정신을 가진 자에게는 악천후처럼 좋은 것도 없다. 변화무쌍한 하늘, 폭풍우도 아름답고 짜릿함을 느끼게 해준다"고 한 것입니다. 건강한 사람들은 삶의 고난적 상황도 별 문제없이 극복해 나갑니다. 오히려 그 고난적 상황을 극복해 나가는 과정 속에서 인생의 보람과 지혜를 터득합니다. 중국 북간도의 연변 자치구 조선족들을 보십시오. 그들은 나라도, 돈도, 명예도 없었지만 볍씨 한줌과 건강한 심신 하나로 오늘 중국 땅에서 가장 잘 사는 종족 중 하나가 되지 않았습니까? 건강은 최고의 '부'입니다.

정리합니다. 이 세상에서 예방이 최선인 것 몇 가지가 있습니다. 화재, 범죄, 전쟁, 그리고 병입니다. 그중 질병을 예방하고 건강을 유지하는 것이 성도에게 가장 귀한 인생의 지혜로운 행위가 될 것이며, 하나님의 축복과 뜻 안에서 인생을 살아가는 기반이 될 것입니다. 건강은 건강할 때 지켜야 합니다. 그런데 대체적으로 건강할 때는 건강의 중요성을 느끼지 못합니다. 질병이 생겨서 고통을 당해보아야 건강의 중요성을 느끼고 그때서야 건강에 관심을 가지는 분들이 있습니다. 그러나 이미 늦었는지도 모릅니다. 이 책을 읽으시고 건강의 중요성을 다시 한 번 생각하시어 예방건강하시기를 바랍니다. 예방이 최고라는 것을 가슴에 새기시기를 바랍니다.

3장 건강 장수하려면 어떻게 해야 할까?

(잠21:5)"부지런한 자의 경영은 풍부함에 이를 것이
나 조급한 자는 궁핍함에 이를 따름이니라."

하나님은 건강에 관심을 갖기를 원하십니다. 요즈음 세상에
서 건배를 하면서 9988 123일 한다는 것입니다. 이는 "99세까
지 팔팔하게 살다가 1-2일 앓고 3일차에 벌떡 일어나자"라는
말입니다. 그리고 9988 234라고 하는데 "99세까지 팔팔하게
살다가 2-3일 앓고 떠나자"라는 뜻입니다. 건강에 관심들이
많습니다. 영적인 일이나 육적인 일이나 관심이 중요합니다.

하찮은 미물도 관심을 가지면 달라집니다. 미물들과 마찬가
지로 사람도 그러합니다. 어떤 것이 필요한지, 어떤 마음이 필
요한지, 어떤 것이 지금 힘든지, 조그마한 '관심'을 가지면 궁
예의 관심법이 없어도 다 보입니다. 건강에 관심을 가지면 건
강해진다는 것입니다. 건강에 관심이 있는 사람은 생각도 건강
합니다. 우리 몸은 생각하는 대로 됩니다. '나을 수 있다'는 긍
정적인 생각보다, '나을 수 없다'라는 부정적인 생각을 하게 되
면 우리 몸은 정말로 회복되기 어렵습니다. 암이 있는 부위에
손을 대고 '넌 곧 없어진다'는 생각을 늘 하고 있으면 암세포가
없어지거나 줄어들고, 더 자라지 않거나 자라더라도 그 속도가
느려진다고 합니다.

몸을 변화시키고 건강하게 만드는 데 긍정적인 생각이 얼마나 좋은 영향을 미치는지 바로 보여 주는 사례라 할 수 있습니다. 긍정적인 생각 외에도 몸 안의 독소를 빼내는 것 역시 내 몸을 살리는 근본적인 건강법입니다. 몸안에 독소는 다른 것으로 제거할 수가 없고 성령으로 기도하면 성령께서 잠재의식을 정화하시면서 몸안에 독소를 제거하십니다. 몸 안의 독소만 제거해도 예고 없이 찾아오는 질병으로부터 몸과 마음을 건강하게 지킬 수 있습니다. 나쁜 생각을 좋은 생각으로 바꾸는 것도 넓은 의미에서의 '해독'입니다. 한마디로 건강에 관심을 가지라는 것입니다. 하나님의 뜻대로 건강하게 살아가려면 부지런해야 합니다. 돼지 같이 게으르지 말고 부지런해야 건강도 지킬 수가 있는 것입니다. 절대로 게으른 사람이 건강할 수가 없습니다.

얼마 전에 sbs 방송국에서 방송된 오장동 꽈배기 노부부 달인(남75세)의 말입니다. 건강하기만 하면 90세까지 하겠다는 것입니다. 그만큼 건강이 중요합니다. 예수님 안에서 영육의 건강관리를 잘하시기를 바랍니다. 관심을 가져야 건강합니다.

어느 농장 주인의 딸이 결혼식을 올리기로 했습니다. 그 사실이 알려진 후부터 가축들은 불안과 공포에 떨었습니다. 동물들은 회의를 열어 이 농장에서 주인에게 가장 필요하지 않은 존재가 희생제물이 되기로 했습니다. 먼저 황소가 나섰습니다. "나는 주인님의 농사를 짓는데 기여하고 있다." 이번에는 '개'가 말했습니다. "도둑을 누가 막는가! 내가 짖어대면 도둑이 도망간다.” ‘고양이’도 큰 목소리로 외쳤습니다. “나는 곡식을 훔쳐 먹는 쥐를 잡는다.” ‘닭’도 목을 길게 뽑으며 자랑했습니다. “주인에게 새벽을 알리고 아침 식탁에 달걀을 제공하는 일을 누가 하는가?” 그러나 한 동물만은 말 한마디 못한 채 눈물만 떨어뜨리고 있었습니다. ‘죽을 놈은 나구먼!’ 바로 게으른 돼지였습니다.

현대인들은 부지런하게 열심히 살면서도 성급한 마음으로 무엇을 빨리 이루려고 합니다. 때론 성급한 나머지 일확천금을 꿈꾸며 일을 정식대로 하지 않습니다. 성경은 “우리에게 부지런한 자는 풍부함에 이를 것이나 조급한 자는 궁핍에 이른다”고 교훈하고 있습니다. 이장에서는 “성도들이 어떻게 하면 건강할 수가 있는가”에 대하여 생각해보고 성도들이 건강에 대하여 힘쓰고 노력해야 함에 대하여 말씀을 상고하며 은혜를 나누려고 합니다.

첫째, 건강할 때 건강을 지키라는 것이다. 필자는 평소에 예방 신앙을 강조합니다. 군대에서 지휘관할 때 예방활동의 중요성이 무의식에 심겨져 있기 때문입니다. 건강도 건강할 때 예방하라는 것입니다. 우리 몸은 기계와 같습니다. 건강은 건강할 때 지켜야 합니다. 건강을 잃으면 모든 것을 잃게 됩니다. 친구도 생활도 재산도 모든 것을 잃게 됩니다. 모든 삶의 근본 토대는 건강입니다. 부자가 많은 재산을 창고에 넘치도록 쌓아 놓았다 하더라도 건강하지 못하면 그림의 떡이 되고 맙니다.

아무리 많은 재능과 능력, 재산이 있더라도 건강하지 못하면 누리지 못 하게 됩니다. 몸이 약해서 보약을 먹느니 차라리 가난하더라도 건강해서 보약을 먹지 않는 것이 낫습니다. 건강은 타고난 체질도 중요하겠지만 관리가 더욱 중요합니다. 돈을 많이 버는 것도 중요하지만 돈을 낭비 하느냐 절약을 하느냐에 따라 부자도 되고 가난한 자도 될 수 있습니다. 마찬가지로 건강도 몸을 함부로 하느냐 아니면 절제하느냐에 따라 강건해지기도 하고 허약하기도 합니다.

약한 체질이라 하더라도 과로를 피하고 과음 과식을 삼가 하면 건강한 생활을 할 수도 있습니다. 이름은 잘 기억이 안 나지만 고대의 유명한 수학자였던 사람인데 그는 체질이 허약체질이었다고 합니다. 의사는 그가 마흔 살을 살지 못하고 죽을 것이라고 단언했습니다. 이 말을 듣고 그는 수학을 연구하고 공부하는 시간 이외에는 모든 시간을 잠을 자는데 사용했습니다. 대부분의 연구도 허약한 탓으로 침상에서 드러누운 채 하는 경우가 많았다고 합니다. 이러한 노력으로 그는 80세까 지 건강을 지키며 많은 업적을 남겨 놓았다고 합니다. 만일 그가 무절제한 폭음과 과로로 자 신을 혹사시켰다면 어떻게 되었을까요? 아마 의사의 말대로 40세도 채 못 되어 죽었을 것입니다.

우리 몸은 기계와 같습니다. 무리하게 취급하면 망가지고 맙니다. 20년도 넘게 지금도 옛날의 포니 차를 타고 다니는 사람도 있습니다. 자동차의 수명은 10년이면 많이 쓰는 것이나 조심해서 타고 다니 면 20년도 쓸 수 있습니다.

반대로 아무리 새 차라도 관리를 제대로 못하면 얼마 못가 망가지고 말 것입니다. 특히 노년은 젊었을 때와는 달리 체력이 점점 떨어지고 있는 상태이기에 위험하다고 합니다. 너무 무리해서 쓰러져 다시 일어나지 못하는 사람도 이 시기에 특히 많다고 합니다.

모든 병의 원인은 과로와 스트레스에 있다고 합니다. 스트레스는 과로를 만드는 원인이 되기도 합니다. 마음속에 불안이 쌓이면 잠을 못 이루게 됩니다. 근심으로 밤을 새우거나 육체를 다른 취미 나 일로 혹사시키게 됩니다.

사람들이 일에 시달려 스트레스가 발생하는 경우도 있지만 혼자라는 불안에서 오는 경우도 있습니다. 세계적인 고산지대인 알프스 산장에 폭설이 쏟아져서 외부와 고립되어 버린 사람을 소재로 한 소설이 있습니다.

그는 쌓인 눈 때문에 문밖에 한 발짝도 나갈 수 없는 상태에 빠지게 되었습니다. 그는 알프스 산 속의 적막에서 오는 불안에 빠지게 됩니다. 그는 불안에 지친 나머지 허깨비를 보는 등 점점 정신 분열증 증세로 시달립니다.

몸도 늙어 거의 한달 남짓 사이에 백발이 되었습니다. 남들과 고립 되어 있는 외로움이 얼마나 자신의 심신에 치명적인가를 보여주는 소설입니다. 프랑스 영화 '빠삐용'이라는 영화에서 본 것인데 탈출하다 도망간 죄수에게는 다시는 도망가지 못하도록 잔인한 형벌을 줍니다.

그것은 탈출한 죄수를 독방에 가두는 것입니다. 독방에서 일 년쯤 감금되면 바싹 늙어 버린 중늙은이의 모습이 되어 버립니다. 견딜 수 없는 외로움이 지속되면 그 스트레스로 순식간에 늙어버리고 정신적으로도 이상하게 되는 것입니다.

그 기간이 길면 길수록 점차 환상과 망상에 시달립니다. 고통스럽게 죽어가는 것입니다. 이러한 외로움에서 오는 불안을 떨치기 위해서는 의지할 수 있는 누군가가 절대적으로 필요합니다. 마음 편한 친구를 사귀는 것도 한 방법일 것입니다.

한자(漢字)의 사람 인(人)자의 모양을 보게 되면 두 사람이 서로 의지하는 모습입니다. '서로 의지하지 않고는 살 수 없는 것이 사람이다'라 는 뜻입니다. 어쨌든 우리는 남과 인간관계를 맺으려면 정신적이든 경제적이든 간에 남에게 도움이 되거나 도움을 받을 수 있는 사람이 필요합니다.

남의 도움을 받으려면 먼저 도움을 줄 수 있는 힘이 자신에게 있어야 합니다. 힘은 자신의 능력에서 나옵니다. 남의 힘을 빌어서 나오는 힘은 믿을 것이 못됩니다. 그것은 남에 의해서 좌우되는 것이라 변동이 많기 때문입니다. 자신의 힘의 근본은 인간관계 나 실력이 있어야 하며 그것을 갖기 위해서는 강한 의지와 의욕이 필요합니다. 능력은 사회적으로 인정받을 수 있게 됩니다. 능력은 많은 사람들에게 도움을 줄 수 있기 때문입니다. 남한테 필요한 사람이 될 때 외로움에서 오는 스트레스를 줄일 수 있습니다. 사지가 멀쩡해도 무능하다면 사회에서 필요 없는 존재가 됩니다. 그는 사람들 속에 따돌림을 받아 고립될 것입니다. 건강은 사회에 잘 적응하며 사는 것도 포함이 됩니다.

건강하게 오래 사는 것만으로 생에 무슨 의미가 있는가를 생각해 보겠습니다. 건강하게 살려고 하는 이유는 여러 가지가 있겠지만, 자신의 실력이나 업적으로 남에게 도움을 주기 위해서이기도 할 것입니다.

남에게 도움을 주는 이유는 남에게 소중한 사람으로 기억되고 싶기 때문입니다. 세상에서 가장 불행한 사람은 잊혀진 사람이라고 어느 시인은 말하지 않았습니까? 오래도록 사람들의 가슴속에 살아 있는 사람이 되려면 평소에 많은 사람들에게 도움을 남길 수 있어야 합니다.

외로 움을 벗어나기 위해서는 누군가의 가슴에 소중한 사랑을 남겨야 하지 않을까 생각해 봅니다. 남에게 도움이 되는 사람은 외로움을 벗어날 수 있을 것입니다. 건강은 건강할 때 지켜야 합니다.

규칙적인 생활을 하고 과로를 피해야 됩니다. 육체를 무분별하게 사용하지 말고 무리하디 말아야 합니다. 자신이 도움을 줄 수 있는 사람을 찾아야 합니다. 자신에게 도움을 줄 수 있는 분은 하나님이십니다. 먼저 영적으로 건강해야 한다는 말입니다. 이와 같으면 건강한 생활을 해 나갈 가능성도 많아질 것입니다.

둘째, 영성에 관심을 가지고 관리하여야 한다. 영혼이 건강해야 정신이 건강하고, 정신이 건강해야 육체가 건강한 것입니다. 영혼이 건강하지 않으면 정신도 육체도 건강하지 못하다는 것입니다. 하나님께서는 노력하지 않고 그냥 거저 되게 하지 않습니다. 건강한 영혼을 유지하기 위해서도 그만큼 노력이 필요합니다. 아니, 이 세상에 부모님 말고, 노력하지 않고서도 얻을 수 있는 게 있습니까? 마찬가지로 우리의 영혼을 건강하게 유지하기 위해서 많은 노력을 기울여야 하는 것이 마땅함에도, 우리는 너무나 노력 없이 신앙생활을 하고 싶어 합니다. 아니, 건강한 영혼을 유지하는 것이 중요하다는 것조차도 모르고 있는 것 같습니다. 건강할 때 건강을 지켜야 한다는 것을 알면서도, 사람들은 병원신세를 지고 나서야, 건강의 소중함을 알고 운동을 하고, 먹을 것을 가려먹기 시작합니다. 아니, 병원에 온들 어쩔 수 없는 병든 몸으로 결국 죽음을 맞는 사람들도 수없이 많이 있습니다. 우리의 영혼도 육체와 마찬가지입니다. 우리의 영혼도 건강할 때 지켜야 합니다. 어떻게 영혼의 건강을 지킬 수 있습니까?

1)정기적인 영적 진단을 받아야 합니다. 육체나 영혼이나 모두 다 건강할 때 지켜야 합니다. 주기적으로 병원에 가듯이 수련회나 특별집회 등을 통해 내 영혼의 건강을 진단해야 합니다. 1년에 한 번씩 하라는 정기진단을 바쁘다고 무시하고, 돈이 든

다고 무시했다가 나중에 큰 낭패를 당하는 경우를 너무나도 많이 봅니다. 영혼의 건강도 마찬가지입니다. 영육치유와 각종 집회 등을 통해서 내 영혼의 건강상태를 점검하고, 회복하는 귀한 시간들이 꼭 필요합니다. 성령치유 집회 참석 통해서 내 영혼의 상태를 드러내고, 하나님 말씀에 순종하며 버릴 것은 버리고 예수님께로 헌신할 것은 과감하게 던지는 시간들이 우리에게 반드시 필요한 것입니다. 그래서 우리가 년말년시에 개별집중치유를 두번한 것입니다. 시간이 들고, 돈이 들어도 정기진단을 받아야 하는 것처럼, 우리의 영혼상태도 꼭 점검되어져야 하는 것입니다.

2)규칙적인 운동을 해야 합니다. 건강을 유지하기 위해서 꾸준한 운동을 하듯이 꾸준한 예배와 신앙생활을 통해서 내 영혼을 단련해야 합니다. 영적인 건강은 당신의 신앙을 훈련하는데서 옵니다. 정말 바빠서, 운동할 시간이 없어서 운동을 하지 못하는 사람들이 너무나 많이 있습니다. 하지만 정작 건강에 이상이 있어서 병원신세를 진 사람들은 운동을 시작합니다. 그것은 시간이 없어서가 아니라, 운동을 자신의 우선순위에 넣지 않았기 때문입니다. 중요한 것을 알면서도 제쳐놓았기 때문입니다. 마찬가지로 우리의 영혼도 규칙적인 운동이 필요합니다. 규칙적인 예배를 통해서 하나님을 만나고 각종 부서와 소그룹활동과 신앙생활을 통해서 우리의 영혼을 단련해야 합니다.

바쁘다고, 시간이 없다고요? 내 삶의 가장 우선순위에 영과 진리로 드리는 예배가 있어야 할 줄 믿습니다. 건강은 영혼의 건강에서 찾아옵니다. 진정한 영육간의 위험은 우리가 영적으로 건강하지 못할 때옵니다. 우리와 주님과의 관계에서 건강하지 못하게 되면 사람들과의 관계가 깨어질 때 오는 고통을 겪게 되고 영적으로 약해질 것입니다.

충만한 교회에서는 매주 성령능력치유 집회를 하고 있습니다. 영적 운동의 특별 트레이닝이라고 할 수 있을 것입니다. 이런 특별 성령치유 훈련을 통해서 우리의 영적 건강이 더욱 강건해지기를 소망합니다. 막혔던 담들이 무너지기를 바랍니다. 바라고 기도하는 모든 것들이 이루어질 줄 믿습니다.

셋째, 몸의 '기름기'빼고, 건강하게 사는 생활습관을 들이자. 먹는 것에 관심을 가지라는 것입니다. 모든 건강의 문제는 먹는 것에서부터 시작하는 것입니다.

① '지중해식 식단'으로 바꾸자. 현대에는 곡류 위주의 식단보다는 섬유질이나 비타민, 단백질이 상대적으로 높은 식단이 필요합니다. 지방은 불포화지방산 위주로 섭취해야 합니다. 최근에는 과일·야채가 50% 정도, 콩·두부 등의 단백질 식품이 25%, 식물성 기름이 25%로 구성된 식단이 이상적이라는 연구 결과도 나온 바 있습니다. 이런 식단을 '지중해식 식사'라고 하는데, 심장 혈관을 보호하는 항산화 효과가 있고, 섬유질이나 필수 지방산, 단백질 등이 골고루 구성돼 열량은 낮고 영양은

풍부한 최고 식단이라고 평가받았습니다.

② 적게 먹는 '소식'이 가장 중요하다. 우리나라 사람들은 음식 성분에 관심이 많습니다. 몸에 좋다고 알려진 음식은 금방 유행을 타서 안 먹어본 사람이 없을 정도입니다. 그리고 필요 이상으로 많이 섭취하는 경향도 있습니다. 하지만 불필요한 지방을 몸속에서 제거하기 위해서는 음식의 종류보다 음식의 양을 조절하는 것이 더 필요합니다.

무엇이든 많이 먹으면 몸에 나쁜 기름이 끼게 됩니다. 아무리 몸에 좋은 성분을 많이 함유하고 있는 영양소라도 과잉 섭취하면 넘치는 만큼 중성지방 화합니다. 먼저 탄수화물이 풍부한 곡류로 만들어진 음식과 간식을 습관적으로 섭취하는 것은 담백한 몸만들기에 적합하지 않습니다. 결국에는 당으로 변환되는 술을 많이 마시는 습관은 중성지방 수치를 확 올리게 됩니다. 또한 혈당은 특정 음식을 먹는다고 상승하는 것이 아닙니다. 다만 자신이 감당할 수 있는 그 이상의 영양분을 섭취하는 것이 문제입니다. 당분도 몸 안에서 지방으로 저장됩니다. 당분이 과다 섭취되면 지방으로 저장되는 것입니다.

③ 하루에 30분 이상씩 꾸준히 운동한다. 특히 여성은 꾸준히 운동해야 합니다. 여성호르몬이 정상적으로 분비되는 갱년기 이전에는 심혈관계 질환이 거의 발병하지 않지만, 갱년기가 되면서 이러한 혜택이 갑자기 사라집니다. 갱년기 즈음에서는 여성의 신체에 변화가 일어나고, 이후 3~4년 사이에 갑작스럽

게 체형이 바뀌고 건강에 이상이 생기기 쉽습니다.

운동은 섭취한 영양을 충분히 소모하는 것이 그 목표입니다. 우리 몸에 넘치는 칼로리가 없게 하는 것이 목표인데, 열량의 근원이 되는 영양분 섭취를 줄이는 것과 소비하는 것 모두 중요합니다. 운동은 어떤 운동이든 종류별로 다양하게 할 것을 권유합니다. 너무 무리하지 말고 자신의 연령에 맞게 해야 합니다.

④ 미세영양소를 골고루 섭취한다. 미세영양소는 보통 비타민, 무기질, 아미노산으로 구분합니다. 미세영양소의 특징은 단백질, 탄수화물, 지방과는 달리 열량을 내지 않는다는 것입니다. 하지만 우리 몸에 꼭 필요한 영양소입니다. 평소 컬러 푸드를 생식으로 즐기면 미세영양소를 골고루 섭취할 수 있습니다. 끼니때마다 녹황색 채소, 과일 등 컬러 푸드를 생식으로 섭취해보기 바랍니다. 말린 채소와 과일을 갈아 우유나 생수에 타 먹는 것도 좋은 방법입니다.

⑤ 이왕에 먹는 지방, 불포화지방산을 많이 섭취하자. 올리브오일, 등푸른 생선, 콩, 견과류 등에 들어 있는 지방은 불포화지방산을 많이 함유하고 있습니다. 특히 육류보다는 생선을 많이 먹고, 씨앗류는 냉장 보관해서 수시로 즐기시기를 바랍니다. 음식을 할 때 올리브오일, 포도씨오일, 해바라기씨오일 등의 식물성 기름을 사용하고, 샐러드 등을 먹을 때 아몬드, 호두, 콩 등을 함께 먹는 것도 좋은 방법입니다.

4장 성도의 건강은 성령으로 시작된다.

(고전 2:10)"오직 하나님이 성령으로 이것을 우리에게
보이셨으니 성령은 모든 것 곧 하나님의 깊은 것까지도
통달하시느니라"

건강은 영혼에서부터 건강해야 합니다. 영혼이 건강하려면 성
령으로 세례를 받아야 합니다. 성령으로 세례를 받고 성령으로
기도하면서 영육이 성령의 지배를 받아야 합니다. 영육이 성령
의 지배를 받게 되면 영-혼-육이 건강하게 되는 것입니다. 그
래서 예수를 믿는 성도들의 건강은 성령으로 시작이 되는 것입
니다. 성령이 아니고서는 아무것도 하지 못합니다. 이는 체험하
지 못한분들은 이해하지 못합니다. 체험해보면 아멘으로 화답하
게 됩니다.

성령의 세례는 건강뿐만이 아니고 성도에게 와있는 영육간
의 문제를 치유하는데도 지대한 영향을 미치게 됩니다. 성령
으로 세례를 받지 않으면 치유가 되지 않습니다. 육체에 역사
하는 세상신의 힘이 강하기 때문에 좀처럼 치유가 되지 않습
니다. 그러다가 성령으로 세례를 받고 뜨겁게 기도하기 시작
을 하면 육체가 성령의 지배를 받게 됨으로 치유가 되기 시작
을 하는 것입니다.

그러므로 성도가 당하는 영육의 문제를 치유 받으려면 최우선

으로 체험해야하는 것이 성령의 세례입니다. 성령의 세례가 없이는 아무리 능력이 강한 사역자라도 치유를 할 수가 없습니다. 치유는 성령께서 하시기 때문입니다.

하나님은 영이십니다. 영육의 문제는 영이신 하나님이 치유하시는 것입니다. 하나님이 치유하시게 하려면 영적인 상태가 되어야 하는 것입니다. 영적인 상태가 되려니 성령으로 세례를 받고 성령의 깊은 임재에 들어가야 합니다. 그러면 하나님의 치유의 손길이 역사하기 시작을 합니다.

하나님의 음성을 들으려고 해도 성령으로 세례를 받아야 합니다. 상처를 치유 받으려고 해도 성령으로 세례를 받아야 합니다. 귀신을 쫓아내려고 해도 성령으로 세례를 받아야 합니다. 질병을 치유 받으려고 해도 성령으로 세례를 받아야 합니다. 재정의 문제를 해결하려고 해도 성령으로 세례를 받아야 합니다. 성령의 세례가 없이는 아무것도 이루어지지 않습니다. 그러므로 성령의 세례는 모든 성도가 꼭 받아야 합니다.

한번 성령으로 세례를 받았다고 다 되는 것이 아닙니다. 지속적으로 성령 충만해야 합니다. 많은 성도들이 성령으로 세례를 받고, 방언으로 기도하면 항상 성령 충만한 줄로 생각을 합니다. 그러나 잘못된 생각입니다. 항상 성령으로 충만 하려고 의지적인 노력을 해야 합니다. 사람은 육을 가지고 있기 때문입니다.

여기서 우리가 더 알아야 할 것이 있습니다. 첫째, 성령의 세례를 이론으로 알고 스스로 성령으로 세례를 받았다고 자처하는 성도들입니다. 이런 분들이 영육으로 문제가 생겨서 치유를 받으러 옵니다. 와서 본인이 기도를 하고, 안수를 해주어도 성령의 역사가 일어나지 않습니다. 몇 주를 다니면 그때에야 반응이 있기 시작합니다. 왜냐하면 자기만의 자아가 있어서 영적인 말씀이 귀에 들리지 않기 때문입니다.

두 번째는 몇 년 전에 성령을 체험했다고 자랑하는 성도들입니다. 얼마 전에 여 집사가 2년 전에 성령을 체험했다고 하면서 치유와 능력을 받으러 왔습니다. 2일을 기도하고 안수를 하니까, 성령의 역사가 일어나 몸이 뒤틀리고 괴성을 지르는 것입니다. 한참을 안수하니 성령이 장악을 했습니다. 귀신들이 소리를 지르면서 떠나갔습니다. 지금 교회에는 몇 년 전에 성령을 체험했다고 안심하고 지내는 성도들이 있습니다.

이런 분들이 열심히 믿음 생활을 하면서도 여러 가지 문제로 고통을 당합니다. 왜냐하면 자기에게 역사하는 상처와 악한 영의 역사로 일어나는 것입니다. 그러므로 한번 성령을 체험했다고 다 된 것이 아니라, 지속적으로 성령을 체험하며 깊은 영의기도를 하여 심령을 정화시켜야 합니다. 그래야 깊은 영성이 되어 하나님과 교통하는 기도를 할 수가 있습니다. 한번 성령을 체험했다고 자랑삼아 말하는 분들은 자기 관리에 신경을 써야 할 것입니다. 우리가 육체가 있기 때문에 영성에 꾸준하게 관심을 가져야 합니다. 한번 체험했다고 멈추면 얼마 있지 않아 육으로 돌아갑니다.

성령으로 세례가 임할 때 몸으로 체험하고 눈으로 볼 수 있는 현상은 이렇습니다. ① 호흡이 깊어지거나 빨라지고 손이 찌릿찌릿 하기도 합니다. ② 주체하지 못하게 울음이 터지거나. 웃음이 터지는 경우도 있습니다. ③ 가슴을 찌르고 무엇이 빠져나오는 아픔을 느낄 수 있습니다. ④ 위장이나 아랫배 부근에서 어떤 뭉치 같은 것이 움직일 수도 있습니다. ⑤ 큰소리가 속에서 터져나오기도 하고 온 몸에 불이 붙은 것 같이 뜨겁습니다. ⑥ 가슴이 답답하고 기침이 나오고 손과 입에서 불이 나오는 체험을 하기도 합니다. ⑦ 기침, 하품, 트림이 나오고. 토하기도 하고 메스꺼움을 느끼기도 합니다. ⑧ 멀미하는 것처럼 속이 울렁거리며 아랫배가 심히 아프기도 합니다. ⑨ 머리가 아프고 어지럽고 몸을 감당하지 못하게 흔들리기도 합니다. ⑩ 때로는 얼굴이나 몸 전체가 뒤틀리다가 풀어져 평안해지기도 합니다. ⑪ 때로는 집에 돌아가서도 심신을 성령의 만지심의 현상이 일어날 수 있습니다. 이것은 일종의 성령의 치유의 현상이니 두려워말고 계속 다니면서 기도하면 없어집니다. 성령으로 장악이 되면 이와 같은 현상이 없어지면서 영-혼-육이 건강하게 됩니다. 말로 표현하기 힘들 정도로 평안과 강건함을 체험하게 됩니다. 분명하게 성령으로 세례를 받을 때 몸으로 느끼고 눈으로 볼 수 있는 가시적인 현상이 나타납니다.

필자가 그동안 사역하면서 체험한 바로는 기도할 때 진동이 심한 분들이 성령으로 장악이 되니 점점 안정을 찾았습니다. 만약에 자신이 기도할 때 진동이 심하다면 성령으로 장악이 되고 몸 안에 있는 상처가 배출이 되면 점점 진동하는 것이 약해지면서 없어질 것입니다. 이렇게 진동이나 이해하지 못하는 특별한 현상이 일어나는 것은 치유 받아야할 상처가 많다는 것입니다. 성령으로 장악이 되어 전인격이 치유가 되면 나타나는 현상은 점점 없어집니다. 그러면서 영-혼-육이 건강해집니다.

여기에서 한 가지 더 알아야 할 것은 일반적인 교회에서 열심히 신앙생활을 하면서 부흥회 때 성령을 체험한 분들입니다. 저에게 전화가 오는데 목사님 저는 3년 전 부흥회에서 성령체험을 했습니다. 그런데 기도가 안 됩니다. 왜 그런가요? 이런 분들은 모두 영이 막힌 것입니다. 한마디로 성령을 체험했을 때 심령을 정화시켜야 하는데 그렇지 못하여 상처와 악한 영의 역사가 심령에서 일어나 영이 막힌 것입니다. 이런 분들은 모두 성령의 임재가운데 내면의 상처를 치유하면서 악한영의 역사를 몰아내야 합니다. 그래야 영의 통로가 열려 기도가 됩니다. 심령의 문제를 해결하지 않으면 성령으로 기도가 되지 않습니다.

최초 성령을 체험하면 이런 현상이 나타날 수가 있습니다. 몸이 뻣뻣해집니다. 몸이 뜨겁거나 따뜻합니다. 몸이 시원해집니다. 바람이 느껴집니다. 몸에 전기가 감전된 것같이 찌릿찌릿합니다. 감동이 옵니다. 눈물이 납니다. 자꾸 뒤로 넘어지려고 합니다. 손에 힘이 주어집니다. 몸에 힘이 빠지기도 합니다. 기분 나쁘지 않는 소름이 끼칩니다. 향기가 납니다. 몸이 떨리거나 흔들립니다. 손발이 저리는 느낌을 받습니다. 몸이 떨리거나 흔들립니다. 근육이나 피부의 한 부위가 떨립니다. 호흡곤란을 느끼기도 합니다. 신체 부위가 커지는 느낌이 듭니다. 물을 먹는 것 같습니다. 잔잔하게 내려오는 것 같습니다. 기뻐집니다. 영적인 생각이 나면서 흥분됩니다. 소리가 질러집니다. 입으로 바람이 불어집니다. 자신은 낮아지고 하나님의 경외하심이 느껴집니다. 방언 찬양이 나오기도 합니다. 눈이 부셔 눈을 깜빡깜빡거립니다. 배가 묵직해지면서 힘이 들어갑니다. 술에 취한 것 같이 어지러움을 느낍니다. 잠이 오는 것 같이 졸음이 옵니다.

성령을 초기에 체험하면 이와 같은 현상을 느끼고 체험합니다. 왜냐하면 성령께서 자신에게 역사하고 있다는 것을 알게 하기 위해서 일으키는 역사입니다. 성도가 체험과 믿음이 없어서 성령님이 자신에게 역사한다는 것을 잘 믿지 못하기 때문입니다. 성령님은 인격이시기 때문에 이렇게 알고 느끼게 역사하시는 것입니다. 그러나 차츰 성령의 깊은 임재에 장악이 되면 잔잔해지면서 몸으로 느끼는 가시적인 현상이 점차로 줄어듭니다. 점차로 줄어든다면 자신이 성령으로 장악이 되고 있는 증표입니다. 그러나 계속적으로 임재 체험 현상이 나타나면 문제가 있는 것입니다. 알고 대처하기를 바랍니다.

우리는 무슨 현상을 보고. 체험하는 것에 중점을 두지 말고, 자신이 예수님의 성품과 같이 변화되고 있는지에 관심을 두어야 합니다. 너무 나타나는 현상에 눈을 돌리면 영안이 열리지를 않습니다. 바른 성령의 역사가 일어나면 변화되지 말라고 해도 변화되게 되어 있습니다. 그리고 성령 사역을 하시는 분들은 영들을 분별하는 능력을 깊고 수준 높게 개발하여 성도들이 불필요한 고통을 당하지 않도록 지도할 수 있어야 합니다. 자신이 성령으로 장악이 되어야 영-혼-육이 건강합니다.

성령의 불을 받는가, 나오는 가의 문제입니다. 물론 처음 한 번은 성령의 불을 받아야 합니다. 다음부터는 내주하신 성령으로부터 불이 나와야 합니다. 성령의 불이 자신 안에서 나오도록 영성훈련을 해야 합니다. 성령이 역사하는 교회 시대인 지금은 성령을 받은 사람이 말씀을 전하고 기도할 때 임합니다. 이는 말씀을 전하는 사람의 심령에 임재 했던 성령이 나타난 것입니다. 성령은 먼저 성령세례를 받은 성도 안에 임재 하여 계십니다. 그리고 성령으로 세례 받은 성도들이 모인 장소에 임재 하여 계십니다. 성령으로 세례를 받은 목회자가 전하는 말씀 안에 임재 하여 계십니다. 그러므로 성령의 불은 성령으로 세례를 받은 성도의 마음속에서 나오는 것입니다. 그런데 아직도 많은 목회자나 성도가 성령의 불이 하늘에서 떨어지는 줄로 압니다.

저에게 질문을 많이 합니다. 목사님! 우리 교회에서는 성령의 불이 하늘에서 떨어진다는데, 왜 목사님은 성령 받은 성도의 심령에서 올라온다고 하십니까? 그래서 제가 잘 설명을 합니다. 지금 하나님은 예수를 영접한 성도의 마음 안에 계십니다. 예수님은 요한복음14장 20절에서 "그 날에는 내가 아버지 안에, 너희가 내 안에, 내가 너희 안에 있는 것을 너희가 알리라"하셨습니다.

로마서8장 10-11절에서는 "또 그리스도께서 너희 안에 계시면 몸은 죄로 말미암아 죽은 것이나 영은 의로 말미암아 살아 있는 것이니라. 예수를 죽은 자 가운데서 살리신 이의 영이 너희 안에 거하시면 그리스도 예수를 죽은 자 가운데서 살리신 이가 너희 안에 거하시는 그의 영으로 말미암아 너희 죽을 몸도 살리시리라"하셨고, 고린도전서 3장 16절에서는 "너희는 너희가 하나님의 성전인 것과 하나님의 성령이 너희 안에 계시는 것을 알지 못하느냐"했습니다. 빌립보서 2장 13절에서는 "너희 안에서 행하시는 이는 하나님이시니 자기의 기쁘신 뜻을 위하여 너희에게 소원을 두고 행하게 하시나니"라고 하십니다.

이렇게 볼 때에 분명히 성령의 불은 내 안에서 나오는 것이 맞습니다. 하나님이 성도의 마음 안에 계시기 때문입니다. 성령의 불이 자신 안에서 나오는 것을 인정하지 않으면 이런 현상이 나타납니다. 밖에서 역사하는 불만 받으려고 하기 때문에 영의통로가 뚫리지를 않습니다. 왜냐하면 밖에다가만 관심을 집중하기 때문입니다. 내 안에 관심을 가져야 자신이 보이는데 밖에다가 관심을 두니 자신이 보이지 않는 것입니다.

그래서 밖에다가 관심을 두니 영의통로가 열리지를 않습니다. 영의통로가 막혀있으니 항상 갈급합니다. 성도는 심령에서 은혜가 올라와야 영의 만족을 얻을 수가 있습니다. 밖에서 들리고 보이는 것을 가지고 은혜를 받으려고 하니 항상 심령이 갈급한 것입니다. 교회나 은혜의 장소에 가서 말씀을 듣고 예배를 드릴 때는 은혜를 받는 것 같습니다.

그러나 마치고 돌아서면 허전합니다. 기도를 할 때도 마찬가지입니다. 기도를 하면 마음이 편안해지는 것 같습니다. 조금 지나면 심령이 갑갑해집니다. 밖에서 역사하는 성령의 불을 받아서 몸은 뜨거운데 마음은 평안하지 못합니다. 마음이 평안하지 못하니 성품이 변하지 않습니다. 남이 하는 조그마한 소리에도 참아내지 못하여 혈기를 냅니다. 성령의 불이 마음에서 올라오지 않으니 육체에 역사하는 세상신이 역사하기 때문입니다.

좀처럼 심령이 변하지 않으니 그리스도인으로서 본을 보이지 못합니다. 세상의 믿지 않는 사람들보다 더 악하고 혈기를 잘 냅니다. 이런 성도가 기도하는 것을 보면 거의 목에서 나오는 소리로 기도를 합니다. 기도할 때 나름대로 생각하기는 성령으로 충만하다고 생각하는데 절대로 그렇지 못합니다.

이런 성도가 밖에서 역사하는 성령의 불을 잘 받습니다. 밖에서 역사하는 불로 인하여 육체가 훈련되어 있기 때문입니다. 성령이 역사하면 뜨거움도 강합니다. 그러니 성령의 불을 받았다고 믿어버리는 것입니다. 마음속에서 불이 나오게 하지 않으니 육체에 역사하던 세상신이 떠나가지를 않습니다. 기도를 해도 세상신이 적응을 하여 같이 기도하면서 꼼짝도 하지 않습니다. 이런 분들이 모두가 이구동성으로 하는 말이 얼마 전에 어디에서 성령의 강한 불을 받았다고 합니다.

예를 든다면 이런 경우입니다. 제가 어느 기도원에 간적이 있습니다. 기도 시간이 되었습니다. 강단에서 집회를 인도하시는 목사님이 성령의 불을 받아라! 불! 불! 불! 하니까? 어느 여성이 욱욱하는 것입니다. 제가 물었습니다. 왜~ 그렇게 몸을 움츠리면서 욱욱합니까? 그랬더니 이렇게 대답을 합니다. 강사 목사님의 성령의 불이 강하기 때문에 자기에게 그런 현상이 나타난다는 것입니다. 이는 잘못 이해한 것입니다. 우리 안에 역사하는 성령의 불은 밖에서 역사하여 나에게 와서 느끼게 할 수도 있습니다. 그렇다고 욱욱하는 것은 아닙니다.

제가 지금까지 성령치유 사역을 하면서 욱욱하는 분들을 안수하여 영의통로를 뚫으면 속에서 말로 표현하기 힘들 정도로 더러운 것들이 나옵니다. 이 더러운 것들이 나가고 나면 절대로 욱욱하지 않고, 조용하고 평안하게 영으로 기도를 합니다. 얼굴이 평안하게 보일 정도로 평안해집니다. 욱욱하게 하는 것은 상처 뒤에 역사하는 악한 영들입니다. 이들이 떠나가고 나면 잠잠해지면서 평안을 느끼고 영으로 깊은 기도를 합니다.

이렇게 성령의 불을 받는다고 하는 분들이 상처를 많이 가지고 있습니다. 자신의 속에서 떠나보내지 않고 받아들이기 때문입니다. 은혜의 장소에 가서 말씀 듣고 기도할 때는 충만한 것 같습니다. 3일만 지나면 갈급해 집니다. 혈기가 나고 괜히 짜증을 많이 냅니다. 심령의 영이 막혀있어서 일어나는 현상입니다.

이런 분들은 절대로 영의 만족을 누리지를 못합니다.

　마음의 상처와 상처 뒤에 역사하는 세상신이 영을 압박하기 때문입니다. 치유를 받으려면 호흡을 깊게 들이쉬고 내쉬면서 배에서 나오는 소리로 주여! 주여! 주여! 를 한 5분만 하면 영의 통로가 뚫리기 시작하는 것을 본인이 느끼게 됩니다. 성령의 임재를 지속적으로 받았기 때문에 영의통로를 뚫기가 쉽습니다. 그런데 보통 이런 분들이 자아가 강하여 주여! 주여! 주여! 하면서 기도를 하지 않습니다. 몸을 움츠리고 으으으 하면서 자신만 인정해주는 성령의 불을 받았다고 믿기 때문입니다.

　자신이 성령의 불을 받는 방법을 터득하여 그대로 행동합니다. 이런 분은 좀처럼 변화되지 않습니다. 자아가 강하기 때문입니다. 제가 지금까지 십 년이 넘도록 성령 사역을 하면서 나름대로 체험한 결론에 의하면 영의통로를 뚫어야 되는 분들은 이렇습니다. 기도할 때나 안수를 받을 때 몸이 뜨거워지면서 경직이 되는 성도입니다. 기도를 하루라도 쉬면 마음이 갑갑하여 죽을 것 같다고 말하는 분입니다. 기도할 때 몸의 진동이 심하게 나타나는 성도입니다. 방언 기도할 때 몸이 뜨거워지면서 땀을 많이 흘리는 성도입니다. 안수를 받을 때 으으으 하면서 몸이 굳어지고 뜨거워지는 성도입니다. 일어서서 기도하다가 잘 넘어지는 성도입니다. 기도하다가 깜박깜박하면서 의식을 놓는 성도입니다. 기도할 때 뿐이고 돌아서면 갈급한 성도입니다. 다른 성도가 자신에게 조금이라도 거슬리는 말을 하면 분이 나와서 참지 못하는 성도입니다. 예배는 열심히 참석하고 기도는 많이 하는데 항상 심령이 갈급한 성도입니다. 나름대로 신앙생활은 잘한다고 생각하는데 몸의 이곳저곳이 아픈 분입니다. 마음의 상처로 고생하는 분들입니다.

그리고 교회에서나 세상에서 사람들과 대화할 때 머리가 아프다던가. 속이 거북스러운 분들은 영의통로를 뚫어 속에서 불이 나오게 해야 합니다. 이런 분들은 자신의 마음속에서 불이 나오지 않아 영이 약하기 때문에 일어나는 현상입니다. 대화할 때 상대방의 나쁜 기운들이 자신에게 침투하기 때문에 영이 알아차리고 조심하라고 육이 느끼게 하는 것입니다. 이런 분들은 대화할 때 마음으로 호흡을 하여 성령의 역사를 일으켜야 합니다. 그래야 상대방의 나쁜 기운들이 타고 들어오지 못합니다. 대화를 한 후 호흡을 깊게 들이쉬고 내쉬면서 심령을 정화해야 합니다. 그렇지 않으면 나쁜 기운들이 자신 안에서 집을 지을 수도 있습니다. 경각심을 가져야 합니다.

이런 분들은 성령이 충만한 장소에 가서 은혜 받고 기도하면서 영의통로를 뚫어야 합니다. 호흡을 들이쉬고 내쉬면서 배에서 나오는 소리로 주여! 주여! 주여! 를 지속적으로 하면 기침이 나오면서 영의통로가 열립니다. 체험 있는 사역자의 도움을 받는 것이 빠릅니다. 사역자가 안수할 때 이렇게 하시기를 바랍니다. 피사역자의 머리에 한 손을 올리고, 다른 손은 등 뒤에 올립니다. 피사역자에게 지시를 합니다. 호흡을 들이쉬고 내쉬라고 말입니다. 최대한 방광이 있는 곳이 부풀어 오르도록 호흡을 깊게 들이쉬게 합니다. 호흡을 들이쉬고, 내쉬고 하면서 한 3분 동안 기다리면 웬만한 성도는 모두 영의통로가 뚫립니다. 영의통로가 뚫리면 더러운 것들이 나오므로 사전에 꼭 휴지를 준비해야 합니다. 말로 표현 할 수 없도록 많은 오물들이 나옵니다.

피사역자의 마음 안에 있는 영으로부터 권능이 올라오니 더러운 것들이 밀려서 나오는 것입니다. 이렇게 몇 번만 하면 영의통로가 열려서 깊은 영의기도가 됩니다. 마음이 평안해집니다. 구습이 변합니다. 말로 표현 할 수 없는 평안이 올라옵니다. 우리는 성령의 불이 심령에서 올라오게 해야 합니다. 그래야 영적으로 변합니다. 영의 만족을 누리게 됩니다. 성령의 불이 심령에서 올라와야 예수님의 성품으로 변합니다. 영의통로가 뚫리니 영의 만족을 찾아 방황하지 않습니다. 분명하게 성령의 불은 받는 것이 아닙니다. 물론 처음에는 성령을 받아야 합니다. 그러나 성령이 장악하면 자신의 영 안에서 성령의 불이 나오는 것입니다. 자신의 영 안에서 성령의 불이 나오도록 영성을 깊게 해야 합니다. 우리 예수를 믿고 성령으로 거듭난 성도는 바르게 알고 바르게 행해야 합니다.

명확한 근거도 없는 샤머니즘적인 용어에 속지 말고 바르게 체험하기 바랍니다. 무엇이든지 받아들이지 말고 말씀으로 분별해 보는 습관을 들이시기를 바랍니다. 마귀는 어찌하든지 성도들을 속이려고 합니다. 그것도 하나님의 말씀과 성령의 역사를 교묘하게 위장하여 침투합니다. 분별력을 길러야 합니다.

성도는 하나님의 말씀과 바른 성령 체험을 하면 영-혼-육이 건강해지면서 변하게 되어 있습니다. 무엇이든지 열매를 보시기를 바랍니다. 아무리 뜨거운 불을 받았다고 할지라도 구습이 변하지 않으면 분별의 대상입니다. 무엇인가 잘못된 것이 있다는 것입니다. 수준을 높이시기를 바랍니다. 영-혼-육이 강건하여 9988 234일 하시면서 하나님께 쓰임을 받으려고 작정하신 분들은 성령으로 세례를 받고 성령으로 완전하게 장악이 되어야 합니다. 성령으로 완전하게 장악이 되어야 영-혼-육이 성령의 지배로 건강하게 살아갈 수가 있습니다. 성령의 인도도 받을 수가 있습니다. 하나님의 음성도 들을 수가 있고, 권능도 강하게 나타나는 것입니다.

충만한 교회에서는 매주 목요일 밤 19:30- 성령 ,은사, 내적 치유집회를 정기적으로 진행하고 있습니다. 성령체험을 원하시는 많은 분들이 찾아오셔서 성령세례를 받고, 성령은사를 받으며, 질병과 마음의 상처를 치유 받고, 귀신들을 떠나보내고 있습니다. 성령으로 기도하며 성령의 강력한 역사가 일어나서 오시는 분들이 많은 은혜를 받고 있습니다.

5장 건강은 속사람의 강건에서 시작된다.

(엡 3:16-19)"그의 영광의 풍성함을 따라 그의 성령
으로 말미암아 너희 속사람을 능력으로 강건하게 하시
오며, 믿음으로 말미암아 그리스도께서 너희 마음에 계
시게 하시옵고 너희가 사랑 가운데서 뿌리가 박히고 터
가 굳어져서, 능히 모든 성도와 함께 지식에 넘치는 그
리스도의 사랑을 알고, 그 너비와 길이와 높이와 깊이
가 어떠함을 깨달아 하나님의 모든 충만하신 것으로 너
희에게 충만하게 하시기를 구하노라"

그리스도를 영접한 성도의 몸을 가리켜 하나님의 영이 거하
시는 성전이라고 합니다. 오랫동안 저는 이 말씀을 영적인 것
으로만 해석하고 그저 죄짓지 말아야 한다는 뜻으로 적용하며
설교해 왔습니다. 그러다가 저의 건강에 적신호를 겪고 나서
돌아보니 하나님의 뜻은 성도들의 몸이 너무나 소중한 것임을
선포하신 것이었습니다. 신앙을 이유로 자기 건강을 제대로
관리하지 못하면 결국 성전을 더럽히는 행위가 되고 마지막으
로 그 몸이 병 때문에 무너지게 된다는 것입니다.

너무 늦은 깨달음이지만 건강관리는 결코 믿음 없는 자들이
나 하는 것이 아니라 건강관리가 하나님의 성전을 잘 관리하
는 또 하나의 헌신이며 예배가 된다는 관점입니다. 결코 참된

신앙생활은 육체를 무시하는 것이 아니라 제대로 건강을 관리하도록 도우시는 성령의 영역이라는 것입니다.

지금은 인생백세 시대라고 합니다. 필자가 이렇게 노래를 부르는 것을 들었습니다. 70이면 너무 빠르니 데리러 오지 마세요. 80은 아직 일찍 이니 그만 두세요. 90은 천천히 갈 테니까 그렇게 아세요. 100세는 천천히 가십시다. 아마 이 땅에 굉장히 살고 싶은 사람이 지은 노래인 것 같습니다. 그러나 우리는 70이 되든, 80이 되든, 90이 되든 주님께서 부르시면 영원한 천국으로 옮기면 되는 것입니다.

건강과 장수에 관심이 많은 시대입니다. 우리가 인사할 때에 가장 중요한 인사말이 '건강하십시오.' 라는 인사입니다. 무엇보다도 건강이 중요하다는 것입니다. 건강하면 여유가 있습니다. 다른 것은 아무것도 없다 해도 건강만 하다면 그것만으로 사회와 가정을 위해 크게 봉사하는 일이 됩니다. 가정에서 내가 건강하면 온 가족에게 여유를 주고 기쁨을 줍니다. 식구 가운데 누구 하나가 병들면 온 집안이 우울합니다. 병든 사람만 불행한 것이 아닙니다. 가족 전체가 영향을 받습니다. 건강한 사람은 어떤 것을 먹어도 좋습니다. 차가운 것을 먹어도 좋고 뜨거운 것을 먹어도 좋습니다. 그러나 약한 사람은 가는 감기 오는 감기 모두 다 걸립니다. 어쩌다 찬바람 한번 스치면 콜록거리고 콧물 흘리고 야단입니다. 툭하면 신경질을 내고 자기가 아프니 남까지 괴롭힙니다. 이것은 모두 허약해서 그렇습니다.

어느 의사의 말이 건강한 사람은 위가 손바닥만큼 두툼해서 어떤 것을 먹어도 잘 소화시키는데, 신경질적인 사람은 종잇장처럼 얇아서 무엇이 들어가면 발끈하고 화를 내고, 화가 지나치면 위 천공이 된다는 것입니다. 허약해서 휘청휘청하면 온통 문제투성입니다.

건강의 비결에 대해 여러 가지로 말하지만, 결국 적당한 음식을 먹고, 운동을 열심히 하고, 그리고 마음이 평안해야 합니다. 중요한 것은 건강의 75퍼센트가 정신에 달려 있다는 것입니다. 그러니까 아무리 보약을 먹고 운동을 한다고 뛰어보아야 그것은 25퍼센트 범위에 속하는 것이고 75퍼센트가 마음의 건강에 달려 있고 정신 건강에 달려 있다는 말씀입니다. 물론 건강에는 외적 건강이 있고 내적 건강이 있습니다. 모든 병은 외적 건강을 잃어버리는 데서 오는 것이 아니고 내적 건강을 잃어버리는 데에서 오는 것입니다. 다시 말하면 정신건강이 소중하다는 말입니다. 정신건강을 잃어버리게 되면 육체적 건강도 잃어버리게 되는 것입니다.

성도는 속사람의 건강이 우선입니다. 속사람의 건강은 오직 경건에 있습니다. 산다는 것은 거룩합니다. 거룩함, 경건함, 그 속에 건강이 깃들어 있는 것입니다. 거룩함을 떠나서는 건강이 없습니다. 특별히 오늘의 성경말씀은 구체적으로 설명해 줍니다. "성령으로 말미암아 너희 속사람을 능력으로 강건하게 하옵시며(16절)" 성령이 능력을 공급할 때에 비로소 강건하다고 확실하게 정의를 내리고 있습니다. 내적 건강이 여기에 있습니다.

사도 바울은 본래 육체적으로는 건강치 못한 사람이었지만 내적으로 건강하기 때문에 그 불편 한 몸으로도 순교할 때까지 건강을 지켜 일할 수 있었으며, 오늘 본문에서는 속사람으로 강건하게 되기를 원한다고 에베소교회를 향하여 기도하는 모습을 볼 수 있습니다. 건강이란, 세계보건기구의 정의에 따르던 단지 무병하거나 허약치 아니하다는 것을 의미하는 것이 아니고 육체적으로, 정신적으로, 사회적으로 완전히 양호한 상태를 의미한다고 합니다. 단순히 병들지 않았다는 것만으로 건강이 될 수 없는 것입니다. 그러므로 영적으로 건강하고야 사회적으로 건강하고, 정신적으로 건강할 때에 육체도 따라 건강할 수 있는 것이라는 말씀입니다.

영적으로 건강하다는 말은 속사람이 건강하다는 말입니다. 속사람의 건강이 우선입니다. 그런데 이 속사람은 물질로써 건강케 할 수가 없고 사회적인 문제로써 건강케 할 수가 없습니다. 속사람의 건강은 오직 경건에 있습니다. 아브라함 헤셀이라고 하는 학자는 산다는 것이 축복이라고 말합니다. 거룩함, 경건함, 그 속에 건강이 깃들어 있는 것입니다. 경건이 없는 건강이라면 몸부림이요 발악입니다. 거룩함 속에 진정한 건강이 깃들어 있는 것입니다. 거룩함을 떠나서는 건강이 없습니다. 특별히 오늘의 성경말씀은 구체적으로 설명해줍니다. "성령으로 말미암아 너희 속사람을 능력으로 강건하게 하옵시며(16절)" '성령으로'입니다.

성령이 능력을 공급할 때에 비로소 강건하다고 확실하게 정의를 내리고 있습니다. 내적 건강이 여기에 있습니다. 신약적인 경건이란 성령 충만을 의미합니다. 성경은 속사람과 겉 사람을 구분 짓습니다. 비록 겉 사람은 세월과 함께 후패해져 갈지라도 속사람은 복음 안에서 날로 젊어지고 싱그러워진다고 바울 사도는 말했습니다. 심리학자들은 속사람이 강건하다는 말은 '건강한 인격'을 말합니다.

칼 융(Carl G. Jung)이라는 심리학자는 '존재에 대해서 개별화된 의식을 가진 사람이 건강한 사람이다'라고 '존재의 개별성'을 말합니다. 자기 자신을 다른 사람과 비교하지 않는 사람이 건강한 사람이라는 뜻입니다. 이것은 요즘 소위 신세대들의 특징이기도 한데 그들은 남의 눈치를 많이 보지 않고 자기 나름의 자기주의가 강합니다. 그러나 이것은 나만 잘 살고 나만 부자 되겠다는 '이기주의적 개별성'과는 다르고 남과의 비교를 거부하는 것입니다. 매사에 자기 것과 남의 것을 비교하는 사람이 있는데 이런 사람은 건강한 인격체가 못됩니다.

건강한 사람은 자기를 남과 비교하지 않습니다. 남한테 질질 끌려 다니지도 않습니다. 사람은 각기 개성이 있고 장단점이 있다는 현실을 그대로 인정하는 것입니다. 다섯 달란트 받은 사람, 두 달란트 받은 사람, 한 달란트 받은 사람 다 자신에게 적절한 달란트를 하나님으로부터 받은 것입니다. 작으면 작은 대로 좋은 데가 있는 것입니다. 그런데 자꾸 다른 사람과 비교해서 비굴의 노예가 되고 자기정체성을 잃어버리는 사람들이 있는 것입니다. 이런 사람들이 바로 병든 사람들인 것입니다. 그러나 건강한 사람은 존재를 개별적으로 생각하여 남과 비교하지 아니하고, 항상 개별성을 지니고 살아가는 것입니다.

하나님과 자신과의 관계를 중점으로 두라는 것입니다. 필자는 항상 이렇게 말합니다. '사람의식하지 말고, 하나님만 의식하며 살아갑시다.' 모든 크리스천의 문제는 주변 사람을 의식하는데서 출발이 됩니다. 건강도 마찬가지입니다. 다른 사람의식하지 말고 하나님만 의식하면 건강하게 살 수가 있습니다. 하나님만 의식하면 스트레스를 받지 않기 때문입니다. 세상 사람들이 스트레스를 받는 것은 다른 사람과 비교하기 때문입니다.

이렇게 하나님만 의식하기 위해서 영혼의 건강을 챙겨야 합니다. 육은 세상을 의식하고 혼은 자아를 의식하고 영은 하나님을 의식한다고 했습니다. 인간의 혼은 육신을 통하여 물질세계 속에서 상호작용 하며 살고, 영을 통하여 영적 세계와 교통합니다. 아담과 하와가 범죄했을 때 그들은 하나님께서 창조하신 완벽한 피조계에 죽음을 초래 했습니다. 뿐만 아니라,

이 때문에 그들의 후손이 영적으로 죽었습니다. 그들은 하나님과 교통할 수 있는 능력을 상실했습니다. 거듭나지 못한 사람은 영적으로 죽은 것이며 따라서 하나님과 교통할 수 없습니다.

예수님은 온전하셔서 육과 영 모두가 살아 있습니다. 그분은 물질세계와 영적 세계를 동시에 교통할 수 있으십니다. 그분은 우리를 구속하시고 죽음을 정복하시며 우리에게 영적 생명을 주기 위해 오셨습니다. 무언가가 우리에게 소중하게 여겨질 때 우리는 그것을 돌보게 됩니다. 가치가 없거나 중요하지 않다고 여겨지는 것을 위해 시간이나 노력 또는 돈을 들이는 경우는 없습니다. 자신의 진정한 가치를 이해할 때 우리는 우리 자신을 열심으로 돌보게 됩니다. 우리의 진정한 가치는 우리의 육신에 있지 않습니다. 육신은 우리가 살고 있는 집에 불과합니다. 진정한 자아는 우리의 영혼입니다.

예수께서 "사람이 만일 온 천하를 얻고도 제 목숨을 잃으면 무엇이 유익하리요, 사람이 무엇을 주고 제 목숨을 바꾸겠느냐"(마16:26). 우리는 우리 영혼의 가치를 인정하는 것이 중요하고, 또 영혼의 건강을 보존하기 위해 필요하다면 어떤 대가라도 치러야 한다는 것입니다. 건강한 몸은 우연히 생기는 것이 아니라, 분명한 신체 관리에 따른 결과입니다. 육신의 건강을 유지하기 위한 공식은 다음과 같이 세워 볼 수 있습니다. 좋은 음식 알맞은 운동 적절한 휴식 건전한 생각이 건강한 몸을 만듭니다.

전문가들은 쓰레기 같은 음식을 먹고, 운동도 하지 않고, 온갖 염려에 싸여 살며, 두려운 생각들을 하고, 스트레스를 받는 것이 건강을 해치는 주요 요인들이라고 말합니다. 수없이 늘어난 건강 센터나 건강 식품점 식생활에 관한 수많은 책자들이 얼마나 많습니까? 그러나 영혼을 돌보고 먹이는 일에는 무관심하고 게으름이 영혼을 병들게 하는 원인이기도 합니다. 또한 분주함과 산만함이 어쩌면 우리의 영혼에 관심을 갖지 않게 됩니다. 바쁜 일들에 너무 얽매여있는 탓에 우리 영혼의 필요를 채우는 일에 무관심한지도 모릅니다.

어떤 사람을 보면 자기는 영혼 없는 존재처럼 보일 정도로 영혼에 대해서 정말 무관심한 사람이 있습니다. 그 대표적인 인물이 바로 누가복음 12장에 나오는 어리석은 부자입니다. 그는 젊고 건강했습니다. 게다가 하는 일마다 잘돼서 재산이 점점 불어났습니다. 농사를 지었다하면 남보다 두 세배 많은 수확을 거두어 드렸습니다. 나중에는 쌓아놓을 창고가 없을 정도로 곡식이 넘쳐났습니다. 가끔 창고 안을 둘러보는 것만으로도 배가 불렀습니다. 그래서 스스로 말하기를 "영혼아, 여러 해 쓸 물건을 많이 쌓아 두었으니 평안히 쉬고 먹고 마시고 즐거워하자" 그렇게 말할 정도로 부유한 나날을 보내고 있었습니다. 그러나 이 사람은 영혼에 대해서는 관심이 없었습니다. "내 영혼아!"라고 스스로 말하긴 했지만 정작 영혼에 대해서는 관심이 없었습니다.

뭘까요? 먹고 마시고 즐기면 영혼이 저절로 잘 될 줄 알았던 겁니다. 몸을 잘 위하면 영혼은 절로 따라올 것으로 착각했던 것입니다. 그런데 하나님께서는 이 부자를 향해 무엇이라고 말씀하십니까? "어리석은 자여! 오늘 밤에 네 영혼을 도로 찾으리니 그러면 네 예비한 것이 뉘 것이 되겠느냐?" 영혼에 대해서 관심을 가져야 될 인간이 영혼을 무시하고 살면, 나중에 어리석은 종말을 맞이하게 될 것입니다. 우리 주변에 보면 이런 사람들이 한 두 명이 아닙니다. 오늘 영혼의 건강상태를 진단할 수 있는 방법으로 두 가지를 점검해 보기를 원합니다.

첫째로 하나님 그분 자신을 즐거워하고 있는지 점검해 보시기 바랍니다. 내가 하나님을 즐거워하면 내 영혼은 건강한 것입니다. 그러나 만일 그렇지 않다면 내 영혼에 지금 이상이 있다는 것입니다. 잘 아시다시피, 아담과 하와가 에덴동산에서 행복한 나날을 보낼 때 그들은 하나님과 매일 만났습니다. 그들에게 있어서 하나님은 가장 큰 즐거움이요, 행복이었습니다. 하나님이 다가오는 소리만 들리면 어린아이처럼 달려가 그 품에 안기곤 했습니다. 그러나 마귀의 유혹에 넘어가 죄를 용납하자마자 영혼이 오염되었습니다.

그 결과 나타난 현상은 하나님을 싫어하게 된 것입니다. 하나님이 그들을 찾으시자 어떻게 했습니까? 나무 밑에 숨어 버렸습니다. 영혼이 건강하지 못하면 아담과 하와에게 나타난이 증세가 우리에게도 나타나게 됩니다. 예배드리는 것을 기뻐하십니까? 하나님이 좋아서 모인 것입니다.

우리를 사랑하시는 하나님, 우리를 창조하시는 하나님, 우리를 구원해 주신 하나님, 우리를 위해 죽으시고 부활하신 예수님이 너무나 좋기 때문에 성령의 감동을 받아서 이 자리에 나와 예배를 드리는 것입니다. 그러므로 영혼이 건강한 사람은 예배를 사모합니다. 기도하기를 좋아합니다. 말씀을 펴놓고 하나님의 음성을 조용히 묵상하며 듣는 것을 기뻐합니다. 항상 하나님을 모시고 살면서 하나님과 깊은 교제를 나눕니다.

두 번째로, 인생의 풍랑을 만났을 때 내가 어떻게 반응하느냐에 따라 내 영혼이 강건한 지, 아닌지를 알 수 있습니다. 누구나 한 세상을 살아갈 동안 풍랑을 만나게 되어 있습니다. 풍랑은 위기입니다. 위기란 우리 스스로 통제할 수 없는 사건을 말합니다. 누구에게나 이러한 위기가 있습니다. 영혼이 강건하지 못하면 이런 풍랑을 만났을 때 정신을 차리지 못합니다. 물에 빠져서 소리치는 사람처럼 자기를 가누지를 못합니다. 낙담해 하고 불안해하면서 자포자기에 빠져서 헤어 나오지 못합니다.

그러나 영혼이 건강하면 이런 위기를 만났을 때 그 사람의 진가가 드러나게 됩니다. 그러므로 인생의 풍랑을 만났을 때 어떻게 반응하느냐를 보면 내 영혼이 어느 정도의 수준인가를 알 수 있습니다. 영혼이 강건하면 어떤 풍랑을 만나도 다시 제

자리로 돌아옵니다. 자신의 영혼은 어떻습니까? 건강합니까? 하나님을 정말 즐거워하세요? 아무리 세상 일이 잘 되어도 마음이 세상으로 기울지 않고, 항상 하나님을 향해 있나요? 풍랑을 만났을 때 뒤집어 졌다가도 다시 제자리로 오는 그런 은혜가 있습니까? 그렇다면 우리 모두의 영혼은 건강한 것입니다. 그러나 조금이라도 문제가 있다고 생각된다면 영혼의 강건함을 회복해야 합니다. 그러므로 내 영혼이 강건하기 위해 실천하시기를 바랍니다.

첫째로 기도하고 성령의 능력으로 은혜를 받아야 한다. 히 13장 9절. "마음은 은혜로서 굳게 함이 아름답고 식물로써 할 것이 아니니" 여기에서 마음은 영혼을 가리킵니다. 잘 먹고, 잘 입고, 내가 내 몸을 잘 관리한다고 해서 내 영혼이 건강해 지는 것은 아닙니다. 내 영혼은 은혜를 받아야 합니다. 그러기 위해서 하나님 말씀을 가까이 하십시오. 그 말씀을 가지고 자신의 영혼의 영양분을 보충하십시오. 그리고 날마다 기도하세요.

에베소서 3장16절 "너희 속사람을 능력으로 강건하게 하옵시며" 우리의 속사람은 성령의 능력을 받아야 합니다. 우리가 기도할 때 성령의 능력을 체험할 수 있습니다. 그러므로 기도하기를 사모하고 부지런히 기도하십시오. 기도하는 중에 하나님의 능력을 체험하시기 바랍니다. 그럴 때 내 영혼이 은혜를 받는 것입니다. 예배는 하나님의 은혜를 기억하면서 그분의 보좌 앞에 나아가 경배와 찬양을 드리는 것입니다. 은혜가 없는 예배는 더 이상 예배가 아닙니다. 은혜를 깨닫지 못하면 감사가 있을 수 없습니다. 감사가 없는 예배는 의식이요 형식일 뿐입니다. 은혜의 삶이 축복의 삶입니다. 바로 거기에 삶의 기쁨이 있고, 감격이 있습니다. 세상을 이기는 힘이 있습니다.

태양이 있는 곳에 빛이 비추는 것처럼…. 바람이 부는 곳에 나뭇가지의 흔들림이 있는 것처럼…. 성령의 능력이 있는 곳에 은혜의 삶이 나타납니다. 강요가 아니라 자발적인 헌신으로 이루어집니다. 자신의 것을 주장하지 않고 나누어주는 아름다움이 있습니다.

생수의 강이 끝없이 계속해서 나오고 메마른 것이 없습니다. 하나님의 사랑은 영원하니 큰 은혜와 큰 사랑을 계속해 주십니다. 물댄 동산이 되게 하시고 그곳으로 많은 샘이 되게 하고 힘을 얻고 더 얻어 계속 은혜를 주십니다.

이 은혜를 얻기까지 마귀가 역사하고 그렇게 방해하는데 이 은혜를 받으면 자기 나라에 위협적인 존재가 되어버리기 때문입니다. 더 큰 은혜는 쉽게 오는 것이 아니고, 고난이 필요하고, 시간이 필요하고, 인내가 필요하고, 겸손하고 성결하고 순복할 때 주십니다. 주님은 이 은혜를 주시기를 기뻐하십니다.

마지막으로 싸워야 합니다. 우리에게는 영적 싸움이 있습니다. 우리의 영혼에 힘을 빼고, 우리로 하여금 실패하도록 만들려고 눈에 보이지 않는 사탄과 악령들이 수시로 우리를 시험하고 공격합니다. 우리는 이 영적 싸움에서 이겨야 합니다.

벧전 5장 8-9절 "근신하라. 깨어라. 너희 대적 마귀가 우는 사자같이 두루 다니며 삼킬 자를 찾나니 너희는 믿음을 굳게 하여 저를 대적하라" 유혹 받을 때마다 유혹과 맞서 싸워 이기는 것이 영혼이 강건한 사람입니다. 기도하고 은혜를 받고 기름부음을 받아 마귀의 위협적인 존재가 되어야 합니다. 교회는 마귀에게 골칫거리 위협적인 존재가 되어야지. 마귀가 비웃는 교회가 되게 해서는 안 될 것입니다. 영력-기도-하나님 사랑하는 것-주의 말씀대로 살고 세상을 사랑하지 않는 성도들을 마귀는 두려워합니다.

범사가 잘 되고, 육체가 강건한 것은 영혼에 달렸다는 말입니다. 한 마디로 말해서 영혼이 잘된다는 것은 하나님과 관계가 건강하게 지속되는 것을 말합니다. 우리는 하나님께서 주신 몸과 영혼이 망가지지 않도록 잘 관리하는 지혜가 필요합니다. 그것이 바로 축복입니다.

이렇게 자신의 두 다리의 힘으로 걸어와서 예배드릴 수 있다는 것에 감사하시기 바랍니다. 건강하기 때문에 일할 수 있는 것에 감사하시기 바랍니다. 자신의 손으로 먹고 싶은 것을 먹을 수 있다는 것에 감사하시기 바랍니다. 스스로 성경을 읽고, 찬송하고, 기도할 수 있다는 것에 감사하시기 바랍니다. 이 모든 것들은 건강이 없다면 절대로 불가능한 것들입니다.

모든 질병은 마음에서부터 온다고 합니다. 마음이 하나님께서 주시는 은혜로 충만하면 자연히 건강한 삶을 살게 되는 것입니다. 그렇기 때문에 우리는 영적인 건강을 최우선으로 두어야 합니다. 우리의 영적인 건강이 회복될 때 육신의 건강도 회복할 수 있습니다. 무엇보다 중요한 영혼의 건강을 위해 기도하며 성령의 능력 안에서 은혜를 받아 범사가 잘 되고, 강건한 삶을 사는 우리가 되어야 하겠습니다.

이제 그리스도 안에서 얻은 영혼의 자유를 짓누르는 근심과 걱정, 분노, 증오와 적개심을 모두 내어 쫓고 진정한 평화와 기쁨을 누리고, 영육이 강건해져서 하나님께 영광을 돌리는 생활이 되시기를 바랍니다.

속사람이 강건하려면 세상을 살아갈 때에 말씀 안에서 사는 것이 습관이 되어야 합니다. 말씀은 우리를 보호하는 울타리이기 때문입니다. 일부 크리스천들이 교회 안에서는 말씀 안에서 살아가려고 노력합니다. 그러나 세상에 나가면 자기 방식대로 사는 분들이 있습니다. 세상에서도 말씀 안에서 살아야 하나님의 보호가 있어서 영혼이 강건하고 속사람이 주인된 삶을 살 수가 있는 것입니다. 말씀 안에서 살아야 영-혼-육이 강건합니다. 말씀을 무시하고 살아갈 때 영-혼-육의 부조화가 발생하여 건강에 적신호가 켜지는 것입니다.

6장 신앙생활이 건강해야 영육이 건강하다.

(고전 8:9)"그런즉 너희의 자유가 믿음이 약한 자들에
게 걸려 넘어지게 하는 것이 되지 않도록 조심하라"

예수를 믿고 성령으로 거듭난 성도들은 신앙생활이 건강해야 영육이 건강한 것입니다. 기독교를 통해 신자는 참된 행복을 누리며, 하나님을 믿고 마음이 행복해져야 합니다. 하지만, 기독교를 믿고 마음이 불편하고 가정이 파괴되며 관계의 고리가 끊어진다면 건강한 신앙생활이라 볼 수 없습니다.

암은 머리칼에도 발생하고, 심지어 각막이나 혀에도 발생합니다. 암은 종류가 많습니다. 위암, 간암, 폐암, 식도암, 유방암, 대장암, 전립선암, 이렇게 암의 종류가 많은 것은 암 세포가 우리 몸, 어느 곳에든지 번식하기 때문입니다. 건강 검진하다가 암이 발견되어 고친 사람도 있고, 또 너무 늦게 발견되어 어쩔 수 없이 세상을 떠난 사람들도 있습니다.

암은 우리에게 그렇게 무서운 존재입니다. 암 때문에 가정이 힘들고 부모와 생이별하여 마음이 아픈 어린이들도 많이 있습니다. 그러니 어떤 암이 생길지 걱정이 되기도 합니다. 그러나 우리 몸에 암세포가 붙지 못하는 곳이 한 곳 있습니다. 심장입니다. 심장에 암세포가 붙지 않는 두 가지 이유가 있습니다.

첫 번째 이유는 심장이 따뜻한 피를 늘 뿜어내기 때문이라고

합니다. 따뜻한 곳에는 암 세포가 붙지 못한다고 합니다. 두 번째 이유는 심장이 쉬지 않고 계속해서 일하기 때문이라고 합니다. 심장은 인간이 태어나서 죽을 때까지 잠시도 쉬지 않고 일을 합니다. 정상인의 심장은 일 분에 60-100번 정도, 60번을 뛴다 해도 한 시간이면 3,600번, 하루면 86,400번 뜁니다. 70세를 산다고 가정하면 6백만 번을 넘게 뜁니다. 그렇게 쉴 틈 없이 일을 하기 때문에 암 세포가 붙지 않는다고 합니다. 우리는 몸도 건강해야 하고 또 신앙도 건강해야 합니다. 하나님은 우리를 부르셔서 생명을 주셨습니다. 그리고 그 생명을 품고 세상에 나가 생명으로 가득 찬 세상을 만들라고 말씀하십니다. 이 말씀 앞에 흔들림 없이 살아 영적으로 늘 건강한 삶을 살아가는 우리들이 되시기 바랍니다.

본문은 바울은 고린도 교회가 장로 세 명을 보내서 질문하는 것 중에서 우상에게 바친 고기에 대하여 대답합니다. 우리는 모두가 지식이 있는 줄로 알고 있습니다. 지식은 사람을 교만하게 하지만, 사랑은 덕을 세웁니다. 자기가 무엇을 안다고 생각하는 사람은, 아직도 마땅히 알아야 할 것을 알지 못하는 사람입니다.

첫째, 하나님을 사랑하여 알고 체험하는 신앙이 되어야 한다. 하나님을 체험으로 알고 사랑하는 건강한 신앙생활을 해야 합니다. 바울은 고린도 교회가 질문한 것을 대답하며 우상에게 제물로 바친 음식을 먹는 문제에 대해 말씀드리겠습니다. 우리는 다 지식이 있다고 주장하는 것을 우리는 알고 있습니다. 그러나 지식은 교만하게 하고 사랑은 덕을 세운다는 사실입니다. 어떤 사람이 자기가 무엇인가 안다고 생각하면, 그 사람은 마땅히 알아야 할 것을 아직은 모르고 있는 사람입니다. "만일 누구든지 무엇을 아는 줄로 생각하면 아직도 마땅히 알 것을 알지 못하는 것이요(고전 8:2)" 그러나 그 사람이 하나님을 사랑하면, 하나님께서도 그 사람을 알아주십니다. 즉 안다고 하는 것은 교만하기 때문에 그것으로 되는 것이 아니라 덕을 세우는 사랑으로 판단해야 하는 것입니다. 자기가 안다고 하지 말고 하나님께서 아시는 바가 되어야 한다고 합니다. 우리도 안다고 하지 말고 사랑으로 판단하여 하나님께서 아시는 바가 되는 건강한 신앙 생활하는 모두가 되시기 바랍니다.

성경은 말씀합니다. (히6:9-10)"사랑하는 자들아 우리가 이같이 말하나 너희에게는 이보다 나은 것과 구원에 가까운 것을 확신하노라 하나님이 불의치 아니하사 너희 행위와 그의 이름을 위하여 나타낸 사랑으로 이미 성도를 섬긴 것과 이제도 섬기는 것을 잊어버리지 아니하시느니라." 히브리서 기자는 하나님께서는 사랑으로 지금까지 성도들을 섬긴 것과 지금도 섬기는 것을 잊어버리지 않으신다고 합니다.

하나님께서 다 아신다고 합니다. 우리도 지금까지 한 것이나 지금 하고 있는 것을 하나님께서 다 아시고 계심을 믿고 하나님을 사랑하여 건강한 신앙 생활하는 모두가 되시기 바랍니다. 디도는 바울과 함께 동역하며 고린도 교회에 바울의 눈물의 편지를 전하며 교회를 올바로 세우는데 많은 애를 써서 바울이 나의 동무요 동역자라고 합니다. 바울이 아는 바가 되었습니다. 우리도 하나님께서 우리가 과거에 한 것이나, 또 지금하고 있는 것을 다 아시고 계시니 하나님을 사랑하여 아시는 바가 되는 건강한 신앙생활 하는 모두가 되기를 바랍니다.

지금 한국교회에는 많은 수의 크리스천들이 체험적이고 살아 있으며 성령의 인도를 받는 실제적인 믿음생활이 아니고, 많이 알고 열심히 하면 다된다는 관념적인 믿음생활을 하고 있습니다. 정말 문제가 심각합니다. 보이는 면을 가지고 판단하는 것입니다. 보이는 면으로 열심히 하면 성령 충만한 것으로 믿어버리는 것입니다. 필자가 제일 안타까워하는 것이 있습니다. 젊은 시절 믿음생활을 아주 열심히 하던 분이 영적이고 정신적인 문제로 정상적인 생활을 하지 못하고 요양원에서 지냈다는 말입니다. 저에게 전화를 하는 분들이 많습니다. 대표적인 예를 하나 들겠습니다. 목사님! 저는 ○○○에 사는 크리스천 김○○입니다. 저의 어머니를 어떻게 하면 좋겠습니까? 사연인즉, 자신의 어머니가 젊은 시절 복음에 열정이 있어서 노방전도도 다니고, 교회봉사도 열심히 하고, 예배란 예배는 빠지지 않고 다 드리고, 철야기도도 많이 하셨고, 교회 건축할 때 건축헌금도 많이 하셨고, 구역장으로 여전도회장으로 열심 있게 믿음생활을 하셨는데 50이 넘고 갱년기에 들어서 우울증에다가 불면증으로 고생하시다가 60대 초반에 너무 증세가 심하여 집에서 지낼 수가 없어서 3년 전에 요양원에 가셨습니다.

목사님! 제가 목사님의 책들을 읽고 영적인 면에 눈을 뜨고, 깨닫고 느껴지는 것은 어머니의 내면세계에 형성된 상처와 혈통의 문제를 젊은 시절에 해결하지 못하여 이런 지경까지 온 것 같습니다. 무조건 열심히 많이 알면 되는 관념적인 신앙생활이 저의 어머니를 이 지경으로 만든 것 같습니다. 언제인가 성령 치유하는 곳으로 모시고 갔는데 입구에서부터 너무 악을 쓰면서 거부가 심하여 들어갈 수 없어서 돌아왔습니다. 외할머니도 어머니와 같은 증세로 고생하시다가 세상을 떠나셨습니다. 지금 저의 어머니가 같은 증상으로 고생을 하십니다. 주변에서 잘 이해하지 못하는 분들이 예수 믿어도 소용이 없다고 빈정대는 말이 제일로 듣기가 거북스럽습니다. 목사님! 어찌하면 좋겠습니까?

자매님의 말이 맞습니다. 젊은 시절에 성령의 인도를 받으면서 내면세계에 형성된 상처들을 정화했으면 이런 지경까지 오지 않았을 것입니다. 이제 누구에게도 탓하지 마시고 받아들여야 합니다. 어머니에게 기도를 시키세요. 숨을 들이쉬면서 예수님! 내쉬면서 사랑합니다. 소리를 내지 못하니 마음으로 계속 예수님을 찾도록 해야 합니다. 무의식적으로 '예수님 사랑합니다.' 가 나올 수 있도록 시켜야 합니다. 그래서 영원한 천국에 가실 수가 있습니다. 마음으로 계속 기도하게 하세요.

그리고 자매님도 내면세계에 관심을 가져야 합니다. 생명의 말씀과 성령으로 적극적인 치유를 해야 합니다. 그래야 나아가 들어 갱년기에 들어서 어머니와 같은 고생을 하지 않습니다. 적극적인 믿음생활이 되려면 교회를 잘 찾아가셔야 합니다. 필자는 아무리 혈통에 영육으로 정신적으로 흐르는 비정상적인 문제가 있다고 할지라고 성령으로 충만하여 내면을 정화하는 믿음생활을 하면 건강하게 장수하면서 지내다가 영원한 천국에 간다는 믿음과 실증(체험)이 있습니다. 실제로 우리 교회는 93세가 되신 분도 건강하게 걸어서 교회에 오셔서 예배드리고 기도하면서 심령을 성령으로 정화하니 영육이 건강하게 지내시는 것입니다. 얼마 전에는 주일날 예배드리고 월요일 날 영원한 천국에 가신 권사님도 계십니다. 이분은 젊은 시절부터 영적으로 정신적으로 상처가 많아서 고생하셨는데 우리 교회에 오셔서 생명의 말씀과 성령으로 내면세계를 정화시키니 건강하게 된 것입니다. 그래서 건강하게 지내시다가 주일 예배드리고 월요일 날 영원한 천국에 가신 것입니다. 지금도 87세 된 권사님이 아주 정정하게 예배드리면서 기도하면서 내면을 성령으로 정화시키면서 건강하게 예배를 드리며 지내시고 있습니다. 특별하게 혈통에 영적이고 정신적이고 육체적인 문제가 흐르는 분들은 성령의 강한 역사가 있는 교회에 적을 두고 믿음 생활하는 것이 자신을 위해서도, 가족을 위해서도, 하나님을 위해서도 좋다고 생각합니다. 영원한 천국에 입성하는 날까지 관심을 가져야할 부분입니다. 필자는 모든 성도들이 늙도록 부하고 존귀하며 건강하게 살다가 영원한 천국에 입성하는 것이 잠재의식 심기도록 매주일 예배 때마다 선포하며 기도하고 있습니다. 이는 하나님의 뜻이기 때문입니다. 말과 생각이 중요합니다. 그래서 말씀을 아는 것으로 열심히 하는 관념적인 믿음생활은 전인격이 변화를 받지 못한다는 것입니다. 성령의 인도를 받는 체험적이고 실제적인 믿음 생활이 되어야 합니다. 젊어서부터 체질화 되어야 합니다. 하나님께서 자신 안에 살아계신다는 것을 날마다 체험하면서 믿음생활을 해야 합니다. 관념적이 되어서는 하나님께서 주신 것들을 누릴 수가 없습니다. 더 나아가 하나님께서 살아계신다는 것을 증명하는 믿음생활이 되어야 합니다. 이렇게 적극적인 믿음 생활이 되면 절대로 늙어서 요양원에 가지 않을 것입니다. 살아계신 하나님께서 자신의 주인이 되어 장악하고 계시는데 혈통의 문제가 어떻게 문제를 일으키겠습니까? 필자가 항상 강조하는 것이 있습니다. "나는 걸어 다니는 성전이다. 하나님께서 나의 주인이다. 내 안에 하나님이 계신다. 그분에게 질문하면 어떤 문제도 해결할 수 있는 지혜를 주신다. 주신 지혜대로 순종하면 문제는 하나님께서 해결하신다." 아주 중요합니다. 살아계신 하나님을 날마다 체험하는 아주 좋은 관심이고, 습관입니다. 내면세계에 형성된 상처나 혈통의 문제는 절대로 세상방법이나 관념적인 믿음생활로는 해결되지 못합니다. 반드시 살아계신 성령의 역사가 영의차원에서 역사해야 해결이 됩니다. 내면세계에 대하여는 "내면세계의 역할과 영적인 능력" 책을 참고하시기를 바랍니다.

둘째, 하나님만이 유일한 주권자임을 알고 순종하는 신앙이어야 한다. 건강한 신앙생활은 하나님을 유일한 주권자임을 알고 순종해야 합니다. 바울은 고린도 교회가 질문한 것을 대답하며 우상에게 제물로 바친 음식을 먹는 문제에 대해 이야기합니다. 세상에서 우상이란 아무 것도 아니며, 하나님은 오직 한 분뿐이라는 사실을 알고 있습니다. 하늘에나 땅에나 신이라고 불리는 존재가 많이 있고, 많은 신이 있으며, 많은 주가 있지만, 우리에게는 아버지가 되시는 분은 오직 하나님 한 분만 계십니다. 만물이 그분에게서 나왔고, 우리는 그분을 위해 살고 있습니다. 또 주 예수 그리스도도 한 분만 계십니다. 만물이 그분 때문에 창조되었고, 우리도 그분 때문에 살고 있습니다.

그런데 누구나 이러한 진리를 아는 것은 아닙니다. 사람들 중에는 아직도 우상을 숭배하는 습관이 남아 있어서 우상에 바친 음식을 먹을 때 그것이 우상에 바친 음식이라고 생각하며 먹는 사람들이 있습니다. 그 사람들의 양심은 약해졌고, 더럽혀졌습니다. 그러나 우리를 하나님께 가까이 나아가게 하는 것은 음식이 아닙니다. 음식을 먹지 않는다고 해서 손해되는 것은 아니며, 음식을 먹는다고 해서 더 이로워지는 것도 아닙니다.

즉 우상은 실상 아무 것도 아니며 우리에게 아버지가 되시는 분은 오직 하나님 한 분 밖에 없습니다. 식물은 하나님 앞에 우리들을 세우지 못합니다. 하나님만이 유일한 주권자이십니다.

우리도 음식은 사람을 영적으로 만들지 못하기 때문에 무엇을 먹었느냐 안 먹었느냐가 중요한 것이 아니고 하나님만이 유일한 주권자임을 아는 건강한 신앙생활을 하는 모두가 되시기 바랍니다. 성경은 말씀합니다. (딤전6:15-16)"기약이 이르면 하나님이 그의 나타나심을 보이시리니 하나님은 복되시고 홀로 한 분이신 능하신 자이며 만왕의 왕이시며 만주의 주시오. 오직 그에게만 죽지 아니함이 있고 가까이 가지 못할 빛에 거하시고 아무 사람도 보지 못하였고 또 볼 수 없는 자시니 그에게 존귀와 영원한 능력을 돌릴지어다." 하나님께서는 때가 이르면 보이실 것인데 하나님께서는 능하시고 만왕의 왕이시고 만주의 주이시고 죽지 않으시고 볼 수도 없고 누구도 보지 못한 분이시니 영광을 돌려야 한다고 합니다. 우리도 하나님께서는 세상 무엇과도 비교할 수 없고 만왕의 왕이시고 만주의 주이신 유일한 주권자임을 아는 건강한 신앙생활을 하는 모두가 되시기 바랍니다.

한나가 브닌나는 자식을 낳았지만 자기는 낳지 못할 때 힘들자 기도하여 하나님께서 사무엘을 주시자 하나님께서는 죽이기도 하시고 살리기도 하시며 높이기도 하시고 낮추기도 하신다고 하나님의 주권을 고백합니다. 우리도 살아가는 삶에서 하나님만이 유일한 주권자임을 아는 건강한 신앙 생활하는 모두가 되시기 바랍니다.

셋째, 하나님 앞에서 약한자를 세워주는 신앙이어야 한다. 건강한 신앙생활은 하나님 앞에서 약한자를 세워주는 신앙입니다. 바울은 고린도 교회가 질문하는데 답변하며 여러분에게 있는 자유를 행사할 때 그것이 믿음이 약한 성도들에게 걸림돌이 되지 않도록 주의하십시오. 지식이 있다는 여러분이 우상의 신전에서 음식을 먹고 있는 것을 믿음이 약한 성도가 본다면, 그가 용기를 얻어 그 사람처럼 우상에 제물로 바친 음식을 먹지 않겠습니까?

이렇게 되면, 믿음이 약한 성도는 자신의 지식 때문에 망하게 되는 것입니다. 그리스도께서는 바로 그 성도를 위해 죽으셨습니다. 이런 식으로 자신의 동료 성도들에게 죄를 짓고 그들의 약한 양심에 상처를 준다면, 자신은 그리스도께 죄를 짓는 것입니다. 그러므로 내가 먹는 음식 때문에 내 동료 성도들이 걸려 넘어지게 되면 그 사람이 걸려 넘어지지 않도록 하기 위해 나는 평생 고기를 먹지 않을 것입니다. 즉 바울은 자신의 자유 함이 약한 자들에게 걸려 넘어지게 하는 것이 되지 않도록 자유를 절제해야 한다고 합니다. 형제를 실족시키지 말라고 합니다. 약한 자를 세워주라고 합니다. 우리도 우리의 자유 함 때문에 약한자가 넘어지면 안 됩니다. 하나님 앞에서 약한자를 세워주는 건강한 신앙 생활하는 모두가 되시기 바랍니다.

성경은 말씀합니다. (롬15:1-2)"우리 강한 자가 마땅히 연약한 자의 약점을 담당하고 자기를 기쁘게 하지 아니할 것이라 우리 각 사람이 이웃을 기쁘게 하되 선을 이루고 덕을 세우도록 할찌니라." 바울은 믿음이 강한 자가 마땅히 약한자의 약점을 감당하려고 자기를 기쁘게 하지 말아야 하고 이웃을 기쁘게 하되 선을 이루고 덕을 세우라고 합니다. 우리도 살아가면서 믿음이 약하다고 무시하지 말고 도리어 하나님 앞에서 약한자를 세워주는 건강한 신앙 생활하는 모두가 되시기 바랍니다.

드보라는 가나안 왕 야빈이 힘들게 할 때 사사로 그 군대장관 시스라를 칠 때 바락이 드보라가 나가지 않으면 안 나가겠다고 하니 나가서 시스라의 군대를 이기게 됩니다. 바락이 연약할 때 용기를 줍니다. 우리도 신앙 생활하면서 믿음이 약한자를 무시하거나 함부로 하지 말고 도리어 하나님 앞에서 약한자를 세워주는 건강한 신앙 생활하는 모두가 되시기 바랍니다.

넷째, 건강한 신앙은 균형이 잡혀야 한다. 기독인들의 신앙에는 균형이 있어야 합니다. 즉, 건강한 신앙의 특징은 균형적인 신앙입니다. 말씀을 아는 것과 성령의 역사로 체험의 균형이 잡혀야 합니다. 신앙에 균형이 없다면 이단에 빠지기 십상입니다. 사람들이 잠을 잘 때 대체적으로 평균 50번 정도는 몸을 뒤척인다고 합니다. 그렇게 많이 몸을 뒤집는 데도 어른들은 침대에서 잘 떨어지지 않습니다. 왜냐하면 왼쪽으로 한 번 뒤척이면 오른쪽으로도 한 번 뒤척이기 때문입니다. 그런데 어린이들은 이런 균형 감각이 없기 때문에 잠잘 때 자주 침대에서 떨어지는 것입니다. 반면에 어른들은 잠자는 중에 무의식적으로 균형을 유지하기 때문에 침대에서 절대로 떨어지지 않는다는 것입니다.

이와 같이 영적으로 성숙하는 데 제일 중요한 것이 균형감각입니다. 파도가 많이 치는 바다에서 윈드서핑을 하는 사람들을 보십시오. 쓰러지지 않으려고 몸의 균형을 잡느라 안간힘을 쓰고 있습니다. 이처럼 우리 인생에서도 균형을 제대로 잡지 않으면 쓰러지거나 깨지게 됩니다. 목회자들도 교회를 부흥시키려면 균형감각을 가져야 됩니다. 균형감각을 상실하면 치우치게 되고 치우치게 되면 교회에 여러 가지 문제가 발생하는 되는 것입니다. 남녀 애정관계에서도 균형이 필요합니다. 대체적으로 공부 잘하는 남자가 인기 있으나 공부만 잘하고 아무 것도 못하면 인기가 없습니다. 마찬가지로 얼굴이 예쁜 여자가 인기 있으나 얼굴만 예쁘고 인격이 따라주지 않으면 인기가 없습니다. 이렇게 모든 것에 균형이 필요한 것입니다.

예를 들면 우리가 추구하는 윤리적인 덕목에서 조차도 중용과 균형이 중요합니다. 참된 균형과 중용을 지킨 것이 용기라면, 용기가 매우 부족한 것이 '비겁한' 것이고 '용기'가 너무 과도하게 지나친 것이 '만용'입니다. 지나치게 어떤 대상에 대해서 쾌락을 추구하며 집착한다면 '탐닉'하는 것이고 생활에 필요한 정당한 욕망도 억제하는 것이 '금욕'이라면 이것의 참된 균형과 조화를 추구하는 것이 바로 '절제'입니다.

또한 물질에 대해서도 마음이 내키는 대로 허영심을 가지고 막 쓰는 태도가 '낭비'라면 반면에 꼭 써야 되는 데에도 불구하고 쓰지 않는 성향을 '인색함'이라 하고, 이 둘 사이의 균형을 지키는 것을 '관대'라고 말합니다. 이처럼 우리의 도덕과 윤리생활에서도 균형은 중요합니다.

그렇다면 신앙생활에 있어서 균형을 잡는 방법이 무엇일까요? 그것은 바로 성령의 인도 하에 하나님 말씀대로 사는 것입니다. 구약성경 여호수아 1장 7절에 보면 "오직 너는 마음을 강하게 하고 극히 담대히 하여 나의 종 모세가 네게 명한 율법을 다 지켜 행하고 좌로나 우로나 치우치지 말라."고 나옵니다. 이 말씀은 우리가 신앙생활에 있어서 좌로나 우로나 치우치지 않고 균형감각을 유지하는 유일한 길은 하나님의 말씀을 지키는 것뿐이라는 것입니다. 하나님의 성령은 늘 어떤 것의 반대를 기억나게 하십니다. 하나님의 성령은 우리를 외곬수로 만들지 않습니다. 따라서 균형이란 서로 대립되는 요소가 긴장관계를 유지하며 서로 조화를 이루는 것입니다.

기독교에서 말하는 여러 가지 덕목이 있는데, 갈라디아서 5장을 보면 "오직 성령의 열매는 사랑과 희락과 화평과 오래 참음과 자비와 양선과 충성과 온유와 절제니"라며 사랑의 열매 아홉 가지가 나옵니다. 그런데 이 아홉 가지 덕목 중에는 서로 상충되는 덕목이 있습니다. 기독교의 많은 덕목 중에 때론 이렇게 각각 상충되는 덕목들이 있습니다. 또한 사회적으로도 상충되는 덕목이 있습니다. 사회적으로 상충되는 덕목의 예를 들자면 자유와 평등을 들 수 있습니다.

서로 대립되는 요소와 관련되어 기독교에서 말하는 덕목으로 사랑과 정의를 들 수 있습니다. 구약성경에서는 하나님의 정의를 내세웁니다. 반면에 신약성경은 예수님의 사랑을 내세웁니다. 기독교인은 이 두 가지를 다 추구해야 하며 사랑과 정의의 균형을 맞춰야 온전한 신앙을 추구할 수 있습니다. 성경말씀 중, '천국에는 의인만 들어갈 수 있다'라고 말합니다. 이 말씀을 문자 그대로 해석한다면 누가 천국에 들어갈 수 있습니까? 그렇기에 예수님의 피 흘리심 사건인 십자가 사건을 통하여 사람이 구원의 길로 갈 수 있는 것입니다. 즉, 하나님께서는 이 십자가를 통하여 사랑과 정의를 동시에 이룬 것입니다. 그래서 십자가가 기독교에서 가장 중요합니다. 이 십자가가 사람들에게 의인이 되도록 죄의 징벌과 책임을 묻고 동시에 십자가가 사람들을 사랑하며 그들의 죄를 용서해주는 것입니다.

기독교에는 십자가도 있고, 부활도 있으며 성령의 아홉 가지 열매 뿐 아니라 여러 덕목이 있는데, 그중에서 종말만을 강조합니다. 또한 어느 단체는 전도만을 강조합니다. 그렇게 어느 한 부분만을 강조하니 기독교의 다른 덕목이 희석이 되는 것을 볼 수 있습니다. 신자의 건강한 신앙생활을 위해서는 일상생활 속에서 편견 없이 기독교의 모든 덕목을 지켜 조화를 이루어야 합니다. 무엇이든지 한쪽으로 치우치면 문제가 발생하는 것입니다. 바른 신앙은 말씀과 성령의 역사가 같이 가야합니다. 육체와 영성이 균형이 잡혀야 합니다. 육체만 강해도 안 되고, 영성만 강해도 문제가 있습니다. 균형이 잡혀야 합니다. 균형이 잡혀야 영-혼-육이 강건한 삶을 살아갈 수가 있습니다.

2부 건강의 기초를 든든하게 하라.

7장 하나님과 관계가 건강하게 한다.

(고전 10:31)"그런즉 너희가 먹든지 마시든지 무엇을
하든지 다 하나님의 영광을 위하여 하라"

하나님과 관계가 무엇보다도 중요합니다. 하나님과 관계가
열려야 영-혼-육이 건강할 수가 있습니다. 하나님께서는 하나
님과 관계를 여시기 위하여 예수님을 보내주셨습니다. 그리고
믿는 자들에게 성령이 마음 안에 임재 하도록 하셨습니다. 성령
을 통하여 하나님과 관계를 열기 위한 하나님의 깊은 배려입니
다. 그만큼 하나님은 자녀들과의 관계를 중요하게 생각을 하십
니다. 하나님과 관계가 열려야 자신 안에 임재하신 성령으로부
터 영력을 공급받음으로 영-혼-육이 건강할 수 있는 것입니다.
그런데 안타까운 것은 일부 그리스도인들이 자신 안에 계신 하
나님과 관계를 열어야 한다는 것을 이해하지 못합니다. 하나님
은 영이시기 때문에 쉽사리 이해하기가 힘이 들기 때문입니다.
그러나 영이신 하나님과 말씀과 성령으로 관계가 열리면 하나님
으로부터 모든 것을 공급받을 수 있습니다.

예를 들어서 설명하면 세상에서 불신자로 살다가 예수를 영
접하는 분들이 정상적인 생활을 하는데 천국가려고 예수를 믿

는 사람이 별로 없습니다. 모두 세상에서 영육의 문제로 고통을 해결하려고 이 방법 저 방법 별 방법을 다 동원했으나 해결하지 못합니다. 그러다가 예수를 믿으면 문제가 해결이 된다는 말을 듣고 예수를 영접하고 교회에 들어옵니다. 교회에 들어와서 문제만을 해결하려고 예배도 참석하고 봉사도 하고, 헌금도 하고, 철야기도도 합니다. 그런데 문제가 해결이 안 됩니다. 불평불만을 토로하거나, 믿음에서 떠나거나, 예수를 믿어도 소용없더라하면서 원망을 하기도 합니다. 그런데 바르게 알아야 할 것은 이렇게 자신의 문제만 해결하려고 하니 문제가 해결이 안 된다는 것입니다. 육적인 상태로서는 영-혼-육의 건강도 장담할 수가 없는 것입니다. 건강도 자신 안에 계신 하나님으로부터 은혜가 올라와야 가능하기 때문입니다.

하나님은 분명하게 "그런즉 너희는 먼저 그의 나라와 그의 의를 구하라 그리하면 이 모든 것을 너희에게 더하시리라(마 6:33)"말씀하셨습니다. 자신 안에 하나님의 나라가 먼저 이루어지게 하라는 말씀입니다. 그래서 교회에 들어오면 먼저 예배를 드리면서 기도하고 찬양하다가 성령으로 세례를 체험해야 합니다. 성령으로 세례를 받으면 성령께서 자신이 살아오면서 받은 상처를 치유하십니다. 말씀과 성령으로 자아를 부수십니다. 그러면서 자신 안에 계신 하나님과의 관계가 열립니다. 하나님과 관계가 열리니 심령이 점차로 하늘나라가 이루어집니다. 하늘나라가 이루어지면서 혈통에 역사하던 귀신이 떠나갑니다.

귀신이 떠나가니 하나님과 친밀한 관계가 됩니다. 친밀한 관계가 되니 하나님으로부터 은혜가 올라와 영-혼-육이 건강해지는 것입니다. 그리고 기도할 때마다 하나님께서 음성이나 감동이나 꿈이나 환상을 통해서 자신의 문제를 해결하는 지혜를 주십니다. 주신 지혜대로 순종하니 문제가 해결이 됩니다. 마음 안에 계신 성령님의 역사로 귀신이 떠나가기 때문입니다. 그러므로 예수를 믿었으면 성령으로 세례를 받아 하나님과 관계를 먼저 열어야 합니다.

우리가 바르게 알아야 할 것은 예수만 믿으면 모든 문제가 해결이 되고 만사가 형통한 것이 아닙니다. 예수를 믿으면 원죄가 해결이 됩니다. 자범죄와 상처는 자신이 성령의 인도를 받아가며 해결해야 합니다. 예배를 드리며 말씀 듣고 기도하며 찬양하다가 성령으로 세례를 받게 됩니다. 성령으로 세례를 받은 후에 자신이 인생을 살아오면서 지은 자범죄를 해결합니다. 조상들이 지은 죄도 해결합니다. 왜냐하면 죄를 지으면 반드시 죄를 타고 귀신이 들어왔기 때문입니다. 인생을 살아오면서 받은 상처를 치유해야 합니다. 상처 뒤에는 귀신이 역사하면서 하나님의 말씀을 듣지 못하게 하거나 이해하지 못하는 문제를 발생하게 하거나 믿음이 자라지 못하도록 방해합니다. 하나님으로부터 영력을 공급받지 못하게 방해합니다. 이와 같은 방해 요소들을 말씀과 성령으로 몰아내야 하나님으로부터 영력을 공급받아 영-혼-육이 건강해지는 것입니다.

영-혼-육이 건강하게 지내려면 이것을 이해해야 합니다. 아브라함은 25년간 하나님의 인도를 받으면서 하나님께서 원하시는 영적인 사람으로 변했습니다. 그러므로 자신이 성령의 인도를 받으면서 변화되려고 관심을 가져야 합니다. 하나님께서 원하시는 사람으로 변했을 때 하나님으로부터 영력을 공급받을 수가 있는 것입니다. 성령으로 섞인 세상적이고 육적이고 혼적인 것을 정화해야 영-혼-육이 건강해지는 것입니다.

크리스천들이나 목회자나 할 것 없이 예수를 믿는 순간 죽었습니다. 그리고 다시 예수로 태어났습니다. 예수를 믿고 성령으로 거듭난 성도가 인생을 살아가면서 일어나는 모든 일은 자신의 일이 아닙니다. 죽은 자는 일을 할 수가 없는 것입니다. 다시 사신 예수님의 일입니다. 예수를 믿을 때, 자신은 죽고, 예수로 다시 태어났기 때문입니다. 이제 자기가 세상을 사는 것은 자신 속에 주인으로 임재하신 예수님이 사시는 것입니다. 성도는 자신 앞에 있는 문제를 자신의 능력이나 힘이나 지혜로 해결하려고 하지 말아야 합니다. 크리스천이 영-혼-육의 고통을 당하는 것은 매사를 자신의 힘으로 하다가 상처를 받기 때문입니다. 예수님의 일이므로 예수님께 문의하여 예수님께서 하라는 대로 순종하면 믿음을 보시고 예수님이 하십니다.

일부 크리스천들이나 목회자들이 자신 앞에 일어나는 일을 자신의 힘으로 하려고 합니다. 하나님의 일을 인간인 자신의 힘으로 하려고 하니 얼마나 힘이 들고 스트레스를 받겠습니까? 자신의 힘으로 인생을 살아가려니 힘이 들고 버거워서 탈진이 찾아오기도 합니다. 탈진에 대하여는 "무기력과 탈진을 극복하는 법" 책을 참고 하시기를 바랍니다. 건강에 문제가 생기기도 합니다. 목회자들도 마찬가지입니다. 목회는 예수님의 일인데 자신의 힘으로 하려고 합니다. 그러다가 힘들어서 목회를 포기하기도 합니다. 예수님을 믿고 성령으로 거듭난 크리스천이나 목회자나 할 것 없이 하나님과 관계를 열어, 성령의 인도를 받으면서 문제를 해결하는 것입니다. 성령님께 질문하여 지혜를 받아 해결하는 것입니다.

푯대를 향하여 가는 길에 부딪치는 모든 일은 예수님의 일이라고 믿는 믿음이 중요합니다. 문제가 나타나거든 하나님께 기도하는 것입니다. 하나님 이 문제를 어떻게 해결해야 합니까? 기도하여 성령께서 감동하시는 대로 순종하면 성령께서 문제를 해결하시는 것입니다. 문제를 만나거든 하나님께 기도하여 알려주신 지혜대로 순종하여 통과하시기를 바랍니다. 그러면 스트레스를 받지 않아 영-혼-육이 건강하게 지내는 것입니다.

우리는 모두 관계 속에 살아가고 있습니다. 관계를 떠나서 존재하는 사람은 한 사람도 없습니다. 관계 속에서 태어나 관계 속에서 살아갑니다. 관계를 떠나서는 삶의 의미나 가치를 찾을 수 없습니다. 가장 아름다운 사랑도 관계를 떠나서는 생각할 수 없습니다. 이 세상은 관계를 맺으려고 애를 씁니다. 좀 더 유익을 얻으려고, 좀 더 덕을 보려고 보다 나은 사람이 있으면 관계를 맺으려고 합니다. 국가적인 차원에서도 마찬가지입니다. 외교라고 하는 것 역시 관계입니다. 관계라는 말은 대단히 중요합니다.

실제로 영향력 있는 사람과 관계를 잘 맺으면 덕을 보는 경우가 있습니다. 동창관계라든지, 친구관계라든지, 선후배관계라든지 이 세상을 살아가는 데는 관계가 중요합니다. 그러나 이보다 더 중요한 관계는 하나님과의 관계입니다. 영-혼-육이 건강하게 지내려는 분들은 무엇보다도 하나님과 관계가 열리는 것이 중요합니다. 관계를 잘 맺은 사람과 맺지 못한 사람은 차이가 있습니다. 아무래도 관계를 잘 맺은 사람이 세상을 살아나가는데 더 많은 유익을 얻습니다.

첫째, 하나님을 주인으로 모시는 삶이다. 하나님은 말씀으로 세상을 만드시고 빛과 어둠, 궁창과 바다 모든 것을 창조하셨습니다. 그 분은 모든 만물의 주인이십니다. 사람을 만드신 하나님은 당신이 주인이라는 것을 우리에게 나타내시고, 우리로 하여금 하나님을 주인으로 삼기를 원하십니다. 그래서 우리는 주인이신 하나님께 무엇이든 여쭤보며 살아가야 하는 것입니다. 묻지 않고 내 마음대로 하는 것이 죄에 죄를 더한다고 성경은 말씀하고 계십니다. 우리가 하나님께서 주인 되심을 인정한다면 우리의 모든 행동은 주님께 묻고 행동해야 한다는 것입니다. 내 심령의 주인은 내가 아닌 하나님이 되셔야 한다는 것을 우리는 알아야 합니다. 주인이신 하나님의 뜻대로 하는 것이 가장 중요하다는 것입니다. 우리가 성경 속의 선지자들과 사도들을 살펴보면 그들은 모두 하나님께서 뜻하시는 대로 행동하였고, 그 뜻대로 하는 자들을 하나님은 크게 쓰시고, 기사와 이적을 행하셨다는 것을 알 수가 있습니다.

주님은 우리의 왕이시고, 우리를 만드신 주인이신데, 우리가 마음대로 살았기 때문에 인류에게 죄와 사망이 들어왔다고 성경을 말씀하십니다. 하나님은 질투의 하나님이십니다. 우리가 그분의 뜻대로 하지 않았을 때, 하나님은 풍랑도 일으키시는 분이십니다. 요나는 니느웨로 가라 명하심을 받았는데 다시스로 하나님의 낯을 피해 도망을 하다가 풍랑을 만나게 됩니다. 풍랑도 주인이신 주님은 못하시는 것이 없으십니다.

이스라엘 백성들은 가나안 복지를 인도하심을 따라 들어갔어도 하나님 말씀에 청종치 않아 바벨론으로 끌려가는 역사를 우리는 볼 수 있습니다. 하나님께서는 우리에게 좋은 것만 하라고 말씀하지 않으십니다. 아브라함이 이삭을 칼로 잡았을 때 인정하심을 받았듯이 상함도 해함도 받으라 하실 때에 그 명령을 순종하고 시험을 통과하는 자에게 여호와 이레로 준비하시고, 은총을 내려 주시는 것입니다. 영-혼-육이 건강하게 살아가는 축복도 주시는 것입니다. 하나님께서 자신의 주인이 되셨는데 영-혼-육이 건강하지 않을 수가 없는 것입니다. 모든 순간순간마다 하나님의 뜻대로 하는 것이 주인을 인정하는 것이고, 왕으로 인정하는 것입니다. 하나님은 당신을 왕으로 삼는 자의 앞에 나가 싸우시고 그의 팔을 돕는 것입니다.

둘째, 하나님을 영화롭게 하는 삶이다. 하나님은 이렇게 말씀하십니다. "그런즉 너희가 먹든지 마시든지 무엇을 하든지 다 하나님의 영광을 위하여 하라"(고전 10:31). 예수님께서도 "아버지께서 내게 하라고 주신 일을 내가 이루어 아버지를 이 세상에서 영화롭게 하였사오니."(요17:4). 라고 했습니다. 우리 믿는 자들의 삶은 하나님의 영광을 위해서 사는 것입니다.

영광이란 말은 히브리 원문 카보드(dwObK(kabod), 헬라 원문은 '독산 또는 독사조(δοξαν, δοξαζω)'란 말로 나타냅니다. "기쁘게 하다. 광채 나게 하다. 위엄 있게 하다. 명성을 높이다. 찬양하게 하다." 등의 뜻을 가지고 있습니다.

믿는 자는 하나님 나라 백성으로 하나님의 아들로서 하나님을 영화롭게 하는 것이 믿는 자들의 삶의 목적입니다. 아들로서는 자연히 아버지를 영화롭게 해야 합니다. 백성으로서는 당연히 임금을 영화롭게 하여야 합니다. 이것이 절대적인 진리입니다. 이유는 영-혼-육의 축복을 누리는 은혜를 입고 살기 때문입니다

영화롭게 한다는 말은? 보이지 않는 하나님을 자신으로 하여금 나타내는 생활을 말하는데 하나님의 높으신 이름이 드러나게 하는 것이며, 자신으로 하여금 하나님의 이름이 빛나게 하는 것이며, 자신의 생활로 하여금 하나님이 찬양을 받으실 분임을 알게 하는 것이며, 그리고 자신의 생활이 하나님이 기뻐하시는 생활을 하는 것입니다.

자신으로 하여금 하나님의 이름이 높아지게 하는 것이며, 귀하게 여겨지는 것이며, 사람들의 마음이 하나님의 참된 사랑과 은혜의 하나님으로 향하도록 하는 생활을 하는 것이며, 나로 하여금 하나님의 진실하심과 거룩하심과 선하심이 나타나는 것을 말합니다. 하늘의 천사들이 하나님의 영광을 드러내었고 동방의 박사들이 하나님의 영광을 드러내었습니다. "지극히 높은 곳에서는 하나님께 영광이요 땅에서는 하나님이 기뻐하신 사람들 중에 평화로다 하니라(눅 2:14)" "집에 들어가 아기와 그의 어머니 마리아가 함께 있는 것을 보고 엎드려 아기께 경배하고 보배 합을 열어 황금과 유향과 몰약을 예물로 드리니라(마 2:11)" 우리가 영-혼-육의 건강을 누리며 살아가려면 하나님의 영광을 드러내는 삶을 살아야 합니다. 한번 생각해보시기를 바랍니다. 자신이 하나님의 영광을 드러내는 삶을 사는데 영-혼-육에 문제가 생길 이유가 없는 것입니다.

셋째, 하나님과 동행하는 삶이다. 하나님과 관계가 열려서 영-혼-육이 건강한 삶을 살아가려면 하나님과 동행하는 삶을 살아야 합니다. 동행 한다는 말은 히브리 원문으로 '하라크'이며, 헬라 원문으로 '오이 페리'라고 합니다. 또는 '수네코데모스'로서 '함께 여행하다.'라는 뜻과, '동료, 여행자'란 뜻도 됩니다. '수네시다'란 표현으로, '함께 여행하다, 동반하다, 얽히다, 함께 살다,' 란 뜻입니다.

에녹과 같은 삶을 살아야 합니다. 창세기 5장 24절에서 "에녹이 하나님과 동행하더니 하나님이 그를 데려가시므로 세상에 있지 아니하였더라." 에녹은 도덕적 능력이 매우 약한 부패한 세대에 살았습니다. 그의 주위는 더러움이 만연하였으나 그는 하나님과 더불어 동행하였습니다.

에녹은 마음을 하나님께 바치도록 교육받았기 때문에 순결하고 거룩한 사물들을 생각하였습니다. 그러므로 에녹은 거룩하고 신령한 사물에 관하여 이야기하였습니다. 에녹은 하나님의 동료가 되었습니다. 에녹은 하나님과 동행하였으며 그의 권면을 받았습니다. 에녹은 우리와 마찬가지로 우리가 만나는 동일한 시험들과 더불어 싸우지 않으면 안 되었습니다.

에녹을 둘러쌌던 사회는 현재 우리를 둘러싸고 있는 사회보다 더 의롭지 못하였습니다. 에녹이 숨을 쉬는 분위기는 우리의 분위기와 마찬가지로 죄와 부패로 더럽혀져 있었습니다. 그러나 에녹은 그가 살았던 세대의 만연된 죄로 인하여 더럽혀지지 않았습니다. 그러므로 우리도 충실한 에녹이 행한 것처럼, 순결하고 부패되지 않은 채 남아 있을 수 있습니다.

하나님과 동해하려면 하나님을 알길 열망해야 합니다. 하나님의 길을 따라가야 합니다. 성령의 인도를 받으라는 말입니다. 그래서 늘 성경을 가까이 하고 성경을 볼 때에도 하나님의 관점에서 하나님이 무엇을 말씀하시고자 하는 지에 초점을 두어야 합니다. 하나님의 뜻대로 행하는 것이 의무가 아니라, 하나님과 교통하는 것이 즐거움이 되어야 하나님과 동행합니다. 주님과 동행하니 그 어디나 하늘나라가 됩니다. 자연스럽게 영-혼-육이 건강하게 되는 것입니다.

넷째, 순종하는 삶이다. 하나님과 관계가 열려서 영-혼-육이 건강한 삶을 살아가려면 순종하는 삶을 살아야 합니다. 사실 '하나님의 선택을 받았다'는 사실보다 '하나님께 순종한다'는 사실이 더 큰 축복을 불러옵니다. 하나님의 선택이란 사명을 맡기는 선택이지 물질과 지위를 주는 선택이 아닙니다. 그 하나님의 선택을 잘못 이해하면 이스라엘 백성들처럼 선택받은 것 때문에 더 고난을 당합니다.

축복은 '선택된 사람'보다는 '순종하는 사람'에게 주어집니다. 하나님은 선택받고 불순종하는 사람보다 선택과 상관없이 순종하는 사람을 더 기뻐하십니다. 하나님은 어린 시절 부모에게 순종 잘하는 사람을 찾고 계십니다. 순종이 습관이 되어 하나님의 말씀에도 순종을 잘하기 때문입니다. 사람은 말씀에 순종해야 잘 살 수 있도록 창조되었습니다. 말씀은 비행기의 항로와 같습니다. 아무리 큰 비전을 가지고 솟아올라도 말씀에서 이탈하면 언제 충돌할지, 언제 미사일에 맞을지 모르는 불안한 인생이 됩니다. 말씀대로 살아야 결국 비전도 이룰 수 있습니다.

특별히 순종할 때도 즉각 순종해야 합니다. 토론 후에 순종하는 것은 순종이 아니고, 변명하고 순종하는 것도 순종이 아니고, 한참 지체하다가 순종하는 것도 참된 순종이 아닙니다. 하나님이 감동을 주시면 그것은 하나님이 우리를 어떤 일로 부르신 것입니다. 그 일에 즉각적으로 기쁘게 순종해야 합니다. 어떤 성공학 연구가가 성공한 사람들에 대해 면밀히 연구를 했습니다. 그리고 성공의 최대 요인을 '순종'이라고 결론을 냈습니다. 순종하는 사람이 결국 성공적인 삶을 산다는 것입니다. 삶이 지루하고 답답하게 느껴지면 더욱 헌신과 순종을 다짐해보십시오. 순종은 축복을 가져다줍니다. 더 나아가 순종하는 마음을 가진 것 자체가 큰 축복이고 영-혼-육의 건강입니다.

다섯째, 성령으로 기도해야 한다. 하나님과 관계가 열려서 영-혼-육이 건강한 삶을 살아가려면 성령으로 기도하는 삶을 살아야 합니다. 성령으로 기도하여 영의 상태가 되어야 내적인 상처도 치유되고, 귀신도 떠나가고, 병도 고쳐지고, 문제도 해결되고, 하나님의 음성도 들을 수가 있는 것입니다. 성령으로 기도하는 것은 성령의 임재가운데 성령 안에서 기도하는 것을 말합니다. 마음으로 기도하여 마음의 문이 열려야 영으로 기도하게 되는 것입니다. 영으로 기도하는 것이 성령으로 기도하는 것입니다. 그렇기 때문에 먼저 마음의 기도로 마음의 문을 열어야 영으로 기도할 수가 있는 것입니다.

우리가 알아야 할 것은 무조건 기도만 할 것이 아니고 하나님께서 지시하신 사항에 대하여 조치를 취하면서 기도해야 합니다. 무조건 기도만 하는 것은 샤머니즘의 신앙입니다. 자신이 해야할 도리를 다하면서 기도해야 응답하여 주십니다.

성령으로 기도하는 비결은 이렇습니다. 숨을 들이 쉬고 내 쉬면서 주여! 숨을 들이 쉬고 내 쉬면서 주여! 숨을 들이 쉬고 내 쉬면서 주여! 자연스럽게 주여! 주여! 를 하면 되는 것입니다. 방언으로 기도할 줄 아는 분들은 호흡을 들이쉬고 내쉬면서 방 언기도하고, 호흡을 들이쉬고 내쉬면서 방언기도를 합니다. 즉 내면의 활동이 강화되어 자신의 마음속 영 안에 계신 성령이 밖 으로 나오시게 해야 합니다. 코로는 바람을 들이쉬고 배꼽 아랫 배로 호흡을 하는 것입니다. 호흡을 들이쉬고 내쉬면서 주여! 주여! 주여! 하다가 성령께서 감동을 주시는 것이 있습니다.

성령께서 너의 물질문제를 기도하라고 하실 수도 있습니다. 물질문제를 기도합니다. 물질문제가 어떻게 해서 생겼는지 하나 님에게 질문하며 기도합니다. 죄악으로 인한 것이라면 회개를 합니다. 회개하고 죄악을 타고 들어온 귀신을 축귀합니다. "예수 이름으로 명하노니 선조들의 죄를 따라 들어와 물질 고통을 주는 귀신아 물러가라" 소리는 크지 않아도 됩니다. 성령이 충 만한 상태이므로 귀신들이 잘 떠나갑니다. 다시 다른 기도를 위 하여 주여! 주여! 주여! 하면서 기도를 합니다.

그러면 성령께서 다시 감동을 합니다. 너의 건강을 위하여 기 도하라! 그러면 자신의 건강을 위하여 기도합니다. 기도하면서 하나님에게 질문을 합니다. 하나님! 저의 어느 부분이 문제가 있습니까? 하면서 기도하여 조치를 취하면 됩니다. 무엇을 결정해야 할 경우는 어느 정도 기도하여 성령으로 충만한 상태가 되면 지속적으로 문의 하는 것입니다. 이것을 어떻게 해야 합니까? 이것을 어떻게 해야 합니까? 이것을 어떻게 해야 합니까? 지속적으로 질문을 하면 문득 떠오르는 생각이 있습니다. 이것이 하나님의 방법입니다. 이것을 해결하면 치유가 되는 것입니다. 이렇게 성령으로 깊은 기도를 지속적으로 하니 영-혼-육이 건강하게 지내는 것입니다.

충만한 교회에서는 매주 화-수-목 성령치유 집회를 11:00-16:30까지 진행을 합니다. 무료집회입니다. 단 교재를 매주 구입을 해야 입장이 가능합니다. 매주 다른 과목을 가지고 집회를 인도합니다. 우리 교회 집회는 "성령의 불세례, 내적치유, 귀신축사, 신유, 성령의 은사 전이, 깊은 영의기도"는 기본으로 깔아놓고 집회를 인도합니다. 어느 집회에 오시더라도 "성령의 불세례, 내적치유, 귀신축사, 신유, 성령의 은사 전이, 깊은 영의기도"를 받을 수 있다는 말입니다

병원이나 세상 방법으로 해결하지 못하는 15가지 질병과 문제도 해결 받겠다는 믿음과 의지를 가지고 참석하면 모두 해결 받습니다. 단 성령께서 자신을 장악해야 치유가 되기 때문에 성령이 장악하는 기간이 사람마다 다릅니다. 그래서 무슨 문제이든지 믿음을 가지고 오시면 해결이 된다는 것입니다. 오셔서 모두 치유와 능력을 받으시기를 바랍니다.

8장 내면 세계가 강해져야 건강하다.

(왕상 19:11-13)"여호와께서 이르시되 너는 나가서 여호와 앞에서 산에 서라 하시더니 여호와께서 지나가시는데 여호와 앞에 크고 강한 바람이 산을 가르고 바위를 부수나 바람 가운데에 여호와께서 계시지 아니하며 바람 후에 지진이 있으나 지진 가운데에도 여호와께서 계시지 아니하며, 또 지진 후에 불이 있으나 불 가운데에도 여호와께서 계시지 아니하더니 불후에 세미한 소리가 있는지라. 엘리야가 듣고 겉옷으로 얼굴을 가리고 나가 굴 어귀에 서매 소리가 그에게 임하여 이르시되 엘리야야 네가 어찌하여 여기 있느냐"

하나님은 우리의 마음 안에 임재 하여 계십니다. 자신의 주인이 마음 안에 계신 것입니다. 그래서 사람은 내면세계가 건강해야 합니다. 우리는 실체보다는 상징을 더 숭배하는 사회에 살고 있습니다. 많은 사람들이 내적인 것보다는 외적인 것에 더 이끌립니다. 그러나 우리는 외적인 것을 너무 좋아하면 안 됩니다. 그러면 뿌리 깊은 나무가 될 수 없습니다. 외적인 것은 재미를 주지만 내적인 것은 깊이를 줍니다.

세상은 깊이보다 재미를 중시하지만 하나님은 재미보다 깊이를 중시합니다. 세상은 겉이 큰 것을 좋아하지만 하나님은 속이 큰 것을 좋아합니다. 옛말에 "못 생긴 나무가 산을 지킨다."는 말이 있습니다. 긴 시간을 두고 보면 교계도 못 생긴 목회자들이 지키고, 교회도 못 생긴 성도들이 지키는 것을 봅니다. 그런 의미에서 우리 교인들이 다 잘생겼지만 그래도 "나는 하나님 앞에 서만은 잘 생긴 존재가 아니다."라는 겸손한 인식과 태도를 가져야 합니다.

외적인 화려함이나 인기에 이끌려 발 빠른 존재가 되기보다는 내면을 잘 가꾸고, 내면을 잘 살펴서 어떤 바람에도 흔들리지 않는 뿌리 깊은 나무가 되기를 힘써야 합니다. 우리가 "성도답게 산다."는 것은 "내적인 삶을 중시하면서 산다."는 것입니다. 사실 우리의 외적인 삶을 준비하는 것은 내적인 삶입니다. 그러므로 내면이 건강해야 합니다. 삶에서 중요한 것은 "우리에게 어떤 일이 일어나고 있는가?"하는 것이 아니라, "우리 안에 어떤 일이 일어나고 있는가?"하는 것입니다. 그것이 바로 우리들에게 고독과 침묵의 시간이 필요한 이유입니다. 고독과 침묵의 시간은 우리의 내면세계를 건강하게 만듭니다.

고독과 침묵은 잘 활용하면 우리에게 큰 유익이 됩니다. 그러므로 고독과 침묵을 잘 훈련해야 합니다. 그러나 이 훈련은 어렵습니다. 왜냐하면 우리 사회는 고독이나 침묵과는 전혀 반대되는 방향으로 가기 때문입니다. 요즈음 인기 있는 음악을 보십시오. 고독과 침묵의 소리는 거의 들을 수 없습니다.

사람들이 고독과 침묵의 유익을 너무 모르고 있고, 그것들을 싫어합니다. 침묵이 들려주는 소리는 듣기 싫어하고 시끌벅적한 곳에 가야 만족감을 느끼는 분들이 많습니다. 그러나 우리가 보다 깊은 삶을 살려면 고독과 침묵의 세계로 들어갈 수 있어야 합니다. 왜 우리에게 고독과 침묵이 필요합니까? 지금 세상은 우리의 영혼에 도움이 되지 않는 여러 자극적이고 감성적인 소리로 우리를 유혹해서 혼란하게 만들기 때문입니다.

그러므로 우리는 그런 소리들을 물리치고 고독과 침묵 속에서 실체와 진실에 더욱 접근해야 합니다. 그래서 우리 자신을 더 생각하도록 만들고, 하나님께서 우리에게 더 말씀하시도록 만들어야 합니다. 바로 거기에서 환경을 이길 힘과 자신을 이길 힘이 생기게 됩니다. 성경 복음서를 보면 놀라운 사실을 발견합니다. 그것은 "예수님이 홀로 있는 시간을 아주 많이 가졌다"는 사실입니다. 예수님 때는 지금처럼 그렇게 난잡한 때는 아니었습니다. 그래도 예수님은 군중들로부터 떨어져 혼자 있는 시간을 많이 가졌습니다. 그러나 오늘날 어떤 영적 지도자들은 텔레비전에 나오기를 좋아하고, 무대 체질이고, 대중성을 좋아합니다. 사람들의 시선을 끌려고 "나는 다르다."는 것을 증명하려고 하다가 결국 "나는 틀리다."는 것을 증명한 분들이 얼마나 많습니까? 진짜 진리의 99%는 평범한 것에 숨어 있습니다. 특이한 것에는 대중성은 많아도 건강성은 적습니다.

하나님이 우주를 이끌어 가는 손길은 99% 자연적인 것을 통해 이끌어 가십니다. 어느 누구도 "해가 서쪽에서 뜨겠네!"라는 말을 듣고 "특이하다. 기적이다."고 하며 좋게 생각하지 않습니다. 신앙생활에서도 초자연적인 것, 기적적인 것, 대중적인 것, 화려한 것, 특별한 것을 열심히 쫓아다니면 실패할 가능성이 많습니다.

때로는 조용한 곳에서 혼자 떨어져 살아 계신 하나님과 직접 대화를 하며, 평범한 것에서 진리를 발견하고 평범한 것에서 감사거리를 발견하는 삶이 진정 복된 삶입니다. 그렇게 '무대 앞'에 서기보다 '하나님 앞'에 서기를 힘쓸 때 내 영혼이 풍성하게 되고, 나를 한 맺히게 했던 말도 교훈과 위로와 축복을 주는 말로 신기하게 번역되어 들리고, 내 육신을 공격하는 바이러스와 암 덩어리의 공격력도 급속히 약화되어 병도 낫게 될 것입니다. "자기 혼자 하나님 앞에 서서 나의 부족함을 고백하고, 마음과 마음을 터놓는 대화를 하고, 하나님의 음성을 듣는 시간"이 별로 없다면 얼마나 허무한 일입니까?

예수님은 대중을 사랑했지만 대중성과는 거리가 멀었습니다. 사람들이 예수님을 이스라엘의 왕으로 모시려고 할 때 예수님은 뒤로 물러나 숨으셨고, 병자들을 치료하신 후에는 그들의 입에 마이크를 갖다 대고 간증을 유도하기보다는 그 기적을 아무에게도 알리지 말라고 하셨습니다. 그처럼 대중성 대신에 고독을 추구하셨던 예수님은 우리도 조용하고 비밀스럽게 드리고, 금식하고, 기도하기를 원하십니다.

마태복음 6장 6절에서 예수님은 말씀하셨습니다. "너는 기도할 때에 네 골방에 들어가 문을 닫고 은밀한 중에 계신 네 아버지께 기도하라 은밀한 중에 보시는 네 아버지께서 갚으시리라." 예수님은 중요한 순간에는 항상 혼자 따로 가셔서 기도하셨습니다. 예수님은 공적인 사역을 시작하시기 전에도 혼자 광야에 가셔서 40일간 금식하며 기도하셨습니다. 그 40일 금식 기도를 통해서 예수님은 온갖 유혹을 이길 수 있는 힘을 얻으셨습니다. 고독한 광야는 예수님을 약하게 한 장소가 아니었고 인간으로 오신 예수님을 강하게 한 장소였습니다. 그리고 예수님은 자주 고독과 침묵을 추구하셨습니다. 12제자를 선택하실 때에도 따로 가서 기도하셨고(눅 6:12-13), 사촌인 세례 요한이 죽었다는 소식을 들었을 때에도 따로 가서 기도하셨습니다(마 14:13).

누가복음 5장에서 예수님은 문둥병자를 고친 후 아무에게도 알리지 말라고 했는데 어느새 사람들이 그 사실을 알고 몰려오니까 예수님은 물러가셨고(눅 5:16), 5천 명을 먹이신 후에도 따로 산에 올라가셨고(마 14:23), 십자가에 달리시기 전에도 혼자 기도하셨습니다(마 26:36-48).

예수님에게도 그처럼 고독한 시간이 필요했다면 우리에게는 그런 시간이 얼마나 더 필요하겠습니까? 예수님은 대개 인생의 중요한 변화가 있기 전에 고독하게 되셨습니다. 공생애를 시작하기 전에 고독하게 되셨고, 사랑하는 동역자 세례 요한을 잃은 것에 대해 슬퍼하기 위해서 고독하게 되셨습니다. 또한 기적을 일으킨 위대한 사역 후에 오히려 고독하게 되셨고, 인생의 가장 극심한 어려움과 죽음에 처하시기 전에 고독하게 되셨습니다. 우리에게 고독과 침묵이 필요한 상황도 똑같습니다. 지금 인생의 중요한 결정을 앞두고 있습니까? 무엇인가 중요한 사건이 다가옵니까? 혹시 슬픔과 실망에 빠져 있습니까?

어떤 일의 성공을 위해 엄청난 에너지를 소모하셨습니까? 그렇다면 하나님의 음성을 듣고 자신의 영적인 배터리를 충전하기 위해서 고독과 침묵의 시간을 가져야 합니다. 그래서 다가올 날들을 준비해야 합니다. 고독과 침묵의 유익이 무엇입니까? 새벽에 하나님과 홀로 대면하는 느낌을 가지면서 내적인 평화가 생기고, 조용한 가운데 성경을 보면서 지혜를 얻게 됩니다.

또한 매일 당하는 상황과 기도를 필요로 하는 사람들을 위해 기도하면서 현실을 극복할 수 있는 힘을 얻고, 자신의 생업과 하나님의 뜻을 알기 위하여 성령으로 기도하면서 미래를 희망과 소중한 예감으로 보게 하는 신비한 시야를 얻게 됩니다. 때때로 극도로 어려운 상황에서 조용히 기도하면 생각보다 훨씬 가볍게 그 상황이 넘어가는 것을 보게 됩니다. 저도 가끔 지친 마음이 들 때가 있고, 드라이한 느낌이 들 때가 있고, 속이 상할 때가 있습니다.

그런 마음을 대략 4시간의 잠이 한번 풀어주고, 새벽에 교회에서 말씀과 기도 가운데 지내는 시간이 다시 한 번 그 마음을 풀어줍니다. 그러면 아침 해가 떠오르면서 울적했던 마음이 사라지게 됩니다. 그처럼 새벽 시간이 얼마나 중요한지 모릅니다.

어떤 분들은 밤 시간에 그런 역사를 경험할 수 있습니다.

우리가 사람들로부터 떨어져 조용한 곳에서 하나님의 세미한 음성을 들을 때 우리는 낙심과 좌절을 날려버릴 수 있는 힘을 얻게 됩니다. 엘리야의 이야기가 그것을 잘 말해줍니다. 약 2800년 전 어느 날, 엘리야가 바알 선지자와 대결을 청했습니다. 제단에 제물을 올려놓고 각자 자기 신에게 기도해서 그 제물을 태우는 신이 진짜 신임을 인정하자고 했습니다.

먼저 바알 선지자들이 기도하는데 기도가 먹히지 않자 그들은 춤까지 추고 자기 몸에 상처까지 내며 난리를 쳤습니다. 그러나 아무 반응도 없었습니다. 그 다음에 엘리야가 제단에 들어서서 "여호와여 응답하소서!" 하고 단순히 기도했습니다.

그러자 하늘에서 불이 내려 제물과 돌과 흙과 제단 옆 도랑의 물까지 태웠습니다. 엄청난 승리였습니다. 그러나 곧 왕비 이세벨이 엘리야를 죽이겠다고 위협하자 엘리야는 두려움과 낙심에 사로잡혀 도망쳐서 호렙산 굴에 숨었습니다.

그때 하나님께서 그에게 나타나셔서 말씀하시는 장면이 오늘 본문입니다. 본문 11-12절을 보십시오. "여호와께서 가라사대 너는 나가서 여호와의 앞의 산에 섰으라 하시더니 여호와께서 지나가시는데 여호와의 앞에 크고 강한 바람이 산을 가르고 바위를 부수나 바람 가운데 여호와께서 계시지 아니하며 바람 후에 지진이 있으나 지진 가운데도 여호와께서 계시지 아니하며, 또 지진 후에 불이 있으나 불 가운데도 여호와께서 계시지 아니하더니 불후에 세미한 소리가 있는지라." 이 말씀을 보면 하나님은 크고 강한 바람 속에도 계시지 않았고, 지진 가운데도 계시지 않았고, 불 가운데서도 계시지 않았습니다.

하나님은 그런 것들이 다 지나고 나서야 세미한 소리를 들려주셨습니다. 그 세미한 소리가 낙심한 엘리야를 일으켰습니다. 진실한 성도는 그 세미한 음성을 통해 자신의 영혼이 채워지는 것을 경험할 것입니다. 오늘날 신앙생활의 가장 큰 위기는 이 세미한 음성을 못 듣는 것이 위기입니다. 하나님의 우주를 운행하시는 손길은 대개 조용하게 진행됩니다. 지금 우주는 하나님의 손길에 움직이고 있습니다. 우주의 일부분인 태양계도 하나님의 손길에 의해 움직이고 있습니다. 하나님의 손길은 대개 조용하게 움직입니다. 그처럼 하나님의 음성도 세미한 음성으로 올 때가 많습니다.

그런데 만약 혼자 있는 시간이 없으면 어떻게 그 소리를 듣겠습니까? 하나님은 조용히 성경으로 말씀하시기를 즐겨하십니다. 왜냐하면 그러한 세미한 음성이 진정으로 우리의 영혼을 살찌우는 음성이 되기 때문입니다. 우리는 지금도 수많은 소음 중에 있습니다. 우리의 감각은 끊임없이 보는 것과 듣는 것에 의해 압도되고 있습니다. 그렇게 때문에 우리의 영이 새로와지고 신선하게 될 조용한 장소가 우리에게는 더욱 절실하게 필요합니다. 그래야 우리가 매일 당하는 스트레스를 극복할 수 있는 힘을 얻게 되고, 하나님의 선한 통제 아래에 놓여서 미래를 잘 준비하게 될 것입니다.

그러면 우리는 어떻게 고독과 침묵의 시간을 가질 수 있습니까? 새벽이나 낮이나 매일 일정 시간을 그런 시간으로 확보하는 것이 좋습니다. 그 시간은 전혀 방해받지 않도록 해야 합니다. 또한 집에서도 조용히 성경을 보고 기도할 수 있는 공간을 확보하는 것이 좋고, 시간이 될 때마다 교회에 나와 기도하는 것도 좋은 방법입니다. 그리고 가까운 산에 올라가는 것도 참 좋습니다. 새로운 환경이 얼마나 많은 메시지를 주는지 모릅니다. 조용한 숲에 들어가면 나무들이 말하는 것 같고, 자연으로부터 배우는 것이 참 많습니다. 얼마나 유익하고 중요한 시간인지 모릅니다. 사역의 현장에서 물러나 쉴 때 오히려 하나님이 가까이 하심과 하나님의 손길을 더 느낄 때가 많습니다.

우리에게 쉼의 의미는 무엇입니까? 하나님 중심적인 삶으로 다시 우리를 조율하는 것이 바로 쉼의 의미입니다. 그래서 주일이 중요하고, 예배가 중요하고, 쉴 때는 쉬는 삶이 중요합니다. 여가 생활에 돈을 쓰는 것을 낭비라고만 생각하지 마십시오. 여가가 없어서 건강을 망치면 5배, 10배의 돈이 들게 됩니다.

왜 여가생활을 합니까? 하나님 중심적인 삶을 회복하기 위해서입니다. 그처럼 여가생활을 통해서 하나님 안에서의 내 삶의 목적이 뚜렷해지고, 목적을 향해 달려가는 추진력을 얻는 재충전이 이루어진다면 우리는 여가생활을 잘 가진 셈이 됩니다. 결국 여가생활이 필요한 가장 큰 이유는 삶의 현장에서 물러나 고독과 침묵의 시간을 가지기 위해서입니다. 이렇게 고독과 침묵의 시간을 통하여 내면세계가 건강하니 덩달아서 영-혼-육이 건강해지는 것입니다.

기도원이나 수도원에 가서 금식 기도할 때 가장 큰 유익이 무엇입니까? 기도원에 있는 전 시간 동안 아무 말도 하지 않는 것이 큰 유익입니다. 또한 아무 소리도 듣지 않는 것이 큰 유익입니다. 그곳에는 텔레비전도 없고, 라디오도 없고, 정신을 분산시키는 어떤 소리도 없습니다. 그렇게 며칠 있다 보면 하나님의 뜻이 보이고, 하나님의 소리가 들리고, 내적인 평화와 힘이 생깁니다. 또한 믿는 교인에게는 모든 것이 합력하여 선을 이루고, 현재의 고난은 내일의 축복이 되고, 나의 고난은 자녀의 축복으로 변하여 나타나게 된다는 사실이 확실히 믿어지게 됩니다.

그러므로 우리에게 고독과 침묵이 없으면 영적으로 자랄 수 없습니다. 하나님은 때때로 혼잡하고 소음 중에서도 만나 주시지만 대개 조용한 장소에서 만나주시고 그분의 말씀을 들려주십니다. 그러므로 우리는 고독과 잠잠한 침묵의 시간을 가져야 합니다. 이사야 30장 15절은 말합니다. "주 여호와 이스라엘의 거룩하신 자가 말씀하시되 너희가 돌이켜 안연히 처하여야 구원을 얻을 것이요 잠잠하고 신뢰하여야 힘을 얻을 것이거늘 너희가 원치 아니하고." 오늘날 많은 믿는 사람들이 잠잠하게 신뢰하지 않습니다. 내면세계에 관심을 가지고 건강하게 사실 분은 앞으로 출간 예정인 **잠재의식**에 관한 책을 참고하시기를 바랍니다.

그러나 하나님은 분명히 우리가 잠잠하고 신뢰하여야 힘을 얻게 된다고 말씀하십니다. 어리석은 사람과 현명한 사람의 차이는 현명한 사람이 10분이라도 더 침묵할 줄 아는 사람이라는 것입니다. 항상 잠잠히 신뢰함으로 뿌리 깊은 나무처럼 뿌리 깊은 영혼과 내면의 깊이를 소유하기를 바랍니다.

충만한 교회에서는 매주 토요일 10:00-12:30까지 각각 2시간 30분씩 개별 특별집중 기적치유 시간을 갖고 있습니다. 한번에 4-6명밖에 할 수 없으므로 1주일 전에 지정된 선교헌금을 입금하시고 예약을 합니다.

*대상은 이렇습니다. 충만한 교회 화-수-목 정기 집회에 참석해도 상처가 깊어서 효과가 나지 않는 분들이 최우선입니다. 여기서도 저기서도 치유와 능력을 받지 못한 분/ 불치병, 귀신역사를 빨리 치유 받을 분/ 목과 허리디스크, 허리어깨통증, 근육통, 온몸이 아프고 무거움에서 치유해방 받고 싶은 분/ 자녀나 본인의 우울증, 공황장애, 조울증, 불면증을 빨리 치유 받을 분/ 가슴이 답답하고 기도하기가 힘이 드는 분/ 축복과 영의 통로를 뚫고 싶은 분/ 성령의 불세례를 체험하고 싶은 분/ 최단기간에 성령치유 능력 받고 싶은 분입니다.

믿음을 가지고 오시기만 하면 무슨 문제라도 치유되고 해결이 됩니다. 염려하시지 말고 성령께서 감동하시면 오셔서 빠른 시간에 치유 받고 권능을 받아 쓰임을 받으시기를 바랍니다.

반드시 일주일 전에 선교헌금을 전화로 확인하시고 입금 후 예약해야 합니다(전화 02-3474-0675).

9장 스트레스를 이겨야 건강하다.

(엡4:30-32)"하나님의 성령을 근심하게 하지 말라 그
안에서 너희가 구속의 날까지 인치심을 받았느니라. 너
희는 모든 악독과 노함과 분 냄과 떠드는 것과 훼방하는
것을 모든 악의와 함께 버리고 서로 인자하게 하며 불쌍
히 여기며 서로 용서하기를 하나님이 그리스도 안에서
너희를 용서하심과 같이 하라."

건강이란 몸과 마음이 모두 튼튼한 상태, 몸에 아무런 탈이
없이, 육체와 정신이 정상적으로 활동하는 상태입니다. 즉 병이
없고 허약하지 않으며, 항상 쾌활하고 일이나 학업에 의욕이 있
어 사회생활을 잘 해 나가는 상태입니다. 세계 보건 기구(WHO)
에서 공포한 세계 보건 헌장에 따르면, '건강'의 뜻은 다음과 같
습니다. "건강이란 육체적 · 정신적 · 사회적으로 매우 좋은 상태
에 놓여 있는 것을 말하며, 다만 병이 없다든지, 허약하지 않다
는 것만을 뜻하는 것은 아니다." 라고 말합니다. 과거의 건강을
정의하는 말에서 사회적이라는 말이 추가됐습니다. 사회적 건강
이란 다른 사람과의 관계입니다. "자신이 소속되어 생활하고 있
는 사회에서 그 일원으로서의 충분한 역할을 하는 것"이라고 할
수 있습니다. 건강이란 전인격이 강건한 것입니다.
　살아가면서 스트레스를 이기는 것이 건강한 것입니다. 스트레

스가 건강의 적입니다. 정서의 미성숙은 스트레스 대응 능력을 떨어뜨립니다. 어떠한 고난을 당했을 때에 장기적 계획을 세우거나, 근본적 대응책을 강구하기보다는 짜증, 원망, 도피하는 반응을 나타내면서 더욱더 스트레스에 빠지게 합니다. 세상은 자꾸 우리를 조이고 있습니다. 앞으로의 시대는 더욱더 스트레스가 몰려오는 시대입니다. 스트레스야말로 모든 질병의 원인이 됩니다. 스트레스가 오는 것이 문제가 아니라, 그것을 처리할 능력이 없기 때문에 자꾸 그것을 쌓아 놓는 것이 문제입니다. 상처는 스트레스를 주며, 처리되지 못한 스트레스는 쌓이게 되고, 쌓인 스트레스는 조그마한 자극에도 다시 스트레스를 받게 합니다.

하나님의 일을 하려면 스트레스를 잘 처리할 수 있어야 하며 이것을 처리할 수 없는 사람은 하나님의 일을 할 수가 없습니다. 인간에게는 근본적으로 스트레스 처리 능력이 없습니다. 하나님의 은혜로 영적 차원에서만 온전한 처리가 가능합니다. 성령의 도우심이 있어야만 스트레스를 쌓아 놓지 않고 온전하게 처리할 수 있습니다. 성령님과 늘 교제하면서 성령님께 모든 스트레스를 털어놓으시기 바랍니다. 매일 밤마다 30분에서 1시간을 성령님과 함께 보내세요. 그리고 주 2-3회 이상 온 밤을 주님과 보내는 습관을 가져야 합니다. 나에게 스트레스를 주는 밖에 있는 불을 끄려고 하지 말고, 그것을 처리하는 내 안에 있는 내면의 능력을 키우시기 바랍니다. 내면이 약한 것은 과거의 상처 때문입니다. 과거의 상처를 과거 차원에 내버려두지 말고, 하나님과 함께 현재 차원에서 치유하십시오. 하나님께서는 시간의 벽이 없습니다. 과거로 돌아가서 얼마든지 과거를 돌이킬 수 있는 분이십니다. 스트레스를 걱정하지 말고 그것을 처리할 수 있는 능력을 위해 기도하십시오. 마음을 평안케 하는 길이야말로 안에 생기는 스트레스의 불을 끄는 것입니다. 이 스트레스의 불을 끄지 못하면 여러 가지 내장 기관이 상처를 입습니다. 화상을 입습니다. 악한 영은 마음의 상처 밑에 숨어서 그 부분을 약화시키고 사용하지 못하게 하는데, 이것이 바로 질병입니다. 그만큼 또 다른 부분이 무리를 하게 되어 결국 점점 질병이 퍼져나가게 됩니다.

스트레스는 시간이 지나면 덮어지지만 결코 없어지는 것이 아니며 우리를 골병들게 만드는 것입니다. 악한 세력들은 덮인 상처 밑에 숨어 있다가 기회만 되면 뛰쳐나와서 상처를 아프게 합니다. 감정의 상처의 기억은 이성의 기억보다 더 강하고 더 오래갑니다. 그리고 비슷한 상황이나 조건으로 감정을 자극하게 되면 그 아픔이 다시 살아나 나쁜 감정의 기억이 되살아납니다.

그리고 이 상처 때문에 또다시 새로운 스트레스가 생기며 스트레스와 상처의 악순환입니다. 내적 치유는 성령님의 도우심으로 실제 상황에 접근하여 속에 쌓여 있는 좋지 못한 것들, 쌓인 스트레스를 청소해 내고, 상처받은 감정도 치유하는 것입니다.

나날이 복잡해지고 치열해지는 사회 속에서 현대인들은 누구나 어느 정도의 스트레스를 경험하고 살아갑니다. 하지만 같은 스트레스 상황에서도 어떤 사람은 잘 이겨내는 반면 어떤 사람은 우울증, 자신감 저하까지 생기는 등 심각한 스트레스에 직면하게 됩니다. 이처럼 사람에 따라 스트레스에 다르게 반응하는 이유는 무엇일까요? 스트레스의 강도는 그 양도 문제가 되지만, 받아들이는 이의 성격 또는 태도, 어떤 시각으로 바라보고 대처하는가에 따라 좌우됩니다. 자신이 조절할 수 없을 정도의 강한 스트레스로 몸과 마음이 견뎌내지 못하게 되면 건강에 해가 되어 정신적 · 신체적 여러 가지 병이 생길 수 있습니다.

첫째, 스트레스에 약한 성격과 성향은 이렇다.

1) **급하고 공격적입니다.** 항상 시간에 쫓기고, 욕심이 크면서 공격적이고 경쟁적인 사람들은 지나칠 정도로 목표나 성취하는 것에 집착해, 스스로 자신이 모든 것을 조절할 수 있어야 한다고 생각합니다. 이 때문에 항상 두려움과 조급함이 있으며 그렇지 않은 사람보다 외부의 스트레스를 더 느끼게 되고, 스트레스로 인한 신체반응도 커집니다.

2) **걱정이 많고 부정적입니다.** 매사에 걱정이 많고 부정적인 사람들은 마음속에 불안과 우울 등이 내재하여 스트레스는 물론 각종 질병에 취약해집니다. 특히 부정적인 태도로 오랜 기간 스트레스를 받을 경우 우리 몸의 면역계는 사이토카인이나 아드레날린 등을 분비하는데, 이 물질들이 혈관에 염증을 일으켜 심장병을 부르게 됩니다.

3) **모든 일이 완벽해야 합니다.** 완벽함을 추구하는 성격은 자신

이 이룬 것에 대한 만족감보다는 부족한 부분에 대한 자책과 후회 등을 끊임없이 반복하며 스트레스에 더 취약합니다. 사람은 미완성입니다. 고로 온벽할 수가 없습니다. 하나님이 함께해야 완벽해지는 것입니다.

4) **예민합니다.** 예민한 성격은 작은 자극에도 넘어가지 못하고, 신경을 더 쓰게 되어 상대적으로 스트레스를 더 잘 받게 됩니다.

5) **무조건 참고 견디는 편입니다.** 분노나 화를 효과적으로 해결하지 못하는 사람은 스스로 참는 방법으로 갈등이나 충돌을 회피하게 되지만, 그런 습관이 자신에게는 오히려 독이 될 수 있습니다. 많은 연구결과 화를 잘 참는 성격이 화를 잘 내는 사람보다 심장병, 암 등 여러 질병의 발병 위험이 큰 것으로 나타났습니다. 스트레스를 대처할 때 가장 중요한 것은 스트레스 자체의 크기나 강도보다는 개인마다 그 스트레스를 어떻게 느끼고 받아들이느냐 하는 주관적인 해석입니다. 따라서 과도한 스트레스를 받더라도 그것을 이겨내고 극복하기 위해서는 자신의 성격을 더욱 강인하고 용감하게 변화 및 단련시킬 필요가 있습니다.

둘째, 스트레스 해소법이다. 일상생활 중에 계속 내적 치유하는 시간을 따로 정해 놓아야 합니다. 내면 관리에 관심과 열정을 쏟으세요. 성령님이 사용하실 수 있는 마음을 가져야 합니다. 이것이 내면을 강하게 하는 영성훈련입니다. 마음으로 기도하십시오. 마음에 항상 하나님이 주인이 되도록 하십시오. 배꼽아래 10센티에 의식을 두고 하나님을 찾으십시오. 찬양을 들으면서 하나님과 보내는 시간을 가져야 합니다. 예수님의 광야에서의 묵상은 하나님과의 교제의 시간이었습니다. 그리하면 스트레스가 쌓이지 않습니다.

신앙의 길에도 투자가 있어야 보상이 있습니다. 구원은 공짜이지만 성화에는 투자가 있어야 합니다. 구원은 공짜지만 복을 받으려면 노력과 훈련이 있어야 합니다. 하나님과의 교제, 만남을 통하여 우리의 내면, 잠재의식, 정서를 거룩하게, 정결하게, 깨끗하게 만드세요. 시간을 투자해서 이렇게 만드세요. 우리의 마음, 무의식의 세계를 성령의 도우심으로 자꾸 더러운 것, 두려운 것, 미움, 분노, 시기, 부정적인 감정 등을 씻어 내는 것이 내적 치유입니다. 이를 위하여 성령님의 도우심을 간절히 간구하십시오. 성령님께 매달리세요. 친한 친구에게 모든 것을 털어놓듯 성령님께 모든 것을 털어놓으세요. 성령님과 어울리세요. 뒹구세요. 성령님의 지배를 받아 한 몸이 되어야 합니다.

이 일에 시간을 사용하기 위하여 다른 데 쓰는 시간을 아끼셔야 합니다. 그 아까운 시간을 사용하여 내면에 성령이 충만하도록 간구하세요. "나에게 시간을 내어 다오. 내가 치유할 수 있게 해다오." 하시는 성령님의 간구를 무시하지 마시기를 바랍니다. 하나님과의 관계가 온전해지는 일에 집중하십시오.

여기에 쏟는 시간에는 엄청난 보상이 따르는 것입니다. 인생에서 가장 유익한 시간은 하나님과 함께 내면을 치유하는 시간입니다. 불완전에서 완전으로 나아가는 귀한 시간입니다. 치유 쪽으로 나아가는 데 사용된 시간은 성령님과의 교통을 위해서 보낸 금 같은 시간입니다. 세상을 살아가면서 순간순간 스트레스가 올 때 대처하는 방법들입니다.

1) 생각을 다르게 전환하자. 스트레스 요인이 있을 때 부정적 스트레스를 받지 않는 가장 간단한 방법은 '생각의 전환'이라는 것입니다. 스트레스로부터 적극적으로 피할 수 없다면 스트레스를 적극적으로 수용해야 합니다. 스트레스를 받아들일 때는 '문제 해결형'으로 대응해야 합니다. 문제를 해결하기 위해 최선의 대처를 능동적으로 하는 것입니다. 받아들이는 마음가짐에 따라 스트레스가 '긍정적 스트레스'가 되어 발전하는 계기가 될 수 있습니다. 예를 들어 설명한다면 여우가 길을 가다가 맛있어 보이는 포도를 발견했습니다. 포도는 넝쿨의 높은 꼭대기에 달려있었고, 여우는 포도를 따서 먹기 위해 열심히 넝쿨을 오르려 했지만, 결국 따지 못하고 몸만 먼지로 뒤덮여졌습니다. 어쩔 수 없이 여우는 포기했고 포도를 뒤로 한 채 "저 포도는 맛없는 포도일거야!" 라고 가던 길을 갔습니다.

2)호흡기도 법. 스트레스를 받을 때 긴장된 신체를 가장 쉽게 이완시키는 방법은 배꼽 아래 10센티에 의식을 두고 복식호흡을 하는 것입니다. 코로 호흡을 들이쉬면서 성령님! 내쉬면서 사랑합니다. 이렇게 몇 분간만 지속하면 신체가 적절히 이완되면

몸의 대사가 원활해져 스트레스로 인한 신체 증상을 줄일 수 있고, 긴장감, 압박감, 우울, 불안, 짜증 등의 부정적인 감정을 줄일 수 있습니다. 아래와 같은 방법으로 숙달하시면 순간순간 받는 스트레스에 적절하게 대처할 수가 있습니다.

① 편안한 자세로 앉거나 누워서 한 손은 배 위에 다른 한 손은 가슴 위에 둡니다.

② 배꼽 아래 10센티에 의식을 두고 코로 호흡을 들이쉬면서 성령님! 내쉬면서 사랑합니다. 배위의 손이 오르내리는 느낌에 집중합니다. 숨을 들여 마실 때 배를 불룩하게 내밀고 내쉴 때 배를 밀어 넣는 것입니다.

③ 편안하게 호흡하면서 코로 숨을 들이쉴 때 '성령님', 내쉴 때 '사랑합니다.'라고 마음 속으로 말하면서 지속적으로 몇 분간 합니다. 점차 뇌파가 스트레스를 받는 상태인 '베타파'에서 마음이 안정된 상태인 '알파파'로 들어갑니다. 점점 마음으로 하는 호흡 기도를 하면 영적인 상태인 '세파파'에 이르게 됩니다. 이때 받은 스트레스가 성령의 능력으로 밖으로 정화되어 나가면서 기분 좋은 몸의 상태가 됩니다.

3) 묵상기도 법. 마음을 비우고 편안히 묵상에 잠기면 마음이 편안해지고 신체가 이완되는 것을 느낄 수 있습니다. 심장박동률은 낮아지고, 뇌에서 몸이 이완될 때 생기는 알파파가 증가합니다. 시간이 흐를수록 뇌파가 영적인 상태인 '세파파'에 이르게 됩니다. 이렇게 성령의 인도 하에 하는 영적인 묵상기도

는 고혈압, 심장병, 편두통, 당뇨병과 같은 신체질환의 예방과 치료에도 효과가 있다고 알려졌습니다. 또한, 불안, 우울, 적개심의 경감에도 도움을 줍니다. 성령의 인도 하에 하는 묵상기도는 자신의 내면을 강화하는데 적극적인 수단이 됩니다. 묵상기도는 "깊은 영의기도를 숙달하는 비결"책에 보시면 여러가지 방법이 있습니다. 책을 참고하여 다음과 같이 하시면 됩니다.

① 조용한 장소에서 등을 똑바로 펴고 편안하게 앉거나 눕습니다. 편안한 자세가 되어야 기도를 오래 안정적으로 할 수 있습니다. 영적인 상태가 되기 위하여 편안한 자세가 중요합니다.

② 어깨에 힘은 빼고 손은 자연스럽게 무릎 위에 두고 의식은 배꼽 아래 10센티에 두고 마음으로 성령님! 하면서 천천히 코로 호흡을 들이쉽니다. 내쉬면서 사랑합니다. 하면서 지속적으로 합니다. 지나간 세월 하나님의 은혜를 생각하면서 집중합니다.

③ 호흡을 들이쉬고 내쉬면서 성령님을 생각하는 것 외에 다른 생각이 들어가지 않도록 해야 합니다. 점차 깊어짐에 따라서 자신이 호흡하는 것도 의식할 수 없는 상태에 이르게 됩니다. 이때 무의식이나 잠재의식에 쌓여있는 스트레스가 떠나갑니다.

④ 주의할 것은 잡념이 떠올라도 잡념을 따라가지 않고, 다시 호흡을 하면서 성령님만 찾는 것입니다. 그렇게 지속하면 자연스럽게 잡념이 없어집니다.

4) 마음으로 좋은 생각을 하는 심상 법. 심상법이란 이미지를 근육을 이용해서 이완시키는 방법으로 20세기 초 프랑스 에밀 쿠에

라는 사람에 의해 처음 도입된 방법입니다. 분명하게 기억해 낼 수 있는 즐겁고 편안했던 경험을 머리속에 떠올려 그때의 즐거웠던 기분을 재 경험 하는 것입니다. 이런 경험을 하면 마음이 편안해지고 신체도 이완됩니다. 심상법은 두통, 근육통, 만성 통증과 온갖 종류의 불안을 포함하여 많은 스트레스와 관련 된 질병 치료에 효과적입니다. 내면세계를 강하게 하는 효과가 있습니다.

5) 여가요법. 자신이 좋아하고 즐겨 하는 행동을 통해 긴장을 해소하고 여유 있는 행동을 할 수 있습니다. 행복한 부부 성생활은 스트레스 해소에 좋습니다. 특히, 규칙적인 운동은 스트레스 해소에 도움이 됩니다. 걷기와 같은 유산소 운동을 하루 30분 정도 일주일에 세 번 정도 하는 것이 좋습니다.

호흡법, 묵상법, 심상법 등의 이완요법은 정해진 시간에 매일 꾸준히 연습해서 익숙해지면 장소나 시간에 구애 받지 않고 필요할 때 활용할 수 있습니다. 이와 같은 방법은 부작용이 없고 비용도 들지 않으며, 누구나 배울 수 있다는 장점이 있습니다.

그 밖에 하루 6~8시간 정도의 충분한 수면을 취하고, 균형 잡힌 식사를 하는 것도 중요합니다. 수면은 신체적, 정신적 피로를 회복하고 에너지를 충전하는 데 꼭 필요하며, 균형 잡힌 식사는 신체의 면역력을 길러 스트레스를 이겨내는 데 도움이 되기 때문입니다. 술, 카페인, 흡연은 일시적으로 긴장감을 진정시키는 효과가 있지만, 실제로는 흥분성이 증가해 스트레스 해소에 악영향을 미칩니다. 의식적으로 즐겁게 보내거나 크게 웃거나 수다를 떠는 등 자신의 감정을 표현하고 주변과 공감하는 시간을 갖는 것이 좋습니다.

6)뇌 교육이다. 뇌를 잘 훈련시키면 스트레스가 사라지고 뇌 기능이 활성화되면서 정신과 신체 모두가 건강해져 치매를 예방한다고 합니다. 운동으로 체형을 바꾸고, 육체를 튼튼하게 만드는 것처럼 '두뇌'역시 훈련을 통해 젊고 건강하게 만들 수 있습니다. 이를 '뇌 교육'이라고 부르는데, 최근 이에 대한 관심이 높아지고 있습니다.

뇌 교육은 ①뇌 감각 깨우기(스트레칭) ②뇌 부드럽게 만들기(지감명상) ③뇌 정화하기(웃음명상) ④뇌 통합하기(뇌파진동) ⑤뇌주인 되기(브레인 스크린 명상) 5단계로 구성됩니다. 이 중 ①뇌 감각을 깨우는 '스트레칭'법을 소개합니다. 움직이는 동작은 10회씩 하며, 정지 동작에서는 10초간 움직이지 않아야 합니다. 동작을 할 때마다 몸의 움직임에만 집중하고 그 움직임을 충분히 느껴야 효과를 봅니다. 매일 여러 번 하는 게 좋습니다. ② '지감(止感)명상'은 두 손을 가슴 앞쪽으로 들어 올려 공을 감싸 쥐는 것과 같은 동작을 취하고, 두 손 사이의 에너지를 느끼는 명상법입니다. 나쁜 감정을 멈추는 게 목적입니다. ③'웃음명상'은 '현관에 들어서면 웃는다.'와 같은 웃음 규칙을 정해놓고 지키는 것입니다. 웃을 때는 크고 길게, 온 몸을 써야 합니다. ④'뇌파진동'은 5분 정도 머리를 좌우로 흔드는 동작을 반복하는 것인데, 이게 스트레스를 낮추고 치매를 예방하는데 효과적이라는 연구 결과가 있습니다. ⑤'브레인 스크린 묵상'은 눈을 감은 채 스크린을 보는 상상을 한 후, 그 안에 자신의 하루 일과, 미래 모습 등을 떠올리며 감정을 배제시키고 객관화하는 것입니다. 뇌 교육으로 마음이 변하면 면역력이 높아지면서 부정적 감정, 스트레스 등에 눌려 있던 자체 치유력이 살아나기 때문에 몸도 건강해진다는 것입니다. 이외에도 규칙적인 운동이나 독서, 설교를 듣는 것, 찬양 부르기, 마음으로 기도하기. 음악 감상 등의 취미생활을 하는 것도 도움이 됩니다. 단, 과도한 스트레스로 인해 고민이 될 때는 인간의 내면을 치유하는 영적치유 전문가의 도움을 받는 것이 더 효과적일 수 있습니다.

셋째, 스트레스의 적극적치유법

1) 성령으로 스트레스를 치유하려면 마음이 성령 임재로 평안한 상태가 되어야 합니다. 마음이 외부의 영향을 받지 않는 영적인 상태가 되어야 합니다. 마음속의 예수님께 집중하는 마음 상태가 되어야 깊은 곳에 숨겨진 상처를 성령님의 도우심으로 치유받을 수 있습니다. 외적 침묵과 내적 침묵이 되어야 합니다.

2) 성령님의 임재를 간구합니다. 영에서 마음으로, 이성으로 성령의 임재가 나타나시도록 간구합니다. 성령님의 도우심으로 자신의 과거나 지난 시간으로 돌아가서 과거나 오늘 받았으나 묻혀 있는 크고 작은 상처의 기억을 떠올리며 상처와 함께 그때 겪었던 당황함, 부끄러움을 회상한 후, 하나씩 그 상처를 주님께

드립니다.

3) 당시에 받았던 상처로 말미암는 감정이 내면에 떠오르거나 감정(서러움, 수치감, 답답함, 분노, 좌절감, 깊은 슬픔, 두려움 등)이 되살아나면 억제하거나 감추지 말고 의식 수준으로 표현합니다. 그리고 그것을 주님께 드립니다.

4) **이때 자신의 상처와 관련된 사람을 용서하는 작업을 해야 합니다.** 용서하지 않고 단순히 감정만 처리하는 것은 상처의 근원은 그냥 두고 감정만 치유하는 것이며, 이러한 치유는 후에 다시 재발됩니다. 큰 사건, 큰 상처일수록 이 부분에 세심한 주의를 기울여야 하며, 세심한 치유를 했어도 같은 감정이 오면 몇 번이고 계속해서 치유해야 합니다. 자신의 마음에 상처를 준 사람을 용서하지 않으면 진정한 치유가 되지 않습니다. 어두움과 저주의 세력에게 자신을 묶어 놓고 있는 것입니다.

5) **성령님의 능력으로 치유 받은 후에는 마음에 평안함을 느끼게 됩니다.** 계속하여 이 평안을 유지하는 것은 자신의 책임입니다. 오래된 상처나 깊은 상처는 일회적인 치유보다 장기적이고 지속적인 치유를 해야 합니다.

6) **악한 생각이 나지 않도록 성령님과 교제하며 기도생활을 지속해야 합니다.** 진정한 치유란 지속적인 성령 하나님과의 동행입니다. 늘 마음에 하나님을 느끼고, 하나님과 동행하고 하나님을 의지하여야 합니다. 그리함으로 늘, 점점 마음이 맑아지고, 자유해지고, 평안해지는 삶을 살아야 합니다.

10장 영적인 습관이 건강하게 한다.

(렘 22:21)"네가 평안할 때에 내가 네게 말하였으나 네
말이 나는 듣지 아니하리라 하였나니 네가 어려서부터
내 목소리를 청종하지 아니함이 네 습관이라"

영-혼-육이 건강한 삶을 살아가기 위하여 영적인 습관이 중
요합니다. 사람은 하루에도 몇 번씩 선택을 하고 결정을 하며 살
아갑니다. 무엇을 먹을까? 누구를 만날까? 무엇을 해야 하나?
어떤 길로 가야 하나? 모든 순간마다 어느 한 쪽을 선택해서 결
정을 내려야 합니다. 인생 전체를 봐도 마찬가지입니다. '그때
그렇게 하지 말았어야 하 는데…' 하고 자신의 선택을 후회하기
도 하고, '참 잘했다'고 만족해하기도 합니다. 로마총독 빌라도
역시 그런 순간에 처했습니다. 그는 예수님을 석방할 수 있는 권
한을 가지고 있었습니다.

빌라도는 예수님이 죄가 없다는 사실도 알고 있었습니다(마
27: 23). 그런데도 군중들이 악을 쓰며 바라바를 석방하라고 소
리 지르자 그는 자신의 판단을 중지하고, 예수님을 십자가에 못
박으라고 내어 주었습니다. 역사상 가장 잘못된 결정을 내렸습
니다.

우리가 솔로몬을 지혜의 왕이라고 하지만 그에게도 잘못된 습
관이 있었습니다. 하나님의 말씀을 순종하는 것보다 눈앞에 보

이는 여인들을 더 사랑하는 습관이었습니다. 그 결과 이방의 우상들이 온 나라를 뒤덮게 되었고, 나라를 분단시키는 죄를 범했습니다(왕상 11: 12). 그러므로 우리는 이 세상에 속한 넓은 길이 아니라, 주님이 원하시는 좁은 길로 들어가는 선택을 할 수 있도록 믿음과 지혜를 달라고 기도해야 합니다. 사람은 지금 눈앞에 보이는 것만을 생각하기 쉽습니다. 그런 점에서 영적인 습관을 확고하게, 또 바르게 들이는 것이 참 중요합니다.

산토끼를 잡으려고 다니는 사람들은 한 길목에 덫을 놓습니다. 처음 그 자리에서 한 마리가 잡히면 당분간 다른 토끼들이 그 길로 다니지 않습니다. 그런데 얼마 정도 시일이 지나면 토끼들은 습관적으로 다시 그 길로 다니게 됩니다. 그래서 금방 다시 덫에 걸려 죽습니다. 그래서 습관이 중요합니다. 영적으로 좀 힘들고 어려운 것처럼 보여도 예수님 쪽으로 방향을 틀어놓고 살아야 합니다. 처음 믿을 때부터 '먼저 하나님의 나라와 그 의를 구하는' 훈련을 받고, 그대로 삶의 습관이 되도록 노력하시기 바랍니다. 하나님께서는 그 나머지, 우리 인생에 필요한 것을 다 더하여 주십니다.

첫째, 기도하는 습관이 되어야 한다. 성령으로 기도하는 것이 습관이 되지 않으면 영-혼-육의 건강은 생각하지 말아야 합니다. 적지 않은 크리스천들이 한 때는 기도를 열심히 하며 살았지만 지금은 기도를 하지 않고 있다는 것입니다. 그 이유는 여러 가지일 것입니다. 그러나 가장 큰 이유는, 일상의 삶에서 스스로 기도하는 습관을 들이지 않았기 때문입니다. "예수께서 나가사 습관을 따라 감람산에 가시매 제자들도 따라갔더니"(눅22:39). "새벽 아직도 밝기 전에 예수께서 일어나 나가 한적한 곳으로 가사 거기서 기도하시더니"(막1:35).

기도의 습관을 들이신 대표적인 분이 바로 예수님이십니다. 예수님은 기도의 습관을 들여서 틈만 나면 사람들을 피해 한적한 곳에 가서 기도하셨습니다. 예수님은 거처할 장소 가 없이 광야에서 쉬기도 하시고 기도도 하셨습니다. 그런데 기도할 곳이 없어 기도를 못한다거나, 기도할 시간이 없어 기도하지 못한다고 변명을 하는 게 말이 되겠습니까? 예수님 주변에는 항상 수많은 사람들이 따라다녔기에, 혼자 있을 시간과 조용한 장소도 찾기 어려우셨기 때문입니다.

규칙적으로 기도하는 습관을 들이지 못한 이유는 의지가 약한 탓만은 아닙니다. 많은 이들이 새벽기도회에 나가고 있지만, 특정장소에서 기도하는 습관은 좋은 습관이 아닙니다. 쉬지 않고 기도하는 습관은 특정한 장소에서 할 수 없습니다. 방해받지 않은 장소이면서 가장 많은 시간을 보내는 곳이 바로 자신의 집입니다. 그러므로 자신의 집에서 기도하는 습관을 들여야 합니다. 그러나 우리네 교회에서는 교회중심의 신앙생활을 강조하기 때문에, 기도조차도 교회에 나와야한다고 가르치고 있습니다. 이런 나쁜 가르침 때문에 쉬지 않고 기도하는 습관을 들이지 못하고 있습니다.

또한 기도하는 내용도 성경적이 아니기 때문에 하나님과 동행하는 삶을 누리지 못하고 있습니다. 기도란 하나님으로부터 무엇을 뜯어내는 수단이 아니라, 그분과 깊고 친밀하게 교제하는 통로입니다. 그러므로 하나님이 가장 기뻐하시는 기도는 무시로 하나님의 이름을 부르고 간절히 찾아야합니다. 그런 기도를 일상의 삶에서 쉬지 않고 하는 습관을 들이는 것이 성경적인 기도입니다.

이처럼 많은 이들이 기도의 습관을 들이지 못하는 이유는 성경적인 기도가 아니기 때문입니다. 하나님이 기뻐하시는 기도를 하였다면, 놀라운 능력과 기도응답은 물론 평안과 기쁨이 넘쳐나는 은혜를 경험하기 때문에 다시는 놓치고 싶지 않을 것입니다. 그러나 자기만족과 자기의 의를 드러내는 기도습관뿐이라면, 기도가 아니라 고단하고 팍팍한 노동일 수밖에 없습니다. 그래서 시간이 지나면 슬그머니 꼬리를 내리는 것입니다.

한 때는 능력 있는 기도로서 하나님의 은혜를 경험하고 성령 충만한 기쁨을 누렸던 사람들이 기도를 쉬고 있는 이유는, 성령과 깊고 친밀한 기도의 습관을 들이지 않았기 때문입니다. 기도를 쉬는 것은 영혼이 죽어있다는 증거입니다. 영혼이 죽어있기 때문에 기쁨과 평안을 잃고 고단하고 팍팍하게 살아가고 있습니다. 이들의 종착역은 지옥의 불길입니다. 그렇기에 세상에서 가장 불쌍한 사람이, 신앙생활을 열심히 하고 기도도 열정적으로 하였지만 하나님으로부터 버림받은 사람일 것입니다. 그 사람이 바로 성령과 교제하는 기도의 습관을 들이지 못한 사람입니다. 이런 사람이 영-혼-육이 건강할 이유가 없습니다. 건강은 영혼에서 시작이 되기 때문입니다.

둘째, 예배드리는 습관이다. 예배의 습관은 하나님의 은혜를 얻는 거룩한 습관입니다. 예배하는 습관은 아주 좋은 거룩한 습관입니다. 습관이라는 말이 부정적으로도 쓰이기 때문에 기도하는 습관 예배하는 습관이라고 말하면 오해의 소지가 있어 보입니다. 그러나 습관적인 기도와 기도의 습관은 다릅니다. 마찬가지로 습관적인 예배와 예배의 습관은 다릅니다. '습관적인'이라는 말은 기도와 예배를 습관적으로 의미 없이 한다는 부정적인 의미가 있지만, '습관'은 기도와 예배를 늘 한다는 긍정적인 의미가 있습니다. 예배의 습관은 깊은 체험을 얻게 합니다. 하나님의 강복을 받습니다.

1) **아브라함은 이사할 때마다** '예배드리는' 거룩한 습관이 있었습니다. 삶의 장막을 옮길 때마다, 자신의 삶의 근거지를 옮길 때마다, 하나님께 번제를 드렸습니다. 창세기 12장 7~9절에 보면 "여호와께서 아브람에게 나타나 이르시되 내가 이 땅을 네 자손에게 주리라 하신지라 자기에게 나타나신 여호와께 그가 그 곳에서 제단을 쌓고, 거기서 벧엘 동쪽 산으로 옮겨 장막을 치니 서쪽은 벧엘이요 동쪽은 아이라 그가 그 곳에서 여호와께 제단

을 쌓고 여호와의 이름을 부르더니, 점점 남방으로 옮겨갔더라." 아브라함과 같이 예배드리는 것이 습관이 된 성도는 영-혼-육이 건강하지 말라고 해도 건강한 성도입니다. 우리는 어려서부터 예배드리는 것이 습관이 되게 해야 합니다.

2) **엘가나와 한나는** 해 마다 실로에 올라가서 하나님께 '예배하며 제사하는' 거룩한 습관이 있었습니다. 이들은 사무엘을 얻었습니다. 사무엘의 부모들은 임신을 하지 못해서 슬픔에 가득 차 있으면서도 해가 바뀌면 하나님께 예배하고 제사하였습니다. 사무엘상 1장 1-3절에 이렇게 말씀하고 있습니다. "에브라임 산지라마다임소빔에 에브라임 사람 엘가나라 하는 사람이 있었으니 그는 여로함의 아들이요 엘리후의 손자요 도후의 증손이요 숩의 현손이더라. 그에게 두 아내가 있었으니 한 사람의 이름은 한나요, 한 사람의 이름은 브닌나라. 브닌나에게는 자식이 있고 한나에게는 자식이 없었더라. 이 사람이 매년 자기 성읍에서 나와서 실로에 올라가서 만군의 여호와께 예배하며 제사를 드렸는데 엘리의 두 아들 홉니와 비느하스가 여호와의 제사장으로 거기에 있었더라."

예배드리는 습관이 참으로 중요합니다. 예배를 통하여 하나님의 은혜를 받아 영-혼-육의 건강을 유지할 수가 있기 때문입니다. 예배를 통하여 모든 것을 채울 수가 있습니다. 영적인 것을 잘 몰라서 예배를 등한히 하는 것입니다. 영적인 진수를 아는 성도는 절대로 예배를 등한히 하지 않습니다. 우리 충만한 교회 성도들은 예배에 빠지지 않습니다. 예배를 통하여 자신의 부족한 모든 것을 채움 받기 때문입니다. 체험을 했기 때문에 예배드리는 습관이 된 것입니다. 예배를 통하여 영-혼-육의 양식을 공급받아 풍성하고 건강하게 지낼 수가 있는 것입니다. 성도는 주일 예배를 통하여 한 주간 동안 세상을 살아갈 수 있는 하늘의 양식을 공급받는 것입니다.

셋째, 말씀을 묵상하는 습관이 중요하다. 예수 믿었으면 복 받은 것입니다. 그런데, 복은 열매를 맺는 것이랍니다. 잎사귀는 늘어나는데, 열매가 없으면 그것은 제대로 되는 것 아닙니다. 껍데기만 있는 것 아닙니다. 복 있는 사람은 말입니다. 그렇다면 복 있는 사람은 어떻게 사는 사람입니까? '오직 여호와의 율법을 즐거워하여 주야로 그것을 묵상하는 자로다.' 오직은 반드시 그것을 지나가야 한다는 것입니다. 바로 하나님의 말씀을 묵상하는 삶입니다.

내재화된 가치관만이 사람을 변화시킵니다. 말 안 듣는 애들은요. 야단치고 나면 2,3일은 통합니다. 하지만, 그 이후에는 안됩니다. 그것이 내재화되지 않았기 때문입니다. 그것을 계속 반복하면 가능합니다. 젊은이들이 군대에 가면 아침에 6시에 기상하려면 정말 힘이 듭니다. 처음에는 죽을 것 같은데, 나중에는 가능합니다. 몸에 배어버립니다. 더 이상 고참병들이 몽둥이를 들지 않아도 자연스럽게 됩니다. 그런데 어떻습니까? 제대하고 한 달 정도 지나고 나면, 다른 가치관이 내재화되기 시작합니다. 그러면 이제는 6시에 일어나지 않습니다.

내재화 되면 힘이 생기기 시작합니다. 내 속에서 영적인 삶의 힘이 일어납니다. 그리고 주위에 있는 사람에게서 이야기가 들립니다. '말에 힘이 있다. 교회 가고 싶다.'그런 말들이 들리기 시작합니다. 핵심은 진리를 내면화 시키는 것입니다. 그것을 통해서 변화되는 것입니다. 설교 한편 읽고 나면 묵상해야 됩니다.

공부할 때도 마찬가지입니다. 진도 나가고 나서 그대로 덮어버리면 아무것도 남지 않습니다. 그런데 그것을 다시 한 번 돌아봐야 됩니다. 그렇게 되면 안 까먹습니다.

어떻게 마르지 않는 나무가 가능합니까? 마르지 않는 샘물, 시냇가에 뿌리를 내려야 나무가 안 마르지요. 물이 없으면 마를 수밖에 없잖아요. 그 마르지 않는 시냇가가 어디입니까? 바로 하나님의 말씀입니다.

부자가 아니어도 풍성한 삶이 있는데, 부자이어도 풍성한 삶이 없을 수 있습니다. 돈 많은 사람이 왜 바람 피우고, 자살합니까? 말씀의 은혜가 말라버린 겁니다. 무엇으로 자신의 공간을 채워야 하는지를 몰라요. 그러니까 바람도 피워보고, 술도 먹어보고, 쇼핑도 해보고 그러는데도 풍성함이 없어요. 말씀이 내 안에 말라버렸기 때문입니다.

내 안에 말씀이 올 때, 삶이 풍성해 지는 것입니다. 만약 목사인 제가 말씀을 매일 묵상하여 풍성해지지 않으면 목사직이

돈벌이밖에 되지 않습니다. 얼마나 누추해 지겠어요? 다른 것으로 채워지지 않으니까 엉뚱한 것으로 자꾸 채우려고 하는 것입니다. 절대로 채워지지 않습니다. 어떻게 해야 된다고요? 말씀으로 뿌리를 내려야 합니다.

시냇가에 심기 워야 합니다. 물과 자양분을 잘 얻도록 그 근처에 있어야 합니다. 우리는 주일 설교를 듣고, 수요일에 똑 같은 설교 안합니다. 다른 설교를 합니다. 성도들은 설교를 듣고 되새김해야 합니다. 매일매일 이것을 해야 합니다. 이것을 소홀히 하면 안 됩니다. 믿음이 안자랍니다. 형식을 갖추라는 이야기가 아닙니다. 붙들고 씨름을 해야 합니다. 내 안에 맺힐 때가지 해야 합니다. 그때 능력이 나타납니다.

묵상하는 삶은 정상적인 그리스도인의 삶입니다. 묵상을 통해서만 내가 깨달은 가치를 내면화 시킬 수 있다고 했습니다. 도덕률도 윤리도 절대로 내 것이 되지 않습니다. 아무리 좋은 말씀을 들어도 변화되지 않습니다. 내 안에 내재화 될 때만 변화가 됩니다. 또 묵상하는 삶은 풍성한 삶이라고 했죠? 시냇가에서 자양분을 당기지 않기 때문에 풍성함이 없다고 했습니다. 말씀이 뿌리를 통해 들어와서 내 안에 자리를 잡으면 열매를 맺게 되는 것입니다.

묵상하지 않으면 영이 죽습니다. 영이 죽으면 영-혼-육에 문제가 생기기 시작을 합니다. 그래서 '말씀이 없이는 아침이 없다.'라는 말을 믿음의 선진들이 강조했습니다. 성경 묵상도 안하고, 담대하게 식사하시는 분들…. 묵상하는 삶은 정상적인 삶입니다. 우리가 밥을 먹는 것을 보고 위대한 삶이라고 하지 않습니다. 말씀 묵상하는 것 정상적입니다. 모든 그리스도인들은 말씀을 묵상해야 합니다. 그것이 없으니까 믿음의 증거가 나타나야 합니다.

넷째, 영적건강 상태의 검진을 습관화하라. 우루과이의 한 작은 성당의 벽에는 아래처럼 변형된 주기도문이 써 있다고 합니다. "하늘에 계신"이라고 하지 말아라. 세상일에만 빠져 있으면서 "우리"라고 하지 말아라. 너 혼자만 생각하며 살아가면서 "아버지"라고 하지 말아라! 아들, 딸로서 살지 않으면서 "아버지의 이름이 거룩히 빛나시며"라고 하지 말아라. 자기 이름을 빛내기 위해서 안간 힘을 쓰면서 "아버지의 나라가 오시며"라고 하지 말아라. 물질만능의 나라를 원하면서 "아버지의 뜻이 하늘에서와 같이 땅에서도 이루어지소서"라고 하지 말아라. 네 뜻대로 되기를 원하면서 "오늘 저희에게 일용할 양식을 주시고"라고 하지 말아라. 가난한 이들을 본체만체 하면서 "저희에게 잘못한 이를 저희가 용서하오니 저희 죄를 용서하시고"라고 하지 말아라. 누구에겐가 아직도 원한을 품고 있으면서 "저희를 유혹에 빠지지 않게 하시고"라고 하지 말아라. 죄 지을 기회를 찾아다니면서 "악에서 구하소서"라고 하지 말아라. 악을 보고도 아무런 양심의 소리를 듣지 않으면서 "아멘"이라고 하지 말아라. 주님의 기도를 진정 자신의 기도로 바치지 않으면서….

왜 이런 주기도문을 써 놓았을까요? 이시대의 올바르지 못한 기독교인들에게 핀잔을 주는 것임을 누구나 바로 알 수가 있는 것입니다. 우리는 어떠한 그리스도인인가 종종 자신을 점검해야 합니다. 주기도문의 내용대로 제대로 살아가는 올바른 기독교인 인지, 아니면 제대로 살지 못해 핀잔을 받아야 마땅한 기독교인 인지….

필자는 참으로 안타까운 전화를 많이 받습니다. 목사님! 저희 어머니는 젊었을 때 노방전도도 열심히 하셨고, 교회에서 기도도 봉사도 열심히 하셨습니다. 그런데 갱년 기에 들어서니 점점 영적인 상태가 좋지 못하시다가 지금 치매가 와서 요양원에 계십니다. 목사님! 저의 어머니를 치유할 수 있을 까요? 다른 사정은 우리 딸이 어려서부터 믿음이 좋아서 교회를 그렇게 잘 다녔습니다. 그런데 고등학교에 들어가더니 시름시름 아프다가 지금 영적이고 정신적인 문제가 발생하여 학교를 다니지 못합니다. 어찌해야 하겠습니까? 모두가 정기적인 영적검진을 받지 않아 생긴 일입니다. 영적검진을 받았으면 사전에 예방이 가능한 질병입니다. 예방신앙이 정말로 중요합니다.

어느 날 유치원생 딸아이가 샤워하다가 자기의 움푹한 배꼽을 콕콕 찍어보며 고개를 갸우뚱하다가 엄마에게 물었답니다. '엄마, 배꼽은 왜 있는 거예요?' 가만히 아이를 내려다보던 엄마 왈! '응 그건 말이지. 하나님이 사람을 만들어놓고 익었나? 안

익었나? 젓가락으로 찔러 보신표시란다.' 고 했답니다.

우리의 믿음도 젓가락으로 푹 찔러 보아야 합니다. 익은 믿음인지, 안 익은 믿음인지…. 성령의 인도를 받고 있는 상태인지, 아닌지…. 그것이 자신의 믿음을 시험해서 확증하는 것입니다. 필자가 몇 년 전에 평생 한 번도 해보지 못한 종합건강검진이라는 것을 자의 반, 타의 반 하게 되었습니다. 그러면서 종합검진이 적게는 이 십 만원에서 많게는 수백 만 원이 든다는 것을 알게 되었습니다. 비싼 이유는 더 정밀하게 검진할수록 비용이 많이 드는 것이기 때문입니다. 비용이 부족해 가장 싼 기초건강검진을 하였지만, 눈에 보이지 않는 병을 찾기 위해 엑스레이를 찍고, 초음파를 하고, 약물까지 투여하여 속을 살피고, 피를 뽑고 혈압도 재고, 키와 몸무게도 재고, 그 과정들을 지나면서 영적 건강도 검사를 받아 보아야겠다고 생각하게 되었습니다.

그래서 우리 충만한 교회는 매주 주일날 영적검진을 합니다. 필자는 영적검진을 아주 중요하게 생각하기 때문에 주일날 성령으로 충만한 상태에서 필자가 일일이 안수하면서 영적상태를 점검합니다. 그래서 영육의 문제를 사전에 발견하여 치유 받도록 합니다. 그래서 성도는 주일날이 아주 중요한 것입니다.

우리의 믿음도 정기적으로 건강검진을 하듯 검진을 해야 하는 것입니다. 익었는지, 안 익었는지 찔러보는 젓가락은 곧 말씀과 성령으로 검진하는 것입니다. 성경은 하나님의 온전하고 기뻐하는 뜻을 찾아 뜻대로 살기를 요구합니다. 그런데 많은 사람들이 그 뜻을 대충 짐작은 하지만, 정밀검사를 하듯 정밀하게 그 뜻을 살펴야 하는 것입니다. 그런데 성도 들 중에는 다른 사람들에 대하여는 하나님의 뜻대로 사는 일에 관심이 많지만, 정작 자신은 뜻대로 사는지 점검하지 않고 있는 것을 봅니다.

고후13:5에는 "너희는 믿음 안에 있는가. 너희 자신을 시험하고 너희 자신을 확증하라 예수 그리스도께서 너희 안에 계신 줄을 너희가 스스로 알지 못하느냐 그렇지 않으면 너희는 버림받은 자니라."라고 말씀 하고 계십니다. 믿음 안에 있는가? 영적검진을 받아야 할 사람은 다른 사람이 아닌 각자 자신인 것입니다.

영적 건강 검진을 받아야 할 사람은 "나" 자신인 것입니다. 뜻대로 사는가를 살펴야 할 것은 다른 사람이 아닌 바로 나 자신인 것입니다. 간혹 그런 사람들이 있습니다. 다른 사람들의 건강 검진을 받는 일에는 꼭 해야 한다고 하면서…. 정작 자신은 병원에 가기 싫어서, 또는 병이 있다는 진단을 받을 까 무서워서 건강검진을 안하는 사람들입니다. 영적인 건강 검진은 다른 사람이 받아야 하는 것이 아니고, 우리 각자 자신이 받아야 하는 것입니다.

그래서 고후13;5에는 너희라는 말이 자그마치 여섯 번이나 있는 것입니다. 오늘날 많은 성도들이 다른 사람들의 신앙에 대하여는 많은 이야기를 하지만 자신의 신앙에 대하여는 말하지 않습니다. 그리고 자신의 신앙에는 둔하고 심지어는 잘못 진단하는 경우가 많습니다. 라오디게아 목회자는 자기를 스스로 진단하기를 "나는 부자라 부요하여 부족한 것이 없다."고 하였지만, 주님은, "네 곤고한 것과 가련한 것과 가난한 것과 눈 먼 것과 벌거벗은 것을 알지 못하도다."고 하셨습니다.

우리의 진단과 주님의 진단이 다르다는 것입니다. 육신의 몸이 건강해야 자유로운 것처럼, 영적으로 건강해야 하나님이 우리를 자유롭게 사용하시고 그 안에 거하실 것입니다. 미리미리 검사하여 병을 예방하고, 병이 나도 초기에 발견하면 쉽게 치유되는 것처럼, 영적건강검진도 미리미리 검진하여 영적인 병을 막아야 합니다.

육체의 건강을 위해서는 운동을 해야 합니다. 건강식품이나 식이요법 등을 통해 몸을 관리할 수도 있지만, 반드시 운동을 해야 합니다. 꾸준히 운동을 하면서 살아야 하는 것처럼, 영적인 운동도 꾸준히 해야 되는 것입니다. 성경은 "너희 몸은 너희가 하나님께로부터 받은바 너희 가운데 계신 성령의 전인 줄을 알지 못하느냐. 너희는 너희의 것이 아니라 값으로 산 것이 되었으니 그런즉 너희 몸으로 하나님께 영광을 돌리라.(고전 6:16-10)"라고 하십니다.

11장 마음성전 의식이 건강하게 한다.

(고전 3:16-17)"너희는 너희가 하나님의 성전인 것과 하나님의 성령이 너희 안에 계시는 것을 알지 못하느냐! 누구든지 하나님의 성전을 더럽히면 하나님이 그 사람을 멸하시리라 하나님의 성전은 거룩하니 너희도 그러하니라."

하나님은 예수를 영접한 사람의 마음 안에 임재 하여 계십니다. 많은 성도들이 성경에 나오는 교회가 유형 교회인 것으로 알고 있는 경우가 많습니다. 성경에 기록된 교회는 물론 유형교회를 말하고 알고 있지만, 대부분 마음의 교회를 말합니다. 사람들은 하나님께서 유형 교회 건물 안에나 성당 안에 혹은 기도원에 혹은 가톨릭 교인들이 말하는 피정의 집에 계신다고 말합니다. "피정의 집이란 영적 성장을 위해 세속에서 떨어진 곳에서 묵상하고 기도하려는 피정자들을 위해 마련된 건물과 부속시설로, 피정자들에게 시설을 제공하며 피정지도도 하는 곳이다."

실상은 인간이 지은 어떤 형태의 건물이든 그 건물 안에 하나님은 계시지 않습니다. 하나님은 바로 인간의 마음속에 거하시는 것입니다. 마음에 하나님을 주인으로 모시지 않은 사람들이 아무리 화려하게 지은 예배당에 모여도 그곳에는 하나님은 계시지 않습니다. 그러나 예수를 영접하고 성령이 충만하여 마음에 하나님을 주인으로 모신 사람들이 모인 곳에는 아무리 초라한 예배 처소라도 그곳에 하나님이 임재 하여 계신 것입니다. 하나님은 영과 진리로 예배드리는 사람을 찾고 그런 마음속에 주인으로 계시는 것입니다. 구약시대에는 하나님께서 각 사람에게 성령으로 와 계시지 않고 성막이나 성전 같은 특정한 곳에 거하셨습니다. 그러나 오순절 성령 강림 사건 이후로는 하나님의 영이신 성령께서 성도 각 사람의 몸을 성전 삼아 거하고 계십니다.

그러므로 성경은 "너희가 하나님의 성전인 것과 하나님의 성령이 너희 안에 계시는 것을 알지 못하느냐"(고전3:16)라고 말씀하는 것입니다. 우리가 죄를 지었음에도 불구하고 버림을 받아야 마땅함에도 불구하고 죄지은 그대로 못난 그대로 빈손 든 그대로 주님께 나가면, 주님께서 십자가의 보혈로 씻어 주시고 영생을 주시고 우리를 성전 삼아 우리 속에 들어오셔서 영원히 떠나지 않으시는 것입니다. 오늘날 하나님께서는 사람의 손으로 지은 대리석 건물 속에 거하지 아니하시고 육으로 지은 하나님의 자녀들의 심령 속에 성령으로 거하시며, 기도하는 각 사람을 통해서 역사하십니다. 따라서 하나님의 주소는 바로 우리 자체요, 우리가 바로 살아 움직이는 하나님의 성전인 것입니다.

첫째, 움직이는 성전관리를 잘하라. 예수를 믿고 성령으로 거듭난 성도는 움직이는 성전입니다. 하나님께서 마음안에 임재하여 계시기 때문입니다. 성경에 심은 대로 거둔다고 말씀하십니다. 우리들이 사는 집도 관리하지 않으면 폐가가 됩니다. 시골 산자락에 담벼락이 다 무너진 버린 폐가를 볼 때 마다 건강을 잃고 힘들어 하는 사람들이 연상됩니다. 그러므로 건강은 저절로 주어지는 것이 아니라, 평생토록 사는 집을 때마다 손질하는 것처럼 꾸준히 관리해야 된다는 것입니다. 만약 건강을 잃으면 일생을 두고 쌓아온 많은 것들이 의미를 잃게 될 것입니다. 이것은 다른 어떤 것 보다 우선되어야 합니다. 비록 장애인들이라 할지라도 행복의 첫째 조건을 건강으로 알고 주어진 건강상태를 유지할 뿐 아니라, 더욱 증진시키기를 결단해야 합니다. 마치 집을 짓고 수리하려면 구체적인 계획을 세우듯 건강관리에 대한 결단을 단단히 하고 구체적인 실천을 행하여야 할 것입니다.

집을 관리하는 것이 대단한 것이 아니라, 방부터 쓸고 닦고 거미줄을 걷고 하는 아주 사소한 것을 계속적으로 하는 것처럼 시작하여야 합니다. 우리는 하나님의 영이 거하시는 성전입니다. 말씀과 성령으로 기도하며 청소 잘하고 잘 관리해야만 무너지지 않습니다. 제 때 밥 먹고 식욕을 절제하지 않으면서, 아니면 운동이라고는 오직 숨쉬기만 하면서도 "하나님께서 지켜 주실 줄 믿습니다." 하는 것은 하나님을 우습게 여기는 것입니다. 성경은 말하기를 "스스로 속이지 말라 하나님은 만홀히 여김을 받지 아니하시나니 사람이 무엇으로 심든지 그대로 거두리라" (갈6;7)고 하였습니다. 우리가 건강을 관리하기 위하여 시간과 노력과 정성을 심는 만큼 건강을 거두게 하실 것입니다,

그래도 어떤 분들은 하루하루 먹고 살기가 힘들어 건강 같은 것은 관심을 가질 여유가 없거나 무슨 운동이나 건강관리를 한다는 것은 사치라고 말할 줄 압니다. 그러나 조금만 더 생각하여 보십시오. 누구를 위하여 그 고생을 합니까? 자식과 가정을 위해 수고한다고 하는데 내가 만약 건강관리를 하지 않아 병들어 드러누우면 그 사랑하는 자식들 그리고 그토록 지키기를 원하던 가정은 누구의 몫이 될까요? 그러고서도 하나님도 너무한다고 하늘을 원망하실는지요? 내가 아프면 친구도 심지어 부모 형제라도 오래가지 못하는 법입니다. 혹시라도 나의 건강을 병원이 다 고쳐줄 것이라고 건강관련 보험을 믿고 있지는 않는지요? 아니면 다니는 직장이나 출석하는 교회가 책임져 줄듯이 생각하지는 않는지요? 아니면 좀 더 돈을 모은 후에 생각하여 보자고 미루지는 않는지요? 저도 그렇게 말한 적도 있었지요.

하나님 믿는 사람이 무슨 건강에 그렇게 신경을 쓰느냐고. 참 믿음이 적다고 하면서 모든 책임을 하나님께 미루면서 자기는 마음대로 먹고 시도 때도 없이 마시고 아무런 운동도 하지 않는 모습들이 많다는 것입니다. 가장 먼저 심령 성전관리에 대한 실천을 각오해야 합니다. 자신의 마음 성전관리에 관심을 가져야 합니다. 영적인 일은 관심이 있어야 이루어지기 때문입니다. 자신은 걸어 다니는 성전이라는 의식을 가지면 마음 성전을 관리하지 않고 잠을 제대로 잘 수가 없을 것입니다.

둘째, 자신은 움직이는 성전이라는 의식을 가지라. 예수님 당시의 모든 이스라엘 백성들처럼 사마리아 우물가의 여인도 역시 하나님께서 특정장소에 국한해 계신 분으로 오해하고 있었습니다. 이를 테면 신앙 행위를 특정 공간의 문제로만 인식한 것이었습니다. 주님이 말합니다. 이 산도 아니고 예루살렘 성전도 아니라고 말합니다. 한마디로 말해 믿음은 특정 공간의 문제가 아니라, 인간 중심의 문제라는 것입니다. 인간의 중심이 신령과 진정으로 하나님을 향해 있으면 그가 어디에 있든 하나님께서 그와 함께 계시고, 바로 그곳이 곧 하나님의 성전이며, 그곳에서 드리는 예배가 진정한 예배라는 것입니다. 영이신 하나님께서는 시간과 공간을 초월하시는 무소부재의 하나님이시기 때문입니다.

사도바울에게 참된 성전은 건축물이 아니라 하나님을 믿는 사람이었습니다(고전 3:16-17). 스데반처형당시 사울 역시 성전에 대해서 왜곡된 인식을 갖고 있었습니다. 그러나 그의 눈에서 비늘이 벗겨지면서 그는 참된 성전은 건물이 아니요, 자기 자신임을 깨달았습니다. 그리고 바울은 예루살렘 성전이라는 특정 공간을 뛰어넘어, 그 자신이 움직이는 성전이 되어 하나님과 동행했습니다. 그리고 그 때부터 그는 진정한 섬김과 봉사의 삶을 살았습니다.

크리스천이 된다는 것, 목사가 된다는 것은 스스로 움직이는 성전이 되는 것을 의미합니다. 현재는 예배당 과잉시대라고 해도 과언이 아닙니다. 지금 필요한 것은 더 이상의 예배당이 아니라 진정 주님의 말씀대로 살아가는 크리스천의 삶입니다. 그렇다면 우리 모두 사람을 성전으로 일구는 시대를 열어야 합니다. 우리 각자가 우리 자신을 성전, 즉 움직이는 성전으로 일구어야 합니다. 하나님의 성전이 되기 위해서 반드시 그 안에 네 가지가 갖추어져 있어야 합니다. 첫째는 법궤, 둘째는 금촛대요, 셋째는 분향단이요, 마지막은 진설병이었습니다. 우리 각자가 움직이는 성전이 된다는 것은, 우리 속에 바로 이 네 가지를 구비하는 것을 뜻합니다.

1) 법궤 - 곧 하나님의 말씀입니다. 내가 움직이는 성전이 되기 위해서는 내 심령이 하나님의 말씀으로 채워져야 합니다. 성전의 주인이신 하나님께서 말씀이시기 때문입니다. 그러므로 하나님으로 말씀을 내 심령에 채운다는 것은 하나님을 내 생의 주인으로 내 속에 모시는 것을 의미합니다. 말씀을 심령에 채우려면 머리나 생각으로 말씀을 보지 말고 성령의 임재가운데 영으로 말씀을 읽고 깨달아야 합니다.

불교의 '마니차' 라는 것에 대하여 말씀드립니다. "라마불교사원에 마니차라 불리는 금속원통이 대웅전 주위에 설치되어 있는데, 누구든 그 통을 손으로 한 번 돌리기만 하면 그 속에 들어있는 라마교 경전을 한 번 읽은 것과 같아 그에 상응하는 만큼 당사자의 업보가 감해진다는 것입니다. 경전의 내용은 알지도 못한 채 단지 경전이 든 깡통을 돌리는 것만으로 족하게 여긴다면 기껏해야 깡통신자밖에 더 되겠습니까? 이런 의미에서 마니차

야말로 라마 불교 타락의 상징이라고 할 수 있습니다."

우리는 성도들은 바르게 알아야 합니다. 심령이 말씀으로 채워지지 않고서는 성전이 될 수도 없고, 바른 영성의 성도가 될수도 없습니다. 말씀 채우기를 체질화하려면 죽을 때까지 매일매일 말씀과 대면하지 않으면 안 됩니다. 그러기 위해서는 누구보다도 말씀의 절대성을 절대적으로 신뢰해야 하고, 그것은 말씀이 아니고는 성도의 삶 자체가 아예 불가능함을 절대적으로인식할 때만 가능합니다. 말씀을 성령의 임재가운데 읽고 묵상하여 심비에 새겨야 합니다.

우리 교회 권사님이 주일날 대표기도를 하시는데 "하나님 우리충만한 교회에서 하는 문서선교가 활성화되게 하여 주옵소서. 많은 이들이 책을 읽어 영의 눈을 뜨게 하신고, 진리를 바르게 알고깨닫는 것으로 끝나지 않게 하옵소서. 책을 읽어 깨달아 아는 만큼 성령으로 충만하게 하시고 체험하는 살아있는 하나님과 관계가 열린 크리스천들이 되게 하옵소서." 그래서 필자가 아멘 했습니다. 우리 권사님의 기도가 정확합니다. 어느 분이 저에게 이렇게 메일을 보냈습니다. 아토피 피부병을 치유 받으려고 "신유은사 사역 달인이 되자" 라는 책을 구입하여 읽었는데 성령세례가무엇이냐고 질문하는 것입니다. 자신은 치유를 받아야하지…. 치유에 관심이 많지…. 성령세례는 자신하고 무관한 것이라는 말입니다. 참으로 안타깝습니다. 성령으로 세례를 받아야 마음에 하나님의 성전이 지어지고 성령의 역사가 일어나야 아토피 피부병이 치유되는 것입니다. 이분은 성령으로 세례받기 전에는 하나님과 관계가 열리지 않아 아토피 피부병이 치유되지 못합니다.

2) **금촛대(성령의 조명)** – 말씀을 아무리 읽어도 성령의 조명 없이 읽으면 이스라엘 역사일 뿐입니다(요14:26). 내가 성전이 되기 위해서는 날마다 성령 충만을 간구해야 합니다. 성령 충만하려면 성령으로 기도해야 합니다. 성령 충만이라는 말을 하면 사람들은 사도행전을 생각합니다. 하지만 사도행전은 성령님이 일하신 내용이고, 성령님이 누구신가? 를 알기 위해서는 요한복음을 읽으면 됩니다. 요한복음은 성령님에 대해서 설명한 후 마지막 20장 22절에 "저희를 향하사 숨을 내쉬며 가라사대~"라고 합니다. 즉 성령 충만은 믿는 자의 호흡과도 같은 기능을 합니다.

세상에서 가장 강한 폭탄이 있다면 그것은 원자탄이고, 수소탄입니다. 그러나 더 위력 있고 피해를 주지 않으면서 세상을 바꾸어놓을 수 있는 폭탄이 있습니다. 바로 성령의 다이너마이트입니다. 이 성령 폭탄만 떨어지면 사람이, 사회가, 국가가, 문화가 바뀌고 세상이 바뀝니다. 사도행전 1장 8절에 "성령이 너희에게 임하시면 너희가 권능을 받는다."고 했는데 여기에 "권능"은 헬라어로 '뒤나미스', 즉 영어의 다이너마이트로 폭탄을 의미하는 용어입니다.

이 성령의 폭탄이 오순절 마가의 다락방에 떨어짐으로 이 땅에 성령의 불이 맹렬하게 붙었습니다. 이 폭탄은 생명 탄이고 변화 탄입니다. 사명 탄이며 축복 탄입니다. 이 강력한 성령의 다이너마이트가 사람을 바꾸고 세상을 바꿉니다.

필자는 구기 운동을 잘 못합니다. 그런데 나중에 전공자들에게 들어보니 운동에서 가장 중요한 것이 호흡이라고 합니다. 러닝머신을 뛸 때도, 역도, 수영을 할 때도, 호흡이 아주 중요합니다. 책을 읽는 것도 호흡이 중요합니다. 소설책을 읽는 호흡으로는 철학책을 읽지 못합니다. 대중가요를 부르는 호흡으로는 성악을 부르지 못합니다. 평지를 걷는 호흡으로는 산을 타기 힘듭니다.

동남아의 음악은 뱀이 꼬리 무는 것과 같습니다. 그들의 언어나 호흡은 한꺼번에 음을 쫙 끌어올리지 못하기 때문입니다. 그래서 유명한음악가가 동남아에서는 나오지 않습니다. 그런데 이태리에서는 좋은 음악가들이 많이 나옵니다. 이건 사는 지역과도 관계가 있습니다. 주로 바닷가 사람들에게서 성악가들이 많이 나옵니다.

전라도와 충청도를 봐도 금방 알 수 있습니다. 성악가들이 전라도에서 많이 나옵니다. 왜 그럴까요? 바닷가이고, 언어가 길기 때문입니다. (예) 오메~, 아따~, 잡것들이~, 나가~, 근께~, 배부르지라~ 하지만 충청도는 성악가보다는 개그맨이 많이 나옵니다. 왜 그럴까요? 그들은 마음을 잘 드러내지 않기 때문입니다. 내가 '성전이 된다.'는 것은 성령님의 호흡을 마음 안에 가득하게 채우는 것을 의미합니다.

성령님의 조명 아래 거한다는 것, 성령 충만한 삶을 추구하는 것은 바로 주님의 호흡으로 살아가는 것을 의미합니다. 성령님의 조명 아래 살아간다는 것은 예수 그리스도의 깊은 호흡으로 사는 삶을 의미합니다. "아버지여 저희를 사하여 주옵소서. 자기의 하는 것을 알지 못함이니이다"(눅 23:34). 우리가 움직이는 성전이 된다는 것은 예수님의 그 깊은 호흡으로 살아가는 것입니다. 그 호흡의 뿌리는 두말할 것도 없이 생명의 말씀입니다. 성령님의 조명 속에서 말씀에 깊이 뿌리내리고 있을 때, 우리는 말씀이신 주님의 깊은 호흡으로 살아가게 됩니다. 악한 감정이 북받쳐 오를 때, 분노가 용암처럼 끓어오를 때, 우리는 성령님의 조명 아래에서 주님의 깊은 호흡으로 우리 자신을 제어할 수 있습니다. 마음 성전에 성령님이 충만해야 영-혼-육이 자기 기능을 수행할 수가 있는 것입니다. 성령님이 충만해야 영-혼-육이 건강할 수 있다는 뜻도 됩니다.

3) 분향단 - 제사장들은 성전 속에 있는 분향단에서 항상 향을 피워 올렸습니다. 그렇게 해서 인간의 마음과 정성이 하나님께 올려 바쳐진다고 생각했습니다. 분향의 의미는 무엇일까요? 요한계시록 5장 8절에 보면 "책을 취하시매 네 생물과 이십 사 장로들이 어린 양 앞에 엎드려 각각 거문고와 향이 가득한 금 대접을 가졌으니 이 향은 성도의 기도들이라" 오늘날의 향이란 성령으로 하는 기도입니다. 우리가 성령으로 드리는 기도가 하나님께서 흠향하시는 향입니다. 기도는 우리의 체질이 되어야 합니다. 습관이 되어야 합니다. 바꾸어 말하면 체질화되지 않은,

단지 필요할 때만 발하는 단발성기도는 하나님께 올려지는 향기로운 향이 되지 못합니다.

마태복음 6장 8절에 보면 "그러므로 저희를 본받지 말라 구하기 전에 너희에게 있어야 할 것을 하나님 너희 아버지께서 아시느니라." 일반적으로 우리의 기도는 우리에게 있어야 할 것을 하나님께서 모르신다는 전제 조건 하에 시작됩니다. 그래서 늘 자신에게 필요한 것을 하나님께 통보하는 것으로 기도는 끝납니다. 하지만 주님께서는 우리에게 있어야 할 것을 하나님 아버지께서 이미 알고 계신다고 하십니다. 그렇다면 영적지도자가 되려는 우리의 기도는 적어도 이 수준을 뛰어넘어야 합니다.

기도란 나 자신을 주님께 붙들어 매는 것입니다. 주님의 말씀에 나를 붙들어 매는 것이요, 말씀을 통해서 말씀하시는 성령님의 음성에 나를 붙들어 매는 것입니다. 그렇기에 음성으로 발해지는 기도도 귀하지만, 입을 다물고 그분의 음성에 귀를 기울이는 기도는 더욱 귀합니다.

마음으로 기도하는 습관을 들이시기를 바랍니다. 자꾸 마음 안에 임재하신 하나님을 찾으십시오. 하나님 말씀이 마음을 점령합니다. 그러면 말씀은 변하지 않기 때문에 확실한 생각을 가질 수가 있는 것입니다. 마음은 꿈으로 다스릴 수가 있는 것입니다. 마음은 마음속에 꿈이 있을 때 그 마음을 점령하고 마음을 다스릴 수가 있는 것입니다. 마음은 믿음으로 다스리는 것입니다. 마음은 입술의 고백을 통해서 다스릴 수가 있는 것입니다.

마음으로 기도해야 합니다.

기도할 때 성령으로 충만해지기 때문에 마음을 지킬 수가 있습니다. 하나님의 성령은 우리 몸에 거하는 것이 아니라 마음에 거하고 계신 것입니다. 마음을 통해서 하나님은 역사하는 것입니다. 천국을 누리는 권능이 마음에 있는 것입니다. 그러므로 지킬만한 것보다 마음을 지켜야 되는 것입니다.

목사와 성도의 영성과 성숙의 깊이는, 하나님의 말씀을 듣기 위해 하나님 앞에서 침묵하는 시간의 길이와 비례합니다. 하나님의 말씀을 듣기 위한 침묵의 기도 없이는, 그 누구도 바른 성전이 될 수 없습니다.

4) 진설병 -하나님께 바치는 것으로 진설 대 위에 떡을 진열해 두었습니다. '하나님께 바치는 떡'이지만 하나님이 직접 드시는 건 아닙니다. 구약은 하나님과 제사장을 동일시했기에 제사장이 그 떡을 먹었습니다. 예수를 믿고 성령의 인도를 받고 교회 다니는 사람을 믿음의 정도에 따라 분류한 예가 여럿 있습니다. 보통 '나일론' 신자가 제일 많다고 합니다. 나일론은 자연섬유가 아니기 때문에 '진짜가 못 되는 신자' 정도로 표현하는 말입니다. '유리그릇' 신자도 있습니다. 말 한 마디에 쉽게 상처받고 이리저리 떠도는 신자입니다. '망아지' 신자가 있습니다. 도저히 길들여지지 않는 사람입니다. '달구지' 신자가 있습니다. 자기 스스로 얼마든지 신앙 생활할 수 있는데 남이 움직여줘야만 움직이는 사람입니다. 우리는 어떤 신자가 되어야겠습니까? 소와같이 말

씀을 듣고 묵상하며 마음 안에 성전이 견고하게 지어져서 성령의 인도에 묵묵히 순종하는 영적인 성도가 되어야 합니다.

하나님의 성막에서 사용된 '진설병'은 하나님 앞에 차려놓은 떡이었습니다. 진설병은 모두 열두 덩이로 이스라엘 12지파와 예수 그리스도를 믿어 새로운 이스라엘 백성이 된 성도들을 상징합니다. 이런 진설병의 영적 의미를 생각하며 하나님이 기뻐 받으실 진설병 신자가 되기 바랍니다.

진설병 신자가 되기 위해선 첫째로 자아가 깨어져야 합니다. 진설병은 '밀'로 만듭니다. 요한복음 12장 24절에 보면 최초의 밀알은 예수님이십니다. 예수님이 죽으심으로 많은 밀알인 우리 성도들이 나왔습니다. 우리도 예수님처럼 부서지고 깨져야 많은 열매를 맺을 수 있습니다.

둘째로 성령님의 도움을 받아야 합니다. 밀은 맷돌에 갈려 고운 가루가 되고 이 가루는 기름을 두른 철판에 익혀져 떡으로 만들어졌습니다. 기름은 성령을, 철판은 시련을 상징합니다. 예수를 믿고 교회에 들어와 예배드리고, 기도하다가 성령으로 세례를 받고 마음 성전에서 올라오는 성령의 기름 부으심 없이 우리는 새로운 존재로 거듭날 수 없습니다. 선행과 욕망을 억제하는 고행이 구원의 담보가 될 수 없듯 오직 성령님으로 거듭나지 않고는 새로운 존재가 될 수 없습니다. 그렇다면 예수를 구주로 고백하고, 성령님의 기름 부으심으로 은사를 받기만 하면 만사형통입니까? 그렇지 않습니다. 모든 하나님의 사람은 믿음의 연단을 받았습니다. 맹자는 고자장(告子章)에서 이렇게 말했습니다. "하늘이 장차 그 사람에게 큰일을 맡기려고 할 때 반드시 먼저 그 마음과 뜻을 괴롭게 하고, 근육과 뼈를 힘들게 한다. 또한 몸과 피부를 굶주리게 하고, 삶을 빈곤하게 하고, 하는 일을 어지럽게 한다. 이는 마음을 흔들어 참을성을 기르고, 지금까지 할 수 없었던 일을 할 수 있게 하기 위함이다." 연단을 통해 우리는 하나님께 드려질 향기로운 진설병이 됩니다.

진설병 신자가 되기 위해서는 늘 새로워져야 합니다. 우리는 매주 예배와 성령으로 하는 기도와 말씀 공부와 묵상과 교제를 통해 날마다 새로운 존재로 거듭나야 합니다. 차(茶) 중에 귀한 차가 작설차(雀舌茶)입니다. 이는 차나무의 어린 새싹을 따서 만듭니다. 새순이 귀하듯 새로운 마음과 영혼으로 하나님 앞에 바쳐질 제물이 되어야 합니다. 월남 이상재 선생의 일화입니다. 어느 날 친구들이 보니 월남 선생이 너무 격의 없이 젊은이들과 농담을 하고 있었습니다. 그들은 "이보게 월남! 젊은 놈들과 너무 격 없이 굴면 버릇이 나빠지지 않겠는가"라고 물었습니다. 이에 월남 선생은 "청년더러 노인이 되라 해서야 되겠는가. 내가 청년이 되어야 청년들이 청년다운 청년이 될 것일세!"라고 대꾸했습니다.

하나님께 드려질 신선한 진설병은 말씀의 맷돌로 자아를 깨고, 성령으로 세례를 받고, 성령의 기름 부으심과 믿음의 시련으로 향기롭게 구워져야 합니다. 하나님의 기뻐하시는 마음 성전을 말씀 충만, 성령 충만, 기도 충만으로 채워서 영-혼-육이 건강하게 남은 생애를 지내시기를 바랍니다.

3부 9988 하려면 이렇게 하라

12장 먹는 음식이 건강을 좌우한다.

(레 11:46-47)"이는 짐승과 새와 물에서 움직이는 모든 생물과 땅에 기는 모든 길짐승에 대한 규례니, 부정하고 정한 것과 먹을 생물과 먹지 못할 생물을 분별한 것이니라."

하나님은 인간의 생명과 건강을 유지하기 위하여 먹을거리들을 창조하셨습니다. 음식을 먹고 건강하게 살아가라고 먹을거리들을 창조하신 것입니다. 그러나 무분별하게 아무거나 먹지 말고 구별하여 적당하게 먹고 살아가라는 것입니다.

이장에서는 성경에서 음식을 어떻게 분별하라고 했는지 중점적으로 알아보는 것입니다. 음식을 분별하는 것은 식품을 분별하는 것, 즉 우리가 먹는 것을 분별하는 문제입니다. 먹는 것은 그렇게 중대한 일이 아닙니다. 그렇다면 왜 우리는 거룩한 생활을 하기 위해 먹는 것을 주의해야만 하는가? 이 질문에 대답하기 위해서 우리는 레위기가 예표의 책이며, 예표에는 특별한 의미를 지니는 표상들이 있다는 것을 상기할 필요가 있습니다. 어떤 것의 의미는 어떤 것 자체와는 다릅니다.

이것은 레위기 11장에서 언급된 동물들에 있어서도 마찬가지입니다. 이 모든 동물들은 아주 큰 의미를 가지고 있습니다. 왜 냐하면 그것들은 인격들을 예표하기 때문입니다. 즉 그것들은 여러 종류의 사람들을 설명하는 표상들입니다. 이것은 사도행전 10장 9절 하반절과 27절부터 29절까지로써 증명됩니다. 베드로 가 "하늘이 열리며 한 그릇이 내려오는 것을 보니 큰 보자기 같고 네 귀를 매어 땅 위에 드리웠더라. 그 안에는 땅에 있는 각색 네 발 가진 짐승과 기는 것과 공중에 나는 것들이 있는데(11-12 절)." 처음에 베드로는 짐승들과 기는 것과 공중에 나는 것들이 사람의 표상들이라는 것을 이해하지 못했습니다. 마침내 그는 이것을 이해했는데, 이는 고넬료의 집에는 짐승들이 아닌 사람 들이 있었기 때문이었습니다(27-28절).

첫째, 먹는 것의 의미이다. 음식을 분별하는 것과 관련하여 우 리가 먼저 고려해야 할 것은 먹는 것의 의미입니다. 이 의미를 아는 것은 레위기 11장에서의 먹는 것의 참된 의미를 아는 것 입니다.

1)**먹는다는 것은 우리에게 내면적으로 영향을 줄 수 있는 우리 밖 의 사물을 접촉하는 것입니다.** 이것은 특히 우리가 사람들을 접촉 하는 것을 말합니다. 먹을 때 우리는 우리와 아무런 관련도 없는 어떤 것을 접촉합니다. 그러나 만일 우리가 그것을 먹는다면 그 것은 우리에게 내면적으로 영향을 끼칠 것입니다. 레위기 11장 에서 우리가 먹는 것들은 사람들을 의미하며, 먹는다는 것은 우

리가 사람들을 접촉하는 것입니다.

2) **밖으로부터 어떤 것을 받아들이는 것은 우리 안에서 소화되어 우리 생활 가운데서 표현되는 우리의 성분이 됩니다.** 먹는다는 것은 다만 어떤 것을 접촉하는 것일 뿐 아니라 우리 안으로 어떤 것을 받아들이는 것이기도 합니다. 일단 우리 안으로 어떤 것을 받아들인다면, 그것은 우리 안에서 소화되어서 우리의 구성성분, 즉 우리의 존재와 조성이 될 것입니다. 우리 모두는 우리가 먹고 소화한 음식의 조성체입니다. 결국 우리가 소화한 것이 우리가 됩니다. 즉 그것이 바로 우리의 성분이 됩니다. 이것은 사람들을 접촉하는 것이 중요한 문제임을 가리킵니다. 만일 우리가 거룩하신 하나님이 요구하시는 거룩한 삶을 살고자 한다면, 우리는 우리가 접촉하는 사람들에 주의할 필요가 있습니다.

우리가 어떤 부류의 사람을 접촉함은 우리를 재 조성되게 할 수 있으며, 이것은 우리를 다른 종류의 사람으로 만듭니다. 우리는 우리가 접촉하는 모든 것을 받아들이게 될 것이며, 우리가 받아들인 모든 것들은 우리를 재조성하여 지금의 우리가 아닌 다른 종류의 사람으로 만들 것입니다.

둘째, 음식과 관련하여 정결한 생물들의 범주이다. 레위기 11장은 다섯 범주의 동물들을 말하고 있습니다. 즉 첫째 범주는 가축들을 포함하는 동물이며, 둘째 범주는 수중(水中)의 동물들이며, 셋째는 공중의 새들이며, 넷째는 곤충들이며, 마지막으로는 기어 다니는 것들입니다. 기어 다니는 모든 것들은 부정하나, 다른 네 가지 범주에서는 어떤 동물들은 정결하고 어떤 동물들은 부정합니다. 이제 음식과 관련하여 정결한 생물들의 네 가지 범주를 살펴보겠습니다.

1) 굽이 갈라지고 새김질하는 짐승들. 굽이 갈라지고 새김질하는 짐승들은(2절-3절) 자신들의 행위에 있어서 분별을 가지고 있고, 하나님의 말씀을 받아들임에 있어서 많은 재고(再考)를 하는 사람을 의미합니다. 갈라진 굽은 분별을 의미합니다. 말은 갈라진 굽이 아닌 통굽을 가지고 있습니다.

그러므로 말은 사물을 분별하는 능력과 힘을 가지고 있지 않은 사람을 의미합니다. 그런 사람은 무엇이 하나님께 속했고 무엇이 사탄에게 속했는지를 분별할 수 없고, 하늘에 속한 것과 땅에 속한 것을 분별할 수 없으며, 영적인 것과 육적인 것을 분별할 수 없습니다. 우리는 좋은 것과 나쁜 것을 분별할 필요가 있을 뿐 아니라, 새 사람에 속한 것과 옛 사람에 속한 것을 분별하고, 아울러 우리의 영에 속한 것과 우리의 육에 속한 것을 분별할 필요가 있습니다.

극장에 가는 것과 교회 집회에 가는 것의 차이점을 예로 들어 보겠습니다. 극장에 가는 것은 뭔가 땅에 속한 것을 행하는 것이지만, 교회 집회에 가는 것은 뭔가 하늘에 속한 어떤 것을 행하는 것입니다. 그러나 그리스도인이라 할지라도 갈라진 굽을 가지고 있지 않은 사람은 극장에 가는 것과 교회 집회에 가는 것의 차이를 거의 모릅니다. 그런 사람은 자신의 행동에 있어서 분별이 결여되어 있습니다. 자신의 행동에 있어서 그는 분별하는 능력이 없습니다. 우리는 그러한 사람을 접촉할 때 주의해야 합니다. 왜냐하면 그를 접촉함으로써 우리가 더러워질 수 있기 때문입니다. 우리는 갈라진 굽, 즉 하나님께 속한 것과 하나님께 속하지 않은 것, 우리가 해야 할 것과 하지 말아야 할 것을 분별할 수 있는 능력과 힘을 가질 필요가 있습니다.

새김질하는 것은 하나님의 말씀을 받아들일 때 많은 숙고함과 재고함으로 받아들이는 것을 의미합니다. 암소가 새김질을 하는 것과 마찬가지로, 우리는 하나님의 말씀을 숙고하고 재고해야 합니다. 우리는 아침에 일찍 말씀을 묵상 기도로 읽을 때 이것을 행할 수 있습니다. 우리가 묵상 기도로 읽을 때, 우리는 말씀을 숙고하고 재고할 수 있습니다. 이것이 우리가 하나님의 말씀으로부터 받은 것을 재고함으로써 영양분을 받아들일 수 있는 새김질입니다.

2절과 3절에서 우리는 하나님의 지혜를 봅니다. 「굽이 갈라져」와 「새김질하는」이라는 두 구(句)는 아주 의미심장합니다. 한 면으로 우리는 새김질할 필요가 있으며, 말씀을 되풀이해서 씹음으로 하나님의 말씀을 먹을 필요가 있습니다. 다른 한 면으로, 우리는 완전한 분별력을 가지고 행할 필요가 있습니다. 그러나 오늘날 많은 사람들은 갈라진 굽을 가지고 있지 않거나 새김질하지 않습니다. 그들은 심지어 하나님의 말씀을 접촉하지도 않습니다. 우리는 갈라진 굽을 가지고 있지 않거나 새김질하지 않는 사람들을 접촉해서는 안 됩니다. 우리는 그런 사람들이 우리에게 영향을 주거나 작용하지 못하도록 그들을 피해야 합니다.

2) 지느러미와 비늘이 있는 수중 생물. 지느러미와 비늘이 있는 수중 생물(9절)은 세상에서 자유롭게 움직이고 행할 수 있음과 동시에 세상의 영향에 저항할 수 있는 사람을 의미합니다. 지느러미는 물고기가 원하는 대로 물속에서 움직이고 활동할 수 있도록 도와줍니다. 물고기는 지느러미가 있기 때문에 조류(潮流)를 거슬러 헤엄쳐 갈 수 있습니다.

비늘은 물고기를 보호하고 짠물에서 사는 물고기들이 소금에 절여지지 않도록 지켜 줍니다. 물고기는 소금에 절여지지 않고서 여러 해 동안 짠물에서 살 수 있습니다. 왜냐하면 물고기들은 소금에 절여지지 않도록 지켜주는 비늘을 가지고 있기 때문입니다. 그러므로 지느러미는 고기가 움직이도록 힘을 주고, 비늘은 소금에 절여지지 않도록 보호해 줍니다.

성경에서 바다는 타락하고 부패한 세상을 의미합니다. 오늘날 온 세상은 광활한 바다이며, 이 바다에 사는 많은 사람들은 지느러미나 비늘을 가지고 있지 않습니다. 그들은 세상에서 자유롭게 움직일 수 없으며, 동시에 그 세상의 영향을 거부할 수 없습니다. 그리스도 안의 믿는 이들인 우리는 지느러미와 비늘을 가져야만 합니다. 그렇게 함으로써 우리는 세상으로 절여지지 않고 세상의 바다에서 자유롭게 움직일 수 있습니다.

한 면으로 우리는 지느러미와 비늘을 가져야만 합니다. 다른 한 면으로 우리는 지느러미와 비늘을 가지지 않은 사람들을 접촉할 때 주의해야 합니다. 지느러미와 비늘을 가지지 않은 친구들, 이웃들, 심지어 친척들을 주의하시기 바랍니다. 어떤 이들은 이 말을 들을 때, "복음을 전하기 위하여 사람들의 집을 방문할 때에는 어떻게 해야 하는가? 우리는 비늘을 가진 사람들이 사는 집의 문만을 두드려야 하는가?"라고 말할 것입니다. 저는 그러한 문 두드리기(door knocking) 자체가 우리를 보호하는 큰 비늘이라고 대답하겠습니다. 그럼에도 불구하고 복음을 전하는 데 있어서도 우리는 사람을 접촉할 때 주의할 필요가 있습니다. 우리는 세상의 소금으로 절여지기를 원해서는 안 됩니다. 세상을 장악하는 성도가 되어야 합니다.

3) 날 수 있는 날개가 있고 생명의 씨를 음식으로 먹는 새들. 날 수 있는 날개가 있고 생명의 씨를 음식으로 먹는 새들(13-19절)은 세상에서 멀리 떨어져 생명 안에서 살고 움직일 수 있는 사람들을 의미하고, 생명에 속한 것들을 생명 공급으로 취하는 사람들을 의미합니다. 정결한 새들은 날 수 있는 날개가 있기 때문에 세상에서 멀리 날아갈 수 있고 세상 위를 날 수 있습니다. 또 정결한 새들은 생명의 씨를 음식으로 먹습니다. 반대로 11장 13절에서부터 19절까지의 부정한 새들은 씨를 먹지 않습니다. 부정한 새들은 생명의 씨로 만족되지 않기 때문에 송장들을 먹습니다.

우리 그리스도인들은 날개가 있고 생명의 씨를 먹는 새들이 되어야 합니다. 이것은 우리가 세상에서 멀리 떨어져 생명 안에서 살고 움직여야 한다는 것을 의미하며, 우리의 생명 공급으로서 생명에 속한 것들을 취해야 함을 의미합니다. 더 나아가 우리는 다른 사람들, 심지어 다른 믿는 이들을 접촉할 때조차도 그들이 씨를 먹는 참새와 같은 정결한 새들인지 아니면 죽은 것을 먹기를 좋아하는 매와 같은 부정한 새들인지를 분별할 필요가 있습니다. 만일 우리가 부정한 새들을 접촉한다면, 우리는 그들의 입맛에 영향을 받아 결국에는 우리도 부정한 새로 바뀌게 될 것입니다. 이 때문에 우리는 죽은 것을 먹는 사람들을 접촉할 때 주의해야 합니다.

4) 날개가 있고 그 발에 땅에서 뛰어오르는 관절 있는 다리가 있는 곤충들. 날개가 있고 그 발에 땅에서 뛸 수 있는 관절 있는 다리가 있는 곤충(21-22절)은 세상이 미치지 못하는 생명 안에서 살고 움직일 수 있는 사람들을 의미하며, 세상에서부터 그들 자신을 지킬 수 있는 사람들을 의미합니다. 만일 우리가 이 곤충들로 상징되는 사람들이라면, 우리는 세상적이고 죄 있고 육적인 것들로부터 날 수 있는 날개를 가지게 될 것입니다. 우리는 세상 위로 날 수 있을 것이며, 또한 우리에게는 세상으로부터 뛰어오를 수 있는 관절 있는 다리가 있을 것입니다. 이것은 우리가 날거나 뜀으로써 언제든지 세상을 떠날 수 있는 사람들임을 의미합니다. 그러나 날개나 관절 있는 다리가 없이는 전혀 세상을 초

월할 수 없습니다. 그것들은 다만 땅에 서 있게 하고 세상에 남아 있게 할 수 있을 뿐입니다.

만일 우리가 거룩한 삶을 살고자 한다면, 우리는 우리가 접촉하고 있는 사람들이 어떠한 사람들인가를 주의할 필요가 있습니다. 그들은 갈라진 굽을 가지고 있는가, 그리고 그들은 새김질을 하는가? 그들은 지느러미와 비늘을 가지고 있는가? 그들은 날 수 있는 날개를 가지고 있는가? 그들은 죽은 것들을 먹지 않고 생명의 씨를 먹고 있는가? 그들은 날개와 관절 있는 다리를 가지고 있는가? 그런 사람들과 접촉을 갖는 것은 얼마나 좋은지! 바르게 알고 접촉해야 할 것입니다.

셋째, 음식으로서 정결하지 않은 생물들의 범주. 레위기 11장에는 음식으로 정결하지 않은 다섯 가지 생물들의 범주가 있습니다.

1)굽이 갈라지지 않은 짐승들과 발바닥으로 다니는 짐승들. 굽이 갈라지지 않은 짐승들과 발바닥으로 다니는 짐승들(4-8절上, 26上, 27上)은 자신들의 행동에 있어서 분별을 하지 못하는 사람들과 분별력 없이 행하고 움직이는 사람들을 의미합니다. 음식이 아니고 그런 종류의 사람들을 말하는 것입니다.

2) 지느러미와 비늘이 없는 수중 생물. 지느러미와 비늘이 없는 수중 생물들(10-12절)은 세상에서 자유롭게 움직이거나 행할 수 없고 그와 동시에 그 세상의 영향을 거부할 수 없는 사람들을 의

미합니다. 그런 사람들에게는 죄와 세상의 영향을 거부할 힘이 없습니다.

3) **음식으로서 고기를 먹고 송장을 먹는 새들.** 음식으로서 고기와 송장을 먹는 새들(13-19절)은 사망을 만지며 사는 사람들을 의미합니다. 그들은 먹을 때 사망을 접촉합니다. 영적으로 말하자면, 우리가 사망으로 충만한 사람들을 접촉하면 할수록, 우리는 사망에 의해서 더욱더 더러워질 것입니다. 만일 우리가 그런 사람을 접촉한다면, 영적으로 우리는 사망으로 충만하게 될 것입니다.

4) **네 발로 기어 다니는 곤충들.** 네 발로 땅 위에 기어 다니는 곤충들(20-23上)은 땅 위에서 살고 세상에서부터 그들 자신을 지킬 수 없는 사람들을 의미합니다. 그들은 다만 땅 위로 기어 다닐 수 있을 뿐입니다. 왜냐하면 그들에게는 세상 위로 날 수 있는 능력이 없기 때문입니다.

5) **땅 위로 기어 다니거나 배로 밀고 다니거나 네 발로 걷는 것,** 또는 땅 위로 기어 다니는 모든 기는 것들 중에 여러 개의 발을 가진 생물들. 땅 위로 기어 다니거나 배로 밀고 다니거나 네 발로 걷는 것, 또는 땅 위로 기어 다니는 모든 기는 것들 중에 여러 개의 발을 가진 생물들(29-31上, 41-44)은 모든 악한 영들과 귀신들과 함께하는 사탄, 사탄으로 충만한 사람들, 악한 영들과 귀신들을 접촉한 사람들, 세상에서 살고 세상에 밀착되어 세상으로부터 자신들을 끊을 수 없는 사람들을 의미합니다.

성경은 사탄을 뱀에 비유합니다(계 12:9). 악한 영들은 타락한 천사들이며, 귀신들은 아담 이전 시대에 육체에서 분리된 영들입니다. 많은 사람들이 악한 영들을 접촉하고 귀신들에게 점유 당합니다. 게다가 세상에 밀착된 많은 이들은 세상으로부터 자신들을 끊을 수 없습니다. 우리는 사탄과 악한 영들 또한 귀신들을 결코 접촉해서는 안 됩니다. 마찬가지로, 우리는 그들의 영향 아래 들어가지 않도록 귀신들에게 점유당한 사람들과 세상에 밀착된 사람들을 접촉해서는 안 됩니다.

만일 우리가 거룩하게 살고자 한다면, 우리는 우리가 접촉하는 사람들에 관해 주의하는 것을 훈련할 필요가 있습니다. 사람들을 접촉하는 것은 아주 중요한 문제입니다. 특별히 그리스도인들인 우리에게 있어서는 더욱 그렇습니다. 우리는 부주의하게 다른 이들을 접촉해서는 안 되며, 부주의하게 친구 관계를 맺어서는 안 됩니다. 성경이 지적하듯이, 부주의한 친구 관계는 우리를 부패시킬 것입니다.

우리 모두는 사람을 접촉하는 데 있어서 주의하고 조심하는 것을 배워야 합니다. 우리는 정결한 생물의 네 가지 범주와 부정한 생물의 다섯 가지 범주를 알 필요가 있습니다. 우리가 특정한 사람과 접촉하려고 할 때, 우리는 그 사람이 정결한가? 혹은 부정한가를 고려할 필요가 있습니다. 그런 고려(考慮)는 우리를 보호할 것이며, 더러워지거나 부패되는 것으로부터 우리를 지켜줄 것입니다. 우리는 레위기서에서 말씀하는 음식에 대하여 바르게 해석하여 적용하여 하나님의 진노를 사는 일이 없어야 합니다.

넷째, 음식을 구별하여 적게 먹어야 한다. 하나님은 성도들이 음식을 먹되 건강에 지장이 없는 음식을 섭취하면서 살기를 원하십니다. 건강하려면 먹는 음식도 주의해야 합니다. 예로부터 '장수의 비결은 소식'이라 했습니다. 과식하면 살이 찔뿐 아니라 활성산소라는 게 만들어져서 건강에 해롭다고 합니다. 지나치게 남아도는 영양이 비만증이나 각종 암 발생의 원인이 된다고 합니다. 먹는 것(食)은 사람(人)에게 좋은(良) 것이지만, 많이 먹으면 좋지 않다는 것을 癌(암)이란 글자가 말해줍니다. 입 셋이 산같이 많이 먹어서 생기는 병이 암입니다.

영양을 골고루 섭취함도 건강의 기본 요건이라 합니다. 경제적으로 넉넉지 못한 우리 서민들이야 골라 먹을 형편이 못되지만, 성경이 금하는 것만은 피해야 할 것입니다. 성경은 피를 먹지 말라고 명하십니다(출29:19, 신12:16, 행15:29). 짐승을 잡을 때 많이 내뿜는 독이 피에 녹아 있을 것이라 추측됩니다. 의사들이 붉은 살 고기보다 생선이나 닭고기 등 흰 살 고기를 권하는 이유도 피에 유관할 것입니다. 붉은 고기는 물에 담가서 피를 빼고 요리하는 게 좋습니다. 피로 만든 선짓국, 순대 등은 먹지 않는 게 건강에 좋을 것입니다.

성경은 동물의 기름도 먹지 말라고 하십니다(레3:9~10). 우리 국민들은 삼겹살을 즐겨 먹는데 비성경적입니다. 가끔은 문제가 되지 않아도 습관적으로 즐겨먹는 것은 건강에 해롭습니다. 하나님께서 자녀들에게 동물의 지방을 먹지 말라는 이유가 의학적으로 밝혀졌습니다. 섭취된 동물의 지방은 인체에 해로운 콜레스테롤이 된다는 것입니다.

의사들은 신선한 채소와 과일을 많이 먹으라고 하는데, 그것도 이미 인류 최초부터 사람의 식물은 채소와 열매라고 하나님께서 말씀하신(창1:29) 것입니다. 형편이 되면 토마토를 살짝 삶아서 껍질을 벗긴 다음 으깨어 우유와 함께 끓여서 먹으면 노인들에게 특히 좋다고 합니다. CNN이 세계 10대 장수식품에 토마토를 비롯하여 시금치 적포도주 견과류 브로콜리 귀리 연어 마늘 녹차 블루베리라고 발표했습니다.

의사들은, 녹차가 암의 발생과 전이를 막는 특효가 있다고 하며, 마늘을 하루 3쪽씩 먹으라고 권합니다. 마늘이 중금속 오염에서 오는 미나마타병 예방에 특효가 있음은 증명된 지 오래고, 항암에도 좋다고 합니다.

음식을 꼭꼭 씹어서 천천히 먹는 것입니다. 우리의 나쁜 식습관의 하나는 빨리 먹는 것인데, 음식을 즐겁게 담소를 나누면서 천천히 그리고 충분히 씹어 먹어야 합니다. 저녁식사는 취침 3,4시간 전에 하고, 위액역류가 심한 사람은 식후에 눕지 말고, 잘 때는 상체를 비스듬히 높여주라고 합니다. 더 자세한 것들은 음식에 대한 서적이 많이 있으니 자신의 성향에 따라 섭취하고 살아가시면 됩니다.

미국의 건강포털 웹 '엠디'가 '뱃살을 빼고 날씬하고 건강하게 지낼 수 있는 10가지 습관'을 공개했습니다.

① 아침 식사를 거르지 않는다. 하루 24시간 중 가장 중요한 식사가 아침식사다. 아침을 든든하게 먹어야 점심, 저녁 때 과식을 방지할 수 있다.

② 간식 시간을 갖자. 배고픔을 참으면 다음 식사 때 과식할 확률이 높다. 때문에 간식 타임을 갖는 것이 중요하다. 단, 칼로리가 높은 음식보다 몸에 좋은 견과류나 과일 등을 먹는 것이 좋다.

③ 개인 접시를 활용하자. 또 식사 시간은 20분 이상 유지한다. 식사 때 마다 개인 접시를 이용하면 과식을 예방할 수 있다고 한다. 또 뇌가 포만감을 느끼려면 식후 20분 정도가 걸리기 때문에 천천히 식사하는 것이 중요하다.

④ 규칙적인 식사 시간을 갖자. 여러 가지 다이어트 방법에 머리 싸맬 필요 없다. 그보다 규칙적인 식사로 몸을 건강하게 가꾸자.

⑤ 식탁에 앉아 음식을 먹어라. 컴퓨터 책상이나 거실 테이블에서 식사를 하면 과식할 확률이 높아진다. 식탁에 앉아 정량을 접시에 덜어 먹는 것이 중요하다.

⑥ 허기질 때 식품 매장 방문은 금물이다. 허기질 때 식료품 가게에 가면 먹거리에 대한 충동구매를 유발할 수 있다. 식탐을 덜 느낄 때 마켓을 가자.

⑦ 물을 마시면서 음식을 꼭꼭 씹어 먹는다. 음식을 꼭꼭 씹어 먹으면 식감도 잘 느낄 수 있고 소화에도 좋다고 한다. 또한 식사 중간 중간 마다 적당한 물을 마시면 과식 예방에 도움이 된다.

⑧ 저녁 식사 후 양치질 하라. 저녁 식사 후 양치질을 하면 식탐의 유혹을 줄일 수 있고 치아 건강에도 도움이 된다.

⑨ 간식을 먹는다면 '미니 식사'처럼 해라. 간식은 지방과 단백질이 적고 복합 탄수화물이 많은 음식을 권한다.

⑩ 식사 습관을 고치자. 남긴 밥이 아깝다고 다 먹어선 곤란하다. 과식으로 가는 지름길이다. 랩에 싸서 내일 다시 먹는 것이 좋다.

건강하게 살아가는 것이 하나님의 뜻입니다. 건강도 관심을 갖아야 건강을 유지할 수가 있습니다. 특별하게 먹는 음식을 구별하여 먹고 먹는 량을 조절하는 습관이 중요합니다.

13장 물을 바르게 음용해야 건강하다.

(창 2:7)"여호와 하나님이 땅의 흙으로 사람을 지으시고 생기를 그 코에 불어넣으시니 사람이 생령이 되니라."

하나님께서는 흙으로 사람을 만드셨습니다. 그래서 사람은 물과 염분이 적당하게 유지가 되어야 육체적인 건강을 유지할 수가 있습니다. 될 수 있는 한 물은 좋은 양질의 물을 먹는 것이 좋습니다. 일부 질병이 물로 인해서 발생하는 것입니다. 물이 부족한 아프리카 같은 곳에서 분별없이 물을 먹어서 장기의 질병이나 피부병 등이 발생하는 것입니다. 그런데 시대의 변천에 따라 물에 대한 우리의 인식도 변하고 있습니다. 필자가 어려서는 흐르는 개천에서 마음껏 물을 퍼먹었습니다. 군대에 있을 때 천리행군을 나가면 걸어가다가 개천이 있으면 엎드려서 물을 마시고, 수통에 채우곤 했습니다. 그래도 배탈이나 장염이 생기지를 않았습니다. 불과 몇 전까지는 콸콸 쏟아지는 깨끗한 지하수에 등목도 하고 살았습니다. 이렇게 깨끗하고 좋은 물은 늘 우리 곁에 있는 우리의 일상이며, 생활의 한 부분이었습니다.

그러나 산업화 시대를 거치면서 물의 오염은 이제는 피할 수 없는 환경문제가 되었습니다. 필자가 뒷동산에 올라가면 약수터가 있어서 물을 먹으려고 하면 식수불가라고 경고되어 있습니다. 그래서 등산을 가면서도 생수를 가지고 갑니다. 이렇게 도시지

역 사람들뿐만 아니라, 많은 사람들이 더 깨끗하고 좋은 물을 얻기 위해 '노력'하는 모습은 어렵지 않게 접할 수 있는 이 시대의 한 부분입니다. 물의 중요성은 높은 산에 올라가야 알 수가 있습니다. 저는 특수부대에서 젊은 시절을 보냈기 때문에 누구보다도 물의 중요성을 잘 압니다. 누구나 태백산 꼭대기에 올라가보면 물의 중요성을 잘 이해할 수가 있습니다.

오늘날, 우리에게 물의 의미는 무엇인가. 물이 부족한 섬 지역부터 물에서 건강함을 찾으려는 도시인들까지. 이 시대 우리의 물에 대한 생각을 통해 물의 효능에 대하여 알아보겠습니다.

첫째, 물과 염분의 건강 원리. 물과 염분과 건강은 뗄래야 뗄 수가 없는 불가분의 관계가 있습니다. 하나님께서 사람을 흙으로 만들었기 때문입니다.

1)사람의 몸의 상당부분이 물로 구성되어 있습니다(살:65% 뇌:75% 피:85% 뼈:25 간:85%). 이래서 사람은 물이 중요합니다. 좋은 물을 마셔야 합니다. 수분이 부족할 경우 신체는 그 기능을 다 할 수 없습니다. 그런데 우리 몸에서 필요로 하는 수분을 공급하기 위해서는 생수를 마셔야 합니다. 끓인 물은 일종의 죽은 물로 끓인 물을 식혀서 화분의 화초에 뿌리면 화초가 죽고, 어항의 물고기에 주면 물고기가 죽습니다. 이런 끓인 물을 사람이 먹으면 좋겠습니까? 끓인 물은 위장을 거쳐서 소량만이 몸에 흡수되는 반면 생수는 마시면 목에서부터 흡수됩니다. 건강을 위

하여 좋은 물을 먹어야 합니다. 특히 산모들과 유아들은 더욱 좋은 물을 먹어야 합니다.

2)**많은 병이 몸의 열 때문에 발생합니다.** 따라서 열을 낮추어 주어야 합니다. 이를 위해 생수를 마시되 될 수 있는 한 차게 해서 마셔야 합니다(약 4℃). 감기가 걸려 열이 날 때 물을 많이 먹어야 합니다. 물은 신체의 열을 내리는 역할을 합니다.

3)**자동차에는 기관이 하나밖에 없으므로 이를 식혀줄 라디에이터(radiator:냉각기)도 하나밖에 없습니다.** 우리 몸에 물이 없어서는 기능을 제대로 하지 못하는 기관이 있습니다. 우리 몸에는 중요한 기관이 3개 있으며 이를 담당하고 있는 라디에이터에 해당하는 것도 3개가 있습니다. 중요한 기관으로는 간장, 췌장, 자궁이며, 이를 보호하기 위한 것으로는 각각 우 신장, 좌 신장, 방광이 있습니다. 우 신장은 피를 공급하고 있는 간장에 열이 들어가는 것을 막는 기능을 하며, 또한 방광으로 뜨거운 소변이 통과하는 것을 막아줍니다. 좌 신장은 인슐린을 공급하고 있는 췌장을 보호하고 있으며, 방광은 생식기능을 하는 자궁을 보호하고 있습니다. 이 모든 장기들이 물이 필요한 장기들입니다. 물을 적게 먹으면 우측 무릎이 아픕니다. 관절사이에 있는 디스크가 건조하기 때문입니다. 이유 없어 우측 무릎이 아픈 분들은 물을 많이 먹어야 합니다.

4)**몸의 주된 기관도 중요하지만 이들 기관을 관리하고 있는 신장과 방광의 역할은 매우 중요합니다.** 신장과 방광의 기능을 제대로

하게 하는 물질이 좋은 물입니다. 우 신장에서 뜨거운 소변을 통과시키면 방광에 염증이 발생하고 방광에 염증이 생기면 자궁이 망가지게 되므로 건강한 아이를 낳을 수 없습니다. 특히 산모가 독감에 걸려서 뜨거운 소변이 우 신장을 통과할 경우 문제는 심각합니다. 실제로 자궁에 염증이 있다고 하여 자궁만을 치료하다가 시기를 놓쳐 사태가 악화되는 경우가 종종 있습니다. 물을 많이 마시면 사전에 예방할 수가 있습니다.

5)세포와 세포사이를 체액이 통과하면서 영양분을 공급하며 또한 세포에서 나오는 노폐물을 체액이 운반합니다. 노폐물을 체액이 운반할 수 있는 역할을 하는 물질이 바로 물입니다. 그런데 몸 안에 수분이 부족하게 되면 세포에 영양공급이 되지 않습니다. 이러한 상태에서는 아무리 영양가 있는 음식이나 보약을 먹는다고 해도 아무 소용이 없습니다. 그러므로 영양가 있는 음식이나 보약을 먹기 전에 이를 흡수할 수 있는 몸으로 만드는 것이 중요하며 이는 물을 많이 마심으로 가능합니다.

6)몸이 마른 사람들은 세포와 세포사이가 너무 붙어 있으므로 그 사이를 체액이 통과할 수 없습니다. 몸이 마른 사람들은 물을 먹는 것을 좋아하지 않는 것이 보통입니다. 억지로라도 물을 먹는 습관을 드려야 합니다. 체액이 통과하지 못함으로 아무리 영양가 있는 음식을 먹어도 몸에서 섭취할 수 없습니다. 무엇보다도 마르지 않게 태어나야 합니다. 마른 사람들은 특히 물과 소금을 같이 먹어야 합니다. 산모가 물을 많이 마시면 마르지 않은 아이를

낳을 수 있습니다.

7)체액은 0.8-0.9%의 염분을 함유하고 있습니다. 사람은 흙으로 만들었기 때문에 물과 염분이 있어야 모든 신체 기능을 유지할 수가 있습니다. 물과 염분이 부족하면 디스크가 제 기능을 발휘하지 못합니다. 이를 방치면 척추 장애인이 될 수도 있습니다. 그러므로 우리 몸에서 필요로 하는 것은 0.9%의 염분을 함유하고 있는 물(식염수)입니다. 닝겔 주사의 닝겔도 0.9%의 식염수입니다. 따라서 소금을 물에 섞어서 마셔야 합니다. 소금물을 마시게 되면 한 겨울에도 추위를 타지 않습니다. 소금물은 잘 얼지 않기 때문입니다.

감기에 걸렸을 때도 소금물을 마시면 회복이 빠릅니다. 아이들이 감기에 걸렸을 때는 등에다 소금물 마사지를 해주면 좋습니다. 찬 기운은 등을 통하여 들어가므로 등에 소금물 마사지를 해주면 찬 기운이 몸 안으로 들어오는 것을 차단하여 줍니다. 또한 소금은 물을 붙들어 주므로 수분의 부족을 막아 열의 상승을 막아 줍니다.

8)소금은 정제되지 않은 천일염이 좋으나 이를 구할 수 없을 경우에는 굵은 소금(김장용)을 사용합니다. 소금도 좋은 소금을 섭취해야 한다는 것입니다. 그런데 소금에는 불순물이 들어 있으므로 3번 잘 볶아서 사용해야 하며 사용의 편의를 위하여 빻아서 가루의 형태로 만듭니다. 가루소금을 물과 섞어서 아침과 저녁 하루에 두 번 마십니다. 이때 소금의 양은 입맛 당기는 대로 마시

는 것이 좋습니다. 그러나 하나의 기준을 설정한다면 티스푼(tee spoon)에 소금을 떠서 평평하게 깎은 상태에서 컵에 넣고 컵에 냉수를 가득 붓고 휘젓지 않고 그냥 마십니다. 마시다가 짜다고 느껴지면 멈추고 물을 더 부어 다시 가득 채우고 또 마십니다. 이런 과정을 반복합니다. 이렇게 하면 식염수의 농도와 비슷한 물을 마실 수 있습니다.

9)소금의 섭취는 소금과 물의 비율이 약 1:100 을 유지하는 한 몸에 해롭지 않습니다. 이 보다 소금의 양이 더 많은 것은 해롭지만 물의 양이 더 많은 것은 무방합니다. 우리 몸은 자동적으로 조절하는 능력을 갖고 있기 때문에 필요 이상의 것을 취하지는 않습니다. 모든 것을 충분히 공급하여만 준다면 건강에 문제가 생기지 않습니다.

10)우리 몸은 당분과 염분이 적당히 조화를 이룰 때에 건강합니다. 염분이 부족하게 되면 당이 올라가게 되고, 그러면 췌장이 인슐린을 분비시키느라고 바빠집니다. 이것이 적정선을 넘어서게 되면 췌장에 무리가 되어 췌장의 기능이 망가지게 되고 인슐린이 분비되지 않습니다. 이것이 바로 당뇨병입니다. 우리 선조들에게는 당뇨병이 없었습니다. 밭에 나가 일하다가 과다하게 땀을 흘려서 몸에 염분이 부족하게 되면 오이냉국과 동침이 국물을 들이킴으로써 염분을 보충해 주었던 것입니다.

또한 우리 선조들은 음식을 먹기 전에 먼저 간장을 숟가락에 찍어서 마셨습니다. 이러한 좋은 음식 문화가 사라지게 되자 난

데없이 당뇨병이 활개를 치게 된 것입니다. 당분과 염분을 잘 조화시키는 사람은 당뇨병에 걸리지 않습니다. 당뇨병환자는 물과 소금을 먹음으로써 회복될 수 있습니다. 먼저 물을 많이 먹고 소변을 보게 되면 기운이 떨어집니다(이는 몸 안의 당이 밖으로 나가기 때문임). 이때 소금물을 마십니다. 소금은 물을 붙드는 역할을 하며 동시에 기를 북돋는 기능을 합니다. 이와 같은 작업을 계속 반복합니다. 현대의학으로는 당뇨병을 고칠 수 없습니다.

11)땀을 너무 많이 흘려 몸에 염분이 부족하게 되면 조갈증을 느끼게 됩니다. 이때에는 소금을 섭취해야 합니다. 그러면 조갈증이 멎습니다. 반대로 너무 짠 음식을 많이 먹게 되면 이 역시 조갈증을 느끼게 됩니다. 이때에는 설탕을 섭취함으로써 조갈증을 막을 수 있습니다. 식탁에서 음식이 너무 짤 때 설탕으로 간을 맞추는 것과 같은 원리입니다. 이와 같이 당분과 염분의 균형을 유지하는 것이 중요합니다.

12)물을 끓여 먹는 것이 사람을 허약하게 만듭니다. 물을 끓여 먹는 사람이 소금을 먹으면 큰일 납니다. 물을 끓여 먹는 사람은 싱겁게 먹어야 합니다. 그러나 이러한 식생활은 사람을 병약하게 만드는 것입니다.

13)하나님은 인간에게 5가지 맛을 느낄 수 있도록 해 주셨습니다. 비타민 A, B, C 등의 맛은 우리가 느낄 수 없지만 단맛, 짠맛, 쓴맛, 신맛, 매운맛은 느낄 수 있습니다. 우리 몸을 건강하게 유지하기 위해서 이들 5가지 맛을 가지고 있는 음식을 골고루 먹어야

합니다. 물을 적게 마시고 신 음식을 전혀 안 먹는 사람들에게서 관절염이 많습니다(신맛은 독을 사하기 때문). 쓴맛은 간장을 보호해 줍니다. 일반적으로 남자들에게 가장 취약한 기관이 바로 간입니다. 쓴 맛(씀바귀, 케일, 쑥 등)을 많이 먹게 되면 담즙의 생성에 도움을 주어 간의 부담을 그 만큼 덜게 됩니다. 음식을 준비할 때 5가지 맛을 골고루 조화 있게 공급하는 데 주안점을 두어야 합니다. 무(생무)는 이러한 5가지 맛을 모두 갖고 있는 대표적인 음식입니다.

14)건강을 유지하기 위하여 고기를 먹을 필요는 없습니다. 고기를 먹지 않아서 영양실조에 걸리지 않습니다. 고기보다 야채와 과일을 많이 먹어야 합니다. 하나님이 인간을 창조하실 때 야채와 과일을 먹고 생활하도록 인간을 만드셨습니다. 고기는 술을 먹는 사람에게는 필요하지만, 기독교인들은 술을 먹지 않을 테고 그러면 고기는 하나도 안 먹어도 됩니다.

15)건강에 필요한 것을 우선순위에 따라 나열한다면 첫째가 물이고, 둘째 소금, 셋째 야채, 넷째 잡곡, 다섯째 운동입니다.

16)몸을 건강하게 유지하기 위해서는 열없이 깨끗하게 마르지 않게 몸을 보전해야 합니다. 그런데 놀랍게도 이 3가지가 냉수하나로 모두 해결됩니다.

17)하루에 마셔야 될 물의 양은 건강한 사람이 최소한 2000cc-3000cc 이며 물을 통하여 병을 다스리고자 할 경우에는 이 보다 더 많이 마셔야 합니다. 실제로 1500cc짜리 음료수병으로 6-7병을

마시고서 건강을 회복한 사람들이 많습니다. 처음에는 각각 취약한 부분을 따라 부작용이 있을 수 있습니다(설사, 변비, 얼굴이 부음 등). 그러나 계속하면 효과를 봅니다. 다만 위장이 나빠 위하수에 걸릴 수 있는 사람은 처음에는 조금씩 시작하여 점점 양을 늘려나가는 것이 좋습니다. 한 겨울에 냉수를 많이 마시면 오한이 납니다. 이때는 뜨거운 엽차를 같이 마셔주는 게 좋습니다. 피곤할 수 록 물을 더 많이 마시고 잡니다. 소변을 한 번 더 보아 몸의 열을 낮춰주는 것이 잠을 더 자는 것보다 낫습니다.

18)소변의 탁도는 그 사람의 건강을 이야기합니다. 우 신장은 체액 중 노폐물이 많이 함유된 체액을 방광으로 내보내며 이는 결국 소변의 형태로 몸 밖으로 나가게 됩니다. 그런데 수분이 부족한 상태에서는 탁 도가 높은 체액이라도 몸 밖으로 내보내지 않고 계속 몸 안을 순환하도록 허용합니다. 이러한 탁 도가 높은 체액이 몸 안을 순환하게 되면 몸에 도움이 되겠습니까? 소변이 탁하다는 것은 체액이 더럽다는 것을 의미합니다. 소변은 항상 맑고 냄새가 나지 않아야 합니다. 물을 많이 마심으로써 소변을 자주 보아 몸 안의 체독을 뽑아내어 맑은 소변을 볼 수 있어야 합니다.

19)몸 안에 수분이 부족하게 되면 다음과 같은 증상이 나타납니다. 목에 가래가 낌, 눈에 눈곱이 낌, 귀에 귀지가 마름, 코가 말라서 딱지가 생김…. 이러한 증상이 나타나지 않도록 물을 많이 마셔야합니다.

20)현대인의 의식주생활은 우리 몸의 수분부족을 야기 시킵니다. 아파트는 주로 콘크리트로 만들어지는데 이 콘크리트는 많은 수분을 흡수합니다(아파트에 사는 사람들은 필히 어항을 장만하자. 어항 안에 물이 있음으로 실내의 수분을 조절할 수 있다). 옷을 두껍게 입고 생활하면서 땀을 흘리고 더운데서 자면서 또한 땀으로 수분을 빼앗깁니다. 마른 사람이 땀을 흘리면서 잠을 자면 허리에 통증이 오는 데 이러한 현상은 허리뼈가 수분을 잃게 됨으로써 나타납니다. 또한 물을 끓여 마심으로써 몸 안의 수분은 더욱 부족하게 됩니다. 그래서 물은 생수를 마시는 것이 좋습니다. 생수를 먹되 조금 차갑게 해서 마시는 습관을 들이는 것이 뼈 관절을 건강하게 하는 비결이 됩니다.

21)세수를 할 때도 마지막은 찬물로 합니다. 찬물은 상처도 치료합니다. 소금으로 마사지를 해주면 화장품을 사용하지 않아도 피부가 건강해 집니다.

22)이상의 건강 원리를 지키면 많은 병으로부터 해방될 수 있습니다(당뇨병, 고혈압, 관절염, 위장병, 빈혈 ,편두통, 디스크, 담석증, 요도결석, 피곤 증).

둘째, 물을 마시면 얻을 수 있는 몇 가지 주요 효과

1)더 이상 변비로 고생하지 말자. 변비란 변속의 수분이 없어져 오랫동안 몸속에 남아있는 현상입니다. 변속의 수분이 줄어들면 장의 연동 운동도 자연히 저하되어 점점 변을 보기 힘들어집니

다. 그래서 변비에는 무엇보다 충분한 수분 공급이 중요합니다. 우선 변비를 해결하려면 일어나자마자 공복에 시원한 물을 1~2컵 마시는 것이 좋습니다.

단, 위가 약하거나 위경련 등의 경험이 있는 사람은 찬물 대신 미지근한 물을 마시는 것이 좋습니다. 그 이유는 '위 결장 반사'라는 신체구조 때문인데 차가운 물이 갓 깨어난 장을 자극해 활발하게 움직일 수 있도록 한다는 것입니다. 그리고 중요한 것은 변비가 있는 사람은 자신이 마시고 싶은 양보다 물을 조금 더 많이 마시는 것이 좋습니다.

물과 함께 변비약을 적당히 복용해 주는 것도 시너지 효과(synergy effect)를 낼 수 있어 괜찮은 방법입니다. 적당한 물(수분) 섭취는 화장실에서의 당신 표정을 웃는 얼굴로 바꿔 줄 것입니다.

2)설사할 때는 소금과 설탕을 넣은 따뜻한 물을 마시자. 설사에는 충분한 물이 최고의 비방이고 보약입니다. 설사의 원인은 다양하지만 설사로 인해 생기는 공통점은 몸에서 많은 양의 물이 빠져나간다는 점입니다. 설사할 때 가장 효과적인 치료법은 물과 무기질을 충분히 보충해 주는 것입니다. 이것들이 부족하면 근육경련이 나거나 심장에 이상이 생길 수 있기 때문입니다.

먼저 따뜻한 물에 소금과 설탕을 조금 타서 먹는 게 가장 좋습니다. 소금과 함께 설탕을 공급하는 이유는 설사로 인해 제대로 먹지 못한 사람에게 에너지원을 공급하는 효과와 함께, 물과 무기질이 위와 장에서 보다 잘 흡수되도록 하기 위해서입니다.

3)다이어트 효과. 물만 마셔도 살이 찐다고 하여 되도록 물을 안 마시는 사람들이 있습니다. 이는 정말 큰일 날 일입니다. 물을 마시면 체내에 일시적으로 보유되어 순간적으로 몸무게가 증가될 수는 있지만, 물은 칼로리를 내지 않으므로 물만 마셔도 살이 찌는 체질이란 전혀 근거 없는 얘기입니다.

체중조절을 할 때 꼭 기억해야 할 것은 물을 충분히 마시지 않으면 지방의 분해가 느려진다는 것입니다. 따라서 물 없이 다이어트 하는 사람은 실패할 확률이 매우 높습니다. 다이어트를 위해 섭취 칼로리를 줄이게 되면 글리코겐이 분해되면서 몸에서 먼저 수분이 빠져 나가게 되는 것입니다. 이 때 물을 제대로 공급해 주지 않으면 탈수현상이 일어나 혈액순환 장애가 오게 되며, 따라서 지방 연소가 어렵게 됩니다.

특히 칼로리를 급격히 줄이는 극히 제한된 열량식을 섭취하는 경우, 처음에는 지방이 아니라 수분이 빠져 나가게 되므로 체중이 상당히 줄어들 수 있습니다. 이 때 물과 미네랄을 복구하려는 보상작용이 나타나므로 신장이 수분을 보유하려고 노력하면서 지방이 연소된 자리에 물이 차게 되어 며칠 또는 몇 주일 동안 그 상태를 유지할 수 있습니다. 따라서 오히려 체중이 늘어난 듯이 여겨질 수 있는데, 이런 현상은 평소 물을 적게 마시다 다이어트 한다고 갑자기 수분 섭취량을 늘린 사람에게서 많이 나타나는 현상입니다.

그러나 물을 충분히 마시는 습관을 계속해서 들이면 이런 현상은 사라지게 되며, 수분의 적정량만 보유되는 조정이 이루어지기 때문에 물을 충분히 마시는 습관을 들인 후 다이어트를 시작한다면 수분변화로 인한 체중 증감에 신경을 쓸 필요가 없게 됩니다. 체중 감량을 위해서만이 아니라, 건강을 위해서도 물을 충분히 섭취하는 요령을 익혀 실천할 필요가 있습니다.

4)피부를 깨끗하게 맑게 자신 있게. 요즘, 남녀노소 가장 관심 있는 요소가 바로 피부. 전문 피부 관리 숍이 나올 정도로 맑고 깨끗한 피부는 모든 사람들이 선호하는 이상형이 되고 있습니다. 하지만 이제 더 이상 모 화장품 광고의 카피처럼 물을 규칙적으로 마시면 따로 피부를 관리할 시간이 없어도 피부 미인이 될 수 있습니다. 그 만큼 피부에 좋다는 얘기입니다.

각종 공해, 덥고 건조한 날씨 등과 같은 유해한 외부 환경에 노출되기 쉬운 요즘, 물은 피부 미용을 위한 가장 쉬운 제안이자 최고의 효과를 볼 수 있는 해결책입니다. 물을 마시면 수분을 충분히 흡수하여 신체의 각 조직이 활력을 얻고 피부에 탄력이 생깁니다. 여드름이나 피부가 거칠어지는 사람도 한번 물을 마셔보시기 바랍니다. 그 효과는 직접 느끼게 될 것입니다. 수분과 유분이 함유된 보습제나 화장품 등도 물과 함께 이용할 경우 더욱 좋은 효과를 얻을 수 있습니다.

5)식욕이 좋아진다. 우리 몸에는 교감 신경과 부교감 신경이라는 두 가지 자율신경이 있습니다. 이 중 잠잘 때는 진정작용과

위장의 움직임을 활발히 하는 부교감 신경이, 아침에 일어나서는 교감 신경이 작용하는데, 교감신경은 위장의 활동을 억제하는 방향으로 작용합니다. 그래서 아침 무렵에는 위장의 활동이 억제되려고 합니다. 이 때 찬물을 마시면, 위가 자극을 받아 일시적으로 부교감신경이 흥분되어 위장운동이 활발해 지고 이는 곧 식욕증진으로 이어집니다.

또한, 식사 중에 물을 삼가고 식사와 식사 시간 사이에 물을 마시면 생활 방식이 아주 달라집니다. 즉, 식사 중에 물로 떠내려 보내던 음식이 잘 씹어져 타액과 골고루 섞이게 되는 것입니다. 따라서 식간에 수분을 섭취하기 때문에 타액이나 위액의 분비도 왕성하게 되어 소화가 잘 되게 됩니다.

6)감기 예방에 탁월. 옛 어른들께서 감기에 걸리면 손을 잘 씻어라, 따뜻한 물을 많이 마시라는 등의 얘기를 해주시는 걸 들어봤을 것입니다. 한마디로 '옛 말씀 중에 틀린 말은 없다.' 물을 꾸준히 마시면 체내의 감기 바이러스와 분비물이 물에 희석되고 땀과 소변을 통해 몸 밖으로 배출됩니다.

이는 세포에 충분한 수분이 들어가면 목, 코의 점막이 강해져 병균에 대한 저항력이 증가하기 때문입니다. 특히, 겨울철에 감기에 걸리기 쉬운 이유는 춥기 때문이라기보다는 건조하기 때문인데, 목이 아프거나 감기에 잘 걸리는 사람은 꾸준히 물을 마시든지 침실에 증기를 발생시키도록 하는 것이 감기약보다 훨씬 효과가 있다는 것을 알게 될 것입니다. 방안에 가습기를 틀어 놓는

다든지 빨래를 널어놓는 것도 마찬가지 이유입니다.

또한, 감기에 걸렸을 때는 보리차를 자주 마시는 것도 좋습니다. 보리차에 함유된 미네랄과 탄수화물이 몸의 활력을 되찾아주기 때문입니다. 감기뿐만 아니라, 각종 면역력을 키워주는 데도 물 만큼 좋은 것은 없다고 봅니다.

7)마음이 편해지고 피로 회복에 도움을 준다. 뇌 세포에 수분이 충분히 공급되면 뇌의 기능이 활발해져 긴장이나 고민이 쉽게 해결될 수 있습니다. 어떤 전문가들은 사람이 고집이 세고 완고하여지는 것도 수분과 관계가 있다고 말할 정도입니다. 항간에 이슈가 되고 있는 우울증 등의 정신적인 병도 꾸준한 운동과 함께 여유로운 물이나 차 한 잔의 여유를 갖는다면 충분히 극복해 낼 수 있습니다. 또한, 몸이 무겁거나 의욕이 없을 때 물을 마시면 활력소가 됩니다. 이는 물이 소화기뿐만 아니라 체내 장기를 자극해 피로를 회복시키는 효과가 있기 때문입니다.

셋째, 물을 먹는 법. 물은 4~5℃의 온도로 차게 하여 마시는 것이 가장 좋습니다. 찬물을 마시면 입 안에서부터 식도와 위를 자극해 침체돼 있던 전 소화 장기를 자극하여 활력을 줍니다. 이는 4~5℃때 물의 비중이 가장 높고 원적외선 흡수성도 좋으며 용존 산소도 많고 물 분자의 활성도도 가장 높기 때문입니다. 이러한 사실을 눈이나 빙산이 녹은 찬 물에서는 따뜻한 물에서 보다, 플랑크톤이 더 잘 번식하기 때문에 남극이나 북극바다에 어족 자원이 풍부한 것입니다.

오랫동안 얼었던 얼음에 녹은 물은 물도 깨끗할 뿐 아니라, 생물에 꼭 필요한 4~14 미크론의 태양광 에너지인 원적외선(육성광선)이 다량 방출돼 생물의 생육을 돕기 때문입니다. 과거에는 냉동 효과설, 구조 변화설, 알칼리 수질 화설 등이 있었으나 뚜렷한 이론적 뒷받침은 없습니다.

냉동설은 모든 생물의 세포는 찬데 부딪히면 자극을 받아 생명력이 한층 강하게 된다는 것입니다. 알칼리 수질 화설은 눈과 얼음이 녹은 찬물은 약 알칼리 수이며 찰수록 알칼리 수의 효능이 높아진다는 것입니다.

위의 가설은 그 나름대로 일리는 있으나 과학적인 설득력이 모두 부족합니다. 실제 물이 얼게 되면 물 분자에 있는 각종 불순물을 가능한 한 물 분자 밖으로 밀어 내게 되며 순수한 물 분자끼리 결정하려 합니다.

바닷물의 경우 물이 얼기 시작하면 염분을 물 분자 밖으로 내보내고 물 분자끼리 얼어 얼음이 됩니다. 얼음을 녹이면 육각수에 가까운 깨끗한 물이 됩니다. 찬물에서는 각종 세균이나 박테리아의 증식이 억제됩니다. 물을 끓였다 식혀서 차게 하여 먹는 것은 실제 보약에 못지 않는 피로 회복제이며 활력소가 됩니다.

14장 육체를 건강하게 연습하라.

(딤전 4:8)"육체의 연단은 약간의 유익이 있으나 경
건은 범사에 유익하니 금생과 내생에 약속이 있느니라"

예수님께서도 우리의 생명을 귀히 여겨 "사람이 만일 천하
를 얻고도 네 생명을 잃으면 무엇이 유익하리오. 사람이 무엇
을 주고 제 목숨을 바꾸겠는가(마가 7:36)"라고 말씀하셨습니
다. 또한 예수님의 이적 중에 대부분이 바로 아프고 병든 자를
고치시고, 죽은 자를 살리신 것입니다. 이와 같이 예수님께서
도 우리 인간의 건강을 중히 여기신 것을 알 수 있습니다.

그런데 우리 기독교인 중에는 육체를 천시하는 경향을 가끔
볼 수 있는데, 이것은 잘못된 생각이며, 하나님의 뜻에 어긋나
는 것입니다. 이 세상을 살 동안 육을 떠난 영과 혼은 존재할
수 없는 것입니다. 예수님께서 육을 천시 했다면 육으로 나시
지 않았을 것이고, 병자를 고치시지도 않았을 것이며, 하나님
께서 자기의 형상대로 우리 인간을 창조하시지도 않았을 것입
니다.

영과 육의 싸움에서 육을 쳐서 복종해야 한다는 것은 육신
의 정욕, 안목의 정욕, 이생의 자랑인 이 육신의 죄 성을 과감
히 버리고 육신을 깨끗하고 정결하게 하여 주님을 닮는 생활
을 하라는 뜻이지, 육신을 천시하라는 의미는 결코 아닐 것입

니다.

만약에 이 세상을 사는 동안에 육을 천시하고 관리하지 않는다면 주님께서 건강을 빼앗아 가실 것입니다. 나의 재물도 하나님의 것이고, 나의 지혜도 하나님의 것이며, 나의 건강도 또한 하나님의 것입니다. 우리는 관리자에 불과합니다. 하나님께서 우리에게 주신 건강을 잘 관리하는 것은 우리 믿는 자들이 꼭 지켜야 할 의무라고 생각합니다. 우리가 건강을 잘 관리하게 되면 하나님께서 건강한 모습으로 장수하도록 하실 것은 분명한 일입니다.

삶에서 기쁨을 얻으려면 건강해야 하고, 그 건강을 유지하기 위해선 적어도 두 가지는 행하며 살아야합니다. 즉 운동과 기도입니다. 하나는 육체적 건강을 책임져 주는 것이고, 또 하나는 정신적 건강 즉 영적 건강을 살찌우는 것입니다. 그런데 운동과 기도 사이에 꼭 필요한 것이 있으니 그것은 바로 먹고 마시는 음식입니다. 물론 예수님께서 무엇을 먹을까 걱정하지 말라 하시긴 하셨습니다. 그럼에도 불구하고 우리는 먹는 것에 신경을 쓰지 않을 수가 없습니다. 특히 현대인들에겐 먹을 것이 없어서의 걱정이 아니라, 어떻게 하면 적게 먹어 건강할 수 있을까가 관건이기 때문입니다. 그러기에 먹는 만큼 뛰거나 기도를 하지 않으면 안 된다고 봅니다. 열심히 운동을 하여 먹은 것이 근육이 되어 건강을 유지하게 하든지, 아니면 고도의 집중력을 요하는 기도를 통하여 먹은 음식을 분해할 수 있는 영적인 능력을 터득하든지, 좌우간 둘 중의 하나는 스스로 지녀야 할 것입니다. 물론 두 가지를 동시에 할 수 있다면 그 야 금상첨화입니다.

두 마리의 토끼를 잡는 것은 쉬운 일이 아닙니다. 그러기에 우선 하나라도 제대로 하자는 것입니다. 물론 정신적 건강(영 적건강)을 위한 기도에 먼저 몰입할 수 있다면 육체적 건강은 쉽게 따라옴을 정진을 해 본 사람은 안다고 합니다. 필자가 지 금까지 성령치유 사역을 하면서 체험한 바에 의하면, 육체적 건강도 영적 건강 안에서 지켜진다는 것을 알았습니다.

삶을 건강하게 바라보고 살아가야 합니다. 하나님은 인간에 게 건강을 주셨습니다. 이 건강은 육체적 건강과 영적 건강입 니다. 육체적 건강은 영적 건강 안에서 지켜지고, 영적 건강은 진실하고 아름다운 것을 성실하게 지켜나가고자 할 때 지켜지 며, 그 안에서 하나님의 사랑과 우리 사랑을 늘 새롭게 만들어 갈 수 있게 됩니다. 이것은 하나님의 영원한 가치이기도 하며, 아름다운 하나님의 생명력이 드러나는 것입니다. 인간은 육체 없는 영혼은 생각할 수 없듯이, 육체적 건강 없이 영적 건강만 을 강조할 수 없는 것입니다. 그 두 가지가 조화 있게 지켜지 도록 잘 운영되어야 한다고 생각 됩니다.

참된 기쁨과 행복은 물질적인 것이 아닌 영적인 것에서 주 어집니다. 물질이 없어도 얼마든지 행복할 수 있습니다. 세상 에서 제일 불행한 사람은 물질적인 가난뱅이가 아니라 삶 전

체가 기적과 은혜임을 모르고 나눔을 모르는 영적인 가난뱅이
일 것입니다. 돈은 '나눔'에 그 가치가 있습니다. 소크라테스는
"부자가 그 재산을 어떻게 잘 쓰느냐를 알기 전까지는 그를 칭
찬하지 말라!"고 말했습니다. 돈을 잘 버는 지혜보다 돈을 잘
쓰는 지혜가 더 중요합니다. 건강도 마찬가지입니다. 하나님
께서 주신 육체를 잘 관리해야 한다는 것입니다. 우리가 알아
야 할 것은 육은 세상을 의식하고, 혼은 자아를 의식하고, 영
은 하나님을 의식한다고 했습니다. 인간의 혼은 육신을 통하
여 물질세계 속에서 상호작용 하며 살고 영을 통하여 영적 세
계와 교통합니다. 그래서 영-혼-육이 균형이 잡힌 건강이라
야 합니다. 예수님으로 하나가 되어야 합니다.

그런데 많은 목회자와 성도들이 영의 문제를 육의 문제와는
별개로 보는 견해가 있습니다. 영을 강하게 하기 위해서는 육
을 억제해야 한다고 생각합니다. 이런 사람들은 영을 강하게
하기 위해서 육의 요구를 억제하고 절제된 생활을 합니다. 영
지주의나 불교적 영성을 추구하는 사람들이 그런 태도를 취합
니다. 그러나 기독교의 영성은 영과 육의 긴밀한 조화를 추구
합니다.

주님은 육으로 계실 때 육성으로 하는 말이 곧 영임을 우리
에게 일깨워주셨습니다. 우리의 영은 육을 떠나서는 이 세상
에 존재할 수 없습니다. 세상에 존재하는 동안 필수적으로 육
을 입어야 하는 것입니다. 영과 육의 관계는 상호 보완적이며

필요한 존재입니다. 따라서 영은 육의 조건에 많은 영향을 받습니다.

육이 범죄 함으로써 영은 심하게 위축되며, 육이 쇠잔하면 영은 그 힘을 잃게 됩니다. 강한 영적 힘을 얻기 위해서는 많은 기도를 해야 한다고 생각하는 사람들이 많습니다. 물론 틀린 말은 아닙니다. 그렇다고 올바른 말도 아닙니다. 영적 힘이 기도의 분량에 있는 것은 아닙니다. 영적 힘이 강하면 많은 기도를 할 수 있습니다. 오랜 기도와 끈질긴 기도는 영적 힘이 없으면 불가능한 일입니다. 그러나 기도의 양에 의하여 영력이 강해지는 것은 아닙니다.

하나님은 우리의 기도를 통해서 영적 힘을 공급합니다. 그러나 기도만이 유일한 통로가 되는 것은 아닙니다. 하나님이 우리에게 힘을 공급하는 수단은 여러 가지가 있습니다. 성령으로 기도하기, 말씀의 실천, 예배, 찬양, 봉사, 헌신, 성경공부, 호흡, 그리고 체력단련 등입니다. 그중에서 체력 단련은 우리가 그동안 간과해온 내용입니다. 체력과 영력은 비례합니다. 허약한 체력으로는 강한 영력을 유지할 수 없습니다.

1시간 집회를 인도하고 지치는 사람과 10시간 인도해도 힘이 남아도는 사람과의 영력은 크게 차이가 납니다. 영력이 강하게 나타나는 집회에서는 회중이 힘을 얻습니다. 그러나 무기력한 집회에서는 사람들이 지루해하고 답답해합니다. 이런 집회에는 조는 사람이 많습니다. 회중이 존다고 강사가 야단을 치는 경우를 봅니다. 조는 회중이 문제입니까, 졸도록 만든 강사가 문제입니까?

영적 권능이 약하면 마귀가 판을 칩니다. 마귀가 집회를 온통 휘젓고 다닙니다. 어떤 귀신들린 사람이 있었습니다. 교회의 목사님과 몇 명의 성도가 축사를 위한 예배를 시작했습니다. 그 목사님은 축사를 해 본 경험이 없는 분이었습니다. 이론적으로 알고 있고 또 목사는 하나님의 종이므로 귀신을 능히 쫓을 수 있을 것으로 믿고 예배를 시작했습니다. 그런데 예배가 처음부터 곤경에 빠지게 되었습니다.

귀신들린 사람이 처음에는 가만히 앉아 고분고분하더니 갑자기 자리에서 일어나 방안 한 가운데로 나와서 성도들이 자기 앞에 놓아둔 성경과 찬송가책을 발로 걷어차고 조롱하면서 야단을 피웠습니다. 당황한 성도들이 그를 잡으려고 하였지만 강한 힘에 오히려 쓰러지고 말았습니다. 이날 예배는 그것으로 끝났고 목사님과 성도들은 그 귀신들린 사람에게 크게 봉변을 당하고 물러나고 말았습니다.

영력은 체력을 바탕으로 하는 예로써 심한 병에 걸린 사람을 위해서 중보 기도하는 경우 심한 체력의 소모를 가져옵니다. 1시간 기도에 1키로 그램 이상 체중이 빠집니다. 기도를 하고 나면 체력이 심하게 빠져나가 지칩니다. 영력과 체력이 동시에 소진되는 것입니다. 특히 악령과 싸우는 영적 전투에 임하면 급격히 체력이 소진되는 것을 느낍니다. 그러므로 평상시에 체력을 관리해야 합니다. 영적 전투가 물리적인 힘을 써서 하는 것은 아닙니다. 반드시 성령의 인도를 받아가며 사역을 해야 합니다.

그런데 초보 사역자들이 성령의 인도를 받는다는 것이 그리 쉽지 않습니다. 성령의 역사가 일어나기 시작을 하면 흥분하여 자기 힘으로 하려고 덤비기 때문입니다. 필자와 같이 16년이란 세월동안 오로지 개별치유사역에 전념했다면 노련하게 성령의 인도를 받아가며 사역을 감당하지만, 초보사역자들은 성령의 인도받기가 쉽지 않습니다. 성령이 역사하고 귀신이 정체를 폭로하면 성령님과 교통은 뒷전이고 자신의 생각과 힘으로 하려고 합니다. 그래서 체험을 해야 한다는 것입니다.

일부 무식한 사역자들이 자기 힘으로 사역을 하려고 덤비다가 환자의 눈을 심하게 눌러 실명하게 하기도 하고, 환자의 몸에 올라가 심하게 눌러 갈비뼈를 상하게 하는 경우가 있습니다. 이는 영적 힘이 모자라는 사람이 체력으로 제압하려는 어리석은 생각 때문에 발생하는 불행한 일입니다. 영력은 체력을 바탕으로 하여 그 속에서 우러나오는 보이지 않는 힘(에너지)입니다. 영력의 바탕이 되는 체력을 강하게 기르는 것은 사역자의 필수적인 일과입니다. 체력이 뒷 바침이 안되면 사역이 힘들어 집니다.

필자는 개인적으로 일주일에 6회 정도 워킹을 합니다. 날씨가 춥거나 더우면 러닝머신을 1시간이상 합니다. 대략 8Km

정도 워킹을 하는데 컨디션이 좋은 날은 좀 더 워킹을 합니다. 매일 마음으로 기도하면서 꾸준히 8Km를 1시간 정도의 속력으로 워킹을 합니다. 마음으로 기도하면서 워킹을 하니 영성도 깊어지고 하나님과 관계도 깊어지고 일거양득입니다. 무엇이든지 긍정적인 생각과 자세가 중요합니다. 강한 체력을 유지하여야만 강한 영력을 소화할 수 있습니다. 물론 영적 힘의 분량은 주님이 주십니다. 체력이 아무리 강하다도 해도 주님이 영력을 주시지 않으면 영력을 발휘할 수 없습니다. 주님이 주신 영력을 100% 발휘할 수 있느냐 없느냐는 체력에 달려 있습니다. 필자는 특별한 사역을 하기 때문에 다리 힘이 받쳐주지 않으면 사역을 할 수가 없습니다.

적당한 운동을 계속함으로써 건강이 유지되고 체력이 향상되면 주님이 주신 영적 능력을 효율적으로 사용할 수 있는 것입니다. 그러므로 운동은 목회자나 성도들에게 더욱 필수과목입니다. 운동하지 않고 좋은 신앙을 유지하고 사역을 하겠다는 생각은 버리십시오. 지금의 사역보다 더욱 능력 있는 사역을 원한다면 지금 당장 운동을 시작하여 체력을 향상시키기 바랍니다.

건강해진만큼 영적 능력도 크게 나타날 것입니다. 영적 능력은 우리가 추구해야 할 대상은 아닙니다. 그것은 마치 물을 건너기 위해 설치한 다리와 같고 살기 위해서 만들어놓은 집과 같습니다. 영적 능력은 주님을 나타내는 수단이지 우리가 추구할 궁극적인 목표는 아닙니다. 그러나 우리가 이 세상에 사는 동안에 보다 아름답고 좋은 집에서 살고 싶은 소망이 누구에게나 있듯이 주님을 나타내는 방법이 보다 능력 있게 나타난다면 아름답지 않겠습니까?

이런 점에서 우리는 강한 능력을 소유해야 할 것입니다. 특히 우리의 원수 마귀는 강한 힘을 소유하고 있습니다. 이 마귀와 싸워 이기기 위해서 우리는 주님으로부터 강한 능력을 받아야 하겠습니다. 귀신을 쫓다보면 안타까울 때가 많습니다. 강한 귀신을 만나 영적 싸움을 시작합니다. 영적 싸움은 파워 게임입니다. 내가 힘이 강하면 귀신은 물러나고 내가 힘이 약하면 귀신은 절대로 물러나지 않습니다. 저에게 주어진 하나님의 능력의 한계 안에서 귀신을 쫓을 수 있는 것입니다. 그런데 초기 사역할 때 그 파워 게임에서 내 힘이 모자라는 것을 느낄 때가 있었습니다. 그 힘의 차이가 처음부터 많이 난다면 문제는 다르겠습니다만, 미세한 차이로 내 힘이 귀신의 힘을 이겨내지 못하는 경우 안간힘을 다 쓰다가 이제 1~2분만 버티면 귀신을 쫓아낼 수 있을 것 같은데 그 힘이 모자라 귀신을 내어 쫓지 못하는 경우가 있었습니다. 이럴 때는 후회가 막심해집니다. 필자는 그때 느낀 것이 있어서 건강에 관심을 가지고 관리하고 있습니다.

귀신들린 사람과 그 가족에게는 이 문제가 인생 전체에 걸친 절박한 문제입니다. 죽느냐 사느냐의 절박함이란 이루 말할 수 없습니다. 이처럼 절실한 문제 앞에서 단 1~2분의 시간을 지탱할 힘이 없어 결국 귀신을 쫓지 못하는 결과를 가져올 때 파생되는 문제가 많습니다. 영력도 중요하지만 체력도 중요합니다.

어느날 집중치유를 하면서 어깨가 아프고 팔에 힘이 없고 몸이 나른 상태와 온몸의 힘이 다 빠져나가 탈진하는 것과 같은 힘겨움이 몰려올 때도 있습니다. 이런 경우를 체험하면 할 수 록 워킹이나 런닝머신을 하면서 기도하여 극복하고 있습니다. 그러나 하나님께서 함께하시면서 사역을 하시고 저의 기본 체력이 있으니 영적인 싸움에 승리하게 됩니다. 그런데 체력이 약하여 포기하면 영적인 전쟁에서 패한 것입니다.

마라톤 선수가 자신 보다 불과 1미터 정도 앞선 선수를 추월하지 못하고 계속 그 뒤에서만 달리다가 끝내 지고 마는 것을 보는 경우가 있습니다. 약간의 차이는 마라톤에서는 결코 따라잡을 수 없는 절대적 힘의 우위가 되는 것입니다. 이처럼 영적 전투에서도 마찬가지입니다. 나는 마라톤을 하면서 수없이 쉬고 싶은 유혹을 받습니다. 그러나 이럴 때마다 귀신들린 사람들을 생각합니다. 제가 실패한 경험들을 떠올리면서 이를 악물고 달립니다. 그렇게 달리면 목표에 이릅니다. 숨이 턱에 차고 심장이 멎을 것 같던 힘든 고비를 넘기면 호흡도 편안해지고 기분도 상쾌해지면서 얼마든지 달리게 됩니다.

이제 성령의 인도를 받으면서 귀신을 내어 쫓는 일에 있어서 체력으로 인하여 포기하는 일은 결코 없기를 저는 바라면서 달립니다. 포기하는 것은 그 가정의 고통을 지속시키는 불행한 일입니다. 끈질긴 기도와 영적 인내의 싸움을 위해서 우리는 운동을 해야 합니다. 특별히 워킹을 권합니다. 건강을 위해 달리는 것이 아닙니다. 기록을 위해서 달리는 것도 아닙니다. 우리는 하나님의 나라와 모든 성도들의 행복과 자신의 행복을 위해서 달리는 워킹이 되어야 합니다.

제가 현재 이렇게 사역을 감당하는 것도 강한 체력적인 뒷받침이 있기 때문입니다. 체력적인 뒷받침이 없었더라면 벌써 사역을 포기하거나 하지 못했을 것입니다. 특별히 개인을 상대하며 치유하는 사역자는 강한 체력이 뒷받침이 되어야 합니다. 체력과 영성은 같이 가야 합니다. 어느 한쪽으로 치우쳐서는 안 됩니다. 균형이 맞아야 영성이 깊어집니다. 그래야 영적인 피해를 당하지 않습니다. 영적인 손상과 영적인 피해는 깊은 기도를 하지 않아 영성이 약하고 체력을 준비하지 않아 당하는 것입니다. 영육의 균형을 유지하시기를 바랍니다. 체력 관리는 뀐심과 습관이 중요합니다. 습관적으로 운동을 해야 합니다. 일상 생활에 운동이 습관이 되어야 합니다.

그리고 영력을 유지하기 위하여 마음으로 기도를 많이 해야 합니다. 한마디로 자신의 마음 안에 하나님으로 충만하게 채우는 것입니다. 그래야 영적인 손상이나 영적인 피해를 당하지 않습니다. 성령으로 기도하여 영의 상태가 되면 하나님께 질문도 할 수가 있습니다. 성령으로 기도하여 영의 상태가 되어야 내적인 상처도 치유되고, 귀신도 떠나가고, 병도 고쳐지고, 문제도 해결되고, 하나님의 음성도 들을 수가 있는 것입니다. 성령으로 기도하는 것은 성령의 임재가운데 성령 안에서 기도하는 것을 말합니다. 마음으로 기도하여 마음의 문이 열려야 영으로 기도하게 되는 것입니다. 자꾸 하나님께 물어보면 마음이 열립니다.

영으로 기도하는 것은 성령으로 기도하는 것입니다. 그렇기 때문에 먼저 마음의 방언기도로 마음의 문을 열어야 영으로 기도할 수가 있는 것입니다. 마음으로 방언 기도하는 비결은 이렇습니다. 숨을 들이 쉬고 내 쉬면서 방언기도를 합니다. 숨을 들이 쉬고 내 쉬면서 방언기도를 합니다. 숨을 들이 쉬고 내 쉬면서 방언기도를 합니다. 자연스럽게 마음으로 방언기도를 하면 되는 것입니다. 말로 하는 기도는 호흡을 들이쉬고 내쉬면서 주여! 주여! 주여! 합니다.

방언으로 하는 마음의 기도는 호흡을 들이쉬고 내쉬면서 방언기도하고, 호흡을 들이쉬고 내쉬면서 방언기도를 합니다. 즉 내면의 활동이 강화되어 자신의 마음속 영 안에 계신 성령이 밖으로 나오시게 해야 합니다. 코로는 바람을 들이쉬고 배꼽 아랫배로 호흡을 하는 것입니다. 기도를 하가다 보면 성령께서 감동을 주시는 것이 있습니다. 좌우지간 기도를 쉬지 말아야 합니다. 특별하게 성령으로 깊은 영의기도를 하려고 해야 합니다.

　육체를 건강하게 하기 위하여 구체적으로 권면해 드릴 수 있는 운동들의 예를 들면 맨손체조, 걷기운동, 집안에서 물구나무서기, 팔굽혀펴기, 아령, 도로도리 고개 돌리기, 등산, 러닝머신, 앉았다가 일어서기 등등입니다. 육체의 운동에 대한 서적이 많이 있으니 참고하시면 됩니다.

　문제는 자신이 얼마나 육체의 건강을 위하여 노력을 하느냐에 달려있는 것입니다. 아무리 알려드려도 자신이 받아드리지 않고 적용하지 않으면 아무런 소용이 없습니다. 본인이 육체를 관리하겠다는 마음의 자세와 관심이 중요하다는 것입니다. 필자가 부탁드리는 것은 육체의 운동을 하면서도 마음으로 예수님을 찾으면서 하시라는 것입니다. 마음 안에 계신 예수님을 찾으면서 운동을 하시라는 것입니다. 성도는 걸어 다니는 성전입니다. 하나님께서 마음 안에 좌정하여 계신다는 것입니다. 걸어 다니는 성전의식을 가지고 육체의 운동을 하라는 것입니다. 하나님과 관계가 열려야 육체도 건강할 수가 있기 때문입니다.

15장 마음을 건강하게 훈련하라.

(잠 16:32)"노하기를 더디하는 자는 용사보다 낫고 자기
의 마음을 다스리는 자는 성을 빼앗는 자보다 낳으니라."

하나님은 영−혼−육의 건강을 위하여 마음을 건강하게 하라
고 말씀하십니다. 잠언 12장 25절인데요. "근심이 사람의 마음
에 있으면 그것으로 번뇌케 하나 선한 말은 그것을 즐겁게 하느
니라"라는 말씀입니다. 마음에 근심이 없다면, 즉 신앙인으로서
하나님과의 관계를 온전하게 느낀다면 늘 즐거움이 있을 겁니
다. 항상 신앙으로 이길 수 있는 자세이기 때문에 병이 올 수 없
습니다. 근심은 사람을 번뇌케 합니다. 의사들의 얘기를 들어보
면 암의 주요 발병원인도 스트레스라고 합니다. 필자가 16년이
란 세월동안 성령치유 사역을 하면서 체험한 것도 암환자는 상
처가 많았습니다. 마음에서 시작되는 병이 많습니다. 마음의 근
심은 하나님께 온전히 맡기지 못한 데서 옵니다.

잠언 15장 13절 말씀을 보면 마음의 근심은 심령을 상하게 합
니다. 심령이 상하게 되면 그냥 자리에 누워버립니다. 잠언 18
장 14절을 보면 "사람의 심령은 그 병을 능히 이기려니와 심령
이 상하면 그것을 누가 일으키겠느냐"라고 말씀하고 있습니다.
사람의 마음에서 병이 생기기도 하지만 사람의 마음이 또 그 병
을 이기게도 합니다. 보이는 세계의 재물이나 오락에서 얻는 즐
거움은 일시적입니다. 영원한 즐거움은 하나님께로부터 옵니

다. 잠언 16장 24절을 보면 "선한 말은 꿀송이 같아서 마음에 달고 뼈에 양약이 되느니라"고 하셨습니다. 선한 하나님의 말씀은 우리마음을 즐겁게 해줍니다.

잠언 17장 22절을 보면 "마음의 즐거움은 양약이라도 심령의 근심은 뼈로 마르게 하느니라"고 말씀합니다. 뼈는 인체의 기본 구조를 이루고 있습니다. 뼈가 상하면 병을 불러옵니다. 하나님의 말씀은 뼈에 양약이 되지만 마음의 근심은 뼈를 상하게 합니다. 우리를 회복시켜 주시는 힘은 하나님의 말씀입니다. 기도와 말씀으로 우리가 신앙생활 안에서 우뚝 서 있으면 병든 자는 그 병을 낫게 해주실 것이고 건강한 사람이라면 그 건강을 지켜 주실 것입니다.

의학적으로도 영이 육을 지배하는 것이지 육이 영을 지배하는 것이 아니라고 생각합니다. 팔, 다리가 다쳤을 때에도 다친 부위에서 통증을 느끼는 것이 아니라 뇌에서 아픔을 인식합니다. 영이 육을 지배하기 때문에 영적으로 건강한 사람은 병을 이깁니다. 인간에게는 자연치유력이 존재하기 때문입니다. 우리 몸에 바이러스나 병균들이 침투했을 때 뇌의 명령으로 항체들이 생겨 싸우게 됩니다. 자연치유력이 활발하게 유지된다면 건강한 것입니다. 저는 환자들을 보면서 정신력의 힘을 자주 봅니다. 암 선고를 받고 "난 죽었구나" 좌절하는 사람은 죽고 "무슨 소리냐 난 산다" 하며 벌떡 일어서는 사람은 결국 낫게 되는 모습을 많이 봤습니다. 신앙적으로 확고하게 신념이 서 있는 사람들에게 병은 큰 문제가 되지 않습니다. "내가 나을 수 있을까"

하는 좌절과 탄식으로는 절대 병을 이길 수 없습니다. 성도는 병을 이길 수 있습니다. 하나님께서 주신 성전으로서의 내 몸은 하나님께서 값없이 내게 주신 것입니다. 그 성전을 똑바로 관리하는 것이 자신의 충성된 도리입니다.

필자는 잠언 4장 23절의 말씀을 늘 생각하고 환자들에게 전합니다. "무릇 지킬 만한 것보다 더욱 네 마음을 지키라 생명의 근원이 이에서 남이니라" 저는 환자들에게 얘기합니다. "당신의 마음이 당신의 병을 낫게 할 것입니다. 내가 주는 약은 당신에게 있는 자연치유력을 방해하는 요소를 막기 위한 것일 뿐입니다." 건강은 자기 마음으로 스스로 지키는 것이지 약이나 건강보조식품에 의지하는 것이 아닙니다.

건강이 무너지면 모든 생활이 무너집니다. 또 한 사람이 아프면 그로 인해 집안 전체가 어두워지기도 합니다. 군대에서도 군인 1명의 부상으로 5명의 전투력 손실을 가져옵니다. 한 사람을 호송하기 위해 네 사람이 필요하게 되기 때문입니다. 신앙생활도 마찬가지입니다. 물론 가족의 아픔으로 신앙이 하나가 되고 더 믿음이 좋아지는 경우도 있습니다. 그렇지만 많은 경우에 손실이 더 큽니다. 성경적으로 볼 때 몸이 아픈 것은 하나님의 본래의 세나는 아닙니다. 건강에 대한 염려에 마음을 빼앗기게 되고 그러다 보면 신앙까지 약해지게 됩니다. 신앙인에게 건강이 중요한 이유는 건강이 무너지면 하나님과의 관계가 단절될 수 있기 때문입니다. 우리 몸은 하나님께서 주신 성전입니다. 하나님께서 함께하시기 때문입니다. 그러므로 성전인 우리 몸을 건강하게 유지하기 위하여 평소에 관리를 잘 해야 합니다.

"돈을 잃으면 조금 잃는 것이고 명예를 잃으면 많이 잃는 것이고 건강을 잃으면 모든 것을 잃는 것이다"라는 말이 있습니다. 어떤 의사선생은 48년 동안 의사생활을 하면서 아무리 의지가 강하고 담대한 사람도 "앞으로 6개월 힘듭니다." 하면 앉았다가 그 자리에서 못 일어나는 것을 많이 보았다고 합니다. 건강이 없으면 집에서의 아버지 역할, 교회에서의 직분 감당, 사회 구성원으로서의 책임을 다하지 못합니다. 건강이 없으면 교회에 오고 싶어도 못 옵니다. 항상 저는 두발로 걸어서 교회에 나와 예배드릴 수 있다는 것에 감사하라고 말합니다. 병원전도를 3년동안 다니다가 보니 교회에 나와서 예배드리는 것도 복이라고 생각했기 때문입니다. 환자들이 이구동성으로 하는 말이 교회에 나가서 예배를 드리고 싶다는 것입니다.

그런데 그 어떤 관리보다도 우리가 항상 힘써 관리해야 할 것이 있습니다. 그것은 바로 우리의 마음 관리라 할 수 있습니다. 마음을 얼마나 잘 관리하느냐에 따라 그 생활과 삶의 모습이 크게 달라질 수 있기 때문입니다. 더욱이 항상 허탄한 데 그 뜻을 두지 말고 악한 마음을 품지 않으며 온유하고 부드러운 마음을 가져야 하는, 우리 성도들에게 있어서는 스스로 마음을 관리하는 노력이 무엇보다 필요하다 하겠습니다. 잠 4:23에서는 "무릇 지킬 만한 것보다 더욱 네 마음을 지키라 생명의 근원이 이에서 남이니라"고 했고, 본문 잠언 16:32에서는 "노하기를 더디 하는 자는 용사보다 낫고 자기의 마음을 다스리는 자는 성을 빼앗는 자보다 나으니라"고 했습니다. 마음을 잘 관리하지 않으면 재산도 소용없고, 명예도 소용없습니다. 언제 다 없어질는지 모릅니다. 심지어 신앙적인 실패까지 있게 됩니다. 그렇다면 과연 우리 성도들은 마음을 어떻게 건강하게 하겠습니까?

첫째, 마음을 잘 지켜야 한다. 예수께서는 사람의 입으로 들어가는 것이 사람을 더럽히지 못하고 사람의 속에서 나오는 것이 더럽게 한다고 하시면서, "마음에서 나오는 것은 악한 생각과 살인과 간음 음란과 도적질과 거짓 증거와 훼방이니 이런 것들이 사람을 더럽게 한다"고 했습니다.

그러므로 우리 마음속에서 이런 악한 생각이나 음란하고 더러운 생각이나 살인과 거짓과 훼방 같은 것이 일어나지 않도록 항상 조심하며, 항상 마음을 바르고 의롭게 지켜야 합니다. 더러운 시기심이 나를 지배하지 못하게 해야 합니다. 시기심을 못 막았기 때문에 가인이 아벨을 죽였고, 서기관과 장로들이 예수님을 십자가에 못 박아 죽게 했습니다.

탐욕이 일어날 때 이것을 눌러 버리고 마음으로부터 범 죄 하지 않도록 마음을 지켜야 합니다. 탐욕이란 지나치게 가지려는 마음이요, 가져서는 안될 것을 가지려는 마음입니다. 하나님과 양심이 허락지 않는 돈이나 명예나 이성을 취하려 하는 것은 다 탐욕입니다. 이런 것들이 일어나지 못하도록 마음을 지키지 않으면 불행해지고 맙니다. 아간이 하나님의 명령을 어기고 금 덩어리, 은 덩어리, 시날 산 외투를 보고 탐욕이 일어나는 것을 절제하지 못하고, 감추었다가 그의 처자식까지 다 돌무덤에 장사 지내는 불행을 초래했음을 성경은 말씀하십니다.

마귀는 우리 속에 하나님과 양심이 허락지 않는 어둡고 악한 생각을 집어넣습니다. 요13:2에 보며 "마귀가 벌써 가룟 유다의 마음에 팔려는 생각을 넣었나니." 라고 했습니다. 그러므로 마음속을 잘 살펴서 마귀가 조장하는 시기, 탐욕, 더러운 욕망, 음란, 살인과 같은 것이 일어나지 않도록 잘 지켜야 합니다. 그뿐 아니라, 불안과 근심이 내 마음을 사로잡지 못하도록 항상 지켜야 합니다. 마음을 지키는 것은 마음으로 예수님을 찾는 것입니다. 예수님의 사랑을 생각하며 부르는 것입니다. 불안과 공포 역시 우리를 낙심케 하려는 마귀로부터 옵니다.

또한 마귀는 시각, 미각, 촉각, 후각, 청각 등 오감을 통하여 우리를 범죄하게 만들고 타락하게 만듭니다. 어느 분이 말하기를 '유혹을 조심하라. 그것은 볼수록 더 좋아 보인다' 고 했습니다. 또 '첫 욕망을 억누르는 것이 그 다음에 오는 욕망을 만족시키는 것보다 쉽다'고 했습니다.

개구리를 솥에 넣고 천천히 불을 때면 기분 좋게 따끈따끈해서 뛰쳐나갈 생각을 하지 않다가 죽고 맙니다. 갑자기 물이 끓는 중간에 집어넣으면 뜨거워서 금방 뛰쳐나오지만 차츰차츰 더워지는 물에서는 나올 생각도 안하고 그대로 익어서 죽는 다는 것입니다. 그러므로 알게, 모르게 틈타는 적은 유혹이 더욱 심각하고 위험한 것임을 알아 아무리 작은 죄 된 마음의 유혹까지라도, 철저히 막으면서 습관적으로 예수님을 찾으면서 마음을 지켜야 합니다. 삼손은 당나귀 턱뼈 하나로 블레셋 군사 1,000

명을 쳐죽인 사람이지만, 아름다운 블레셋 기생 들릴라의 은밀한 유혹을 물리치지 못해서 머리를 다 깎이우고, 두 눈이 뽑히고 손과 발에 쇠고랑을 차고 조롱을 받다가 죽었습니다.

에서는 그렇게 이산, 저 산을 다니며 사냥하던 남성중의 남성이라고 할 수 있는 강한 사람이었지만, 배고플 때 붉은 팥죽을 보고는 잠시 식욕의 유혹을 받아 장자 권을 잃어버리고 천추에 씻지 못할 한을 남겼습니다. 실로 마귀는 달콤한 유혹을 통하여 우리의 마음을 점령하려고 듭니다. 그러므로 마음을 잘 지키지 않으면 안 됩니다. 그런데 우리의 힘만으로는 온전히 마음을 지키기가 어렵습니다. 우리 그리스도인들은 항상 예수님을 마음 중심에 모시고 의지하는 가운데 마귀의 유혹이 들어올 때, 주님께서 물리치시도록 그분만을 의지해야 합니다. 마음에 예수님을 생각하는 것으로 채워야 합니다. 그리할 때 우리는 보다 강력하게 우리의 마음을 지킬 수가 있는 것입니다.

둘째, 마음을 잘 다스려야 한다. 전에 러시아의 어느 황제가 나라를 크게 중흥시키면서 제국을 잘 다스리던 중, 한 목수가 불순종한다고 한 대 쳤더니 그 자리에 쓰러져 죽는 것을 보고 자기의 경솔함을 탄식하면서 '제국은 다스릴 수 있으나 마음은 다스릴 수가 없구나'하며 후회했다고 합니다. 그렇습니다. 우리가 마음을 잘 관리한다는 것은 바로 마음을 잘 다스려야 함을 뜻합니다. 항상 그리스도의 의롭고 완전하신 뜻을 좇아가도록 마음을 다스리는 일이 우리 성도들에게는 무엇보다 중요한 것입니다. 마음을 다스리는 것이 예수님을 찾는 것입니다.

마음을 얼마나 잘 다스리느냐에 따라 그 삶의 모습이 크게 달라집니다. 마음에 일어나는 감정과 정욕과 생각을 다스리지 못하고 무분별하게 살다가는 엄청난 비극을 초래할 수도 있는 것입니다. 오늘 본문에 "노하기를 더디 하는 자는 용사보다 낫고 자기의 마음을 다스리는 자는 성을 빼앗는 자보다 나으니라"고 했습니다. 항상 습관적으로 예수님을 찾으시기를 바랍니다.

여러해 전 신문에 이런 기사가 난 적이 있습니다. 사단장이 연대를 순회하다가 연대장인 대령을 세워놓고 부하들 보는 앞에서 발길로 걷어차니까, 장군이 돌아서 나갈 때, 그 연대장 대령이 권총을 뽑아 그 사단장을 그 자리에서 쏴 죽이고 말았습니다. 그 대령은 참으로 모범 장교라고 할 만큼 훌륭한 군인이었고 충성하는 장교였지만, 모욕과 수치를 당한 데 대한 일시적인 분노를 참지 못하고 무서운 살인죄를 범했던 것입니다. 진정 마음을 잘 다스리는 것은 용사보다 낫고 성을 쳐서 빼앗는 것보다 훌륭한 일입니다. 마음을 잘 다스리는 사람이 영적으로나 육적으로 성공하는 사람이 됩니다.

셋째, 마음을 잘 단장해야 한다. 우리 성도들은 얼굴 단장이나 몸단장이나 주택 단장보다 마음을 잘 단장해야 합니다. 특별히 우리 성도들은 그 마음을 온유함으로 단장해야 합니다. 벧전 3:3-4절을 보면 "너의 단장은 머리를 꾸미고 금을 차고 아름다운 옷을 입는 외모로 하지말고 오직 마음에 숨은 사람을 온유하고 안정한 심령의 썩지 아니할 것으로 하라 이는 하나님 앞에 값진 것이니라"고 했습니다. 우리의 마음은 어떤 일을 만나도 온유하고 안정된 마음을 유지하도록 항상 마음을 단장해야 합니다. 말씀과 기도로 그 마음을 온유하게 단장해야 합니다.

또한 우리 성도들은 마음을 선함과 의로움으로 단장해야 합니다. 딤전 2: 9-10절을 보면 "또 이와 같이 여자들로 아담한 옷을 입으며 염치와 정절로 자기를 단장하고 땋은 머리와 금이나 진주나 값진 옷으로 하지 말고 오직 선행으로 하기를 원하라 이것이 하나님을 공경한다 하는 자들에게 마땅한 것이니라"고 말씀했습니다. 금, 은, 보석이나 값진 옷으로 겉모양을 단장하기보다 속마음을 단장해야 하는데 이것은 염치와 정절 그리고 선행으로 단장해야 된다는 말씀입니다. 욥 2:1에 보면 "수치를 모르는 백성아 모일지어다 모일지어다"라고 했는데, 이는 부끄러운 죄를 범하고도 수치를 모르는 뻔뻔스러운 자들에게 하는 말씀입니다. 오늘의 사회를 어떻게 보십니까? 남이 볼까봐 죄를 못 짓는 것이지, 기회만 있으면 무슨 죄라도 범하고 악행과 불의가 아무렇지도 않게 받아들여지는 강퍅한 마음을 가진 자들이 대부분인 세상이 되었습니다.

그러나 우리 성도들은 캄캄한 밤에 혼자 있어도 불꽃같은 눈으로 나의 중심을 꿰뚫어 보시는 하나님을 의식해야 합니다. 오늘날의 세대가 아무리 패역하고 음란한 세대가 되어서 남자나 여자나 의로운 모습이라고는 찾아 볼 수가 없고 악할 대로 악해져서, 선을 찾아보기가 힘든 세대가 되었다고 할지라도, 우리 성도들만은 거룩하고 의로우신 하나님의 백성답게 의로움과 선함으로 항상 마음을 단장해야 합니다. 그리고 우리 성도들은 겸손함으로 마음을 단장해야 합니다.

오늘날은 무조건 반항하고 대적하는 세상이 되어서 권위가 상실되고, 질서가 파괴되어 가고 있습니다. 그렇지만 우리 성도들은 겸손한 마음을 가지고 가정에서나 사회에서나 교회에서나 순복 할 줄 알아야 됩니다. 벧전 3:5-6에서는 "전에 하나님께 소망을 두었던 거룩한 부녀들도 이와 같이 자기 남편에게 순복함으로 자기를 단장하였나니 사라가 아브라함을 주라 칭하여 복종한 것같이 너희가 선을 행하라"고 했습니다.

상처를 안고 살아가는 사람의 특징은 만사를 편향된 시각으로 바라보는 것입니다. 예를 들면 가진 자에게 상처가 있는 사람은 이념적으로 좌경화되는 경향을 보여서 자본주의 정책을 비판합니다. 교회에서 상처를 받은 성도는 모든 교역자에게 편견을 가지게 됩니다. 뿐만 아니라 마음에 상처가 있으면 자기의 주장을 강하게 내세우고 모든 가치의 기준을 자기의 생각에 맞추려는 경향이 있습니다. 이런 성도는 목회자가 자기에게 맞추어주면 좋은 교역자이고 그렇지 않으면 나쁜 교역자로 판단을 합니다. 많은 목사님들이 이런 성도들 때문에 고생을 하게 됩니다.

심령이 병들면 불평, 불만, 시기, 질투의 현상이 나타납니다. 시기, 질투는 힘이 모자라기 때문에 나타나는 현상이며 불평, 불만은 심령이 병들었을 때 나타나는 현상입니다. 마음에 평안이 없는 이유의 뿌리에 내려가면 거기에는 지나친 욕심, 분노, 질투심, 복수심이 있습니다. 무엇보다 자기도취의 교만이 있으면 평안이 거할 처소가 없습니다. 그러나 마음이 건강하면 심령이 평안해지고, 여유가 있고 힘이 있어 다른 사람에게 마음을 나눠주고 사랑을 베풀 수 있습니다. 성도가 영적으로나 마음으로나 건강하면 평안과 여유가 있어서 웬만한 외부로부터의 시험거리가 있어도 그것을 수용할 수 있는 힘이 있습니다.

그러므로 성도가 건강하기 위해서는 위로부터 새 힘을 공급받아야 하는데 그것이 기도입니다. 목사가 금식기도나 특별기도 시간을 갖는 가장 큰 이유는 연약해진 영성을 건강하게 회복하기 위한 것입니다. 은혜 받으면 심령에 힘이 생기고 건강한 삶을 통해 승리할 수 있습니다. 그때 잃었던 사랑을 회복하게 되고 성도들에게 사랑을 나누어 줄 수 있는 힘이 생기게 됩니다. 목사는 영적으로 건강해야 성도를 사랑할 수 있습니다.

이기주의와 자기중심적인 사고방식들, 그리고 자기만을 높이고 자랑하며 주장하려고 하는 교만한 세대 속에서 우리 성도들만큼은 먼저 하나님 앞에서 겸손한 마음으로 순복하고 사람 앞에서도 겸손한 마음으로 섬겨주는 자들이 되어야 하겠습니다. 우리 항상 주님 안에서 마음을 잘 지키고 다스리며 단장함으로써 승리하는 삶을 사시기를 존귀하신 예수님의 이름으로 축원합니다.

마음을 건강하게 훈련하는 것은 다른 것이 없습니다. 성령으로 기도하는 것입니다. 성령으로 기도를 하되 마음으로 예수님을 찾아야 합니다. 습관적이 되어야 합니다. 많은 목회자가 설교에서 성령으로 충만하라고 합니다. 성령으로 충만한 것은 다름이 아니고 항상 하나님을 찾는 상태가 성령 충만한 상태입니다. 그러므로 성령으로 충만하면 마음을 강건하게 할 수 가 있는 것입니다. 관심이 중요합니다. 특별하게 영적인 활동은 관심이 중요합니다. 그리고 노력을 해야 합니다. 노력하지 않고 마음을 강건하게 할 수가 없습니다. 노력하십시오. 항상 마음으로 예수님을 찾는 기도를 하시기를 바랍니다.

필자가 우리 교회에 치유와 능력을 받으러 오시는 분들에게 조언을 해드리기 두려운 경우가 있습니다. 이유인지 필자의 영적인 조언을 육적으로 받아들이기 때문입니다. 예를 든다면 상처가 많고 영적인 문제가 많아서 고생하는 성도나 목회자에게 이렇게 말합니다. 앞으로 믿음생활을 잘해야 합니다. 그렇게 말하면 10명이면 9명이 교회를 열심히 나가고, 철야를 하고, 기도원에도 가고, 봉사와 말씀 공부를 열심히 하라는 것으로 알아듣는 것입니다. 필자가 믿음생활 잘해야 한다는 것은 성령의 인도를 받으면서, 마음 안에 성전이 견고하게 지어지고, 살아계신 하나님을 체험하면서 믿음생활을 하라는 것입니다. 거기다가 삶에서 살아계신 하나님을 증명하는 믿음생활을 하라는 말입니다.

성령의 세례를 받고 성령으로 충만을 받아야 상처가 치유 받고 영적인 문제가 해결되기 때문입니다. 특별하게 웃어른들이 우울증이나 불면증이나 치매나 정신적인 질병 등으로 요양원에 계시다가 영원한 천국에 가신 분들이 계시는 분들은 특별하게 성령의 역사가 강하게 일어나는 살아있는 교회에 다니는 것이 좋습니다. 매주일 생명의 말씀과 성령으로 심령을 정화할 수가 있어서 사전에 예방할 수가 있기 때문입니다. 교회를 잘 정하고 다녀야 합니다. 성도들에게는 교회가 아주 중요합니다.

16장 숨을 쉬는 기도를 통하여 건강 하라.

(요20:22)"이 말씀을 하시고 그들을 향하사 숨을 내
쉬며 이르시되 성령을 받으라"

사람의 생명은 호흡에 있습니다. 하나님께서는 흙으로 사람
을 지으시고, 그 코에 생기를 불어 넣으셨습니다(창 2:7). 그
것이 호흡입니다. 호흡이 있기 전까지 사람은 생명이 없었으
나 호흡이 시작되면서 사람은 생명을 얻게 되었습니다. 호흡
이 풍성한 사람은 생명이 풍성한 것이며, 호흡이 약하고 위축
된 사람은 생명이 연약한 것입니다. 그러므로 사람이 살기 위
해서는 음식과 물을 잘 먹고 마셔야 하지만, 이에 못지않게 호
흡을 잘 하여야 하는 것입니다. 호흡을 잘 들여 마시는 것이
생명의 풍성함을 줍니다.

이는 단순한 공기, 산소의 마심이 아니고, 영을, 생명을 마
시는 것입니다. 호흡 기도를 하려면 반드시 성령의 세례를 받
아야 합니다. 성령으로 충만한 가운데 발성으로 기도하여 영
의 통로가 뚫려야 합니다. 영의 통로가 뚫리지 않은 성도가 호
흡으로 기도하면 악한 기운의 영향으로 영이 막힐 수도 있습
니다. 우리가 바르게 알아야 할 것은 기도는 영의 활동입니다.
고로 기도는 성령으로 해야 합니다. 많은 분들이 기도하면 무
조건 성령이 충만해지는 것으로 알고 있습니다. 이는 한번 잘

생각해 보아야 합니다. 세상 사람들도 기도합니다. 세상 사람들이 기도할 때 누가 들어옵니까? 성도의 기도가 세상 사람들과 같은 기도를 한다면 어떤 영이 침입을 하겠습니까?

첫째, 숨을 쉬며 기도하는 원리. 숨은 기도입니다. 죄를 토하고 의를 받아들인다는 의미에서 기도는 숨입니다. 숨은 생명입니다(창2:7). 히브리말로 "영"을 의미하는 루아흐는 바람, 기운, 숨을 말합니다. 예전에 성령님을 거룩한 숨님이라고 번역한 곳도 있습니다. 숨은 영의 공급과 영을 내쉬는 것입니다. "숨을 내쉬며 가라사대 성령을 받으라(요20:19-23)." 숨은 주님을 들여 마십니다. "나 여호와가 말하노라 사람이 내게 보이지 아니하려고 누가 자기를 은밀한 곳에 숨길 수 있겠느냐 나 여호와가 말하노라 나는 천지에 충만하지 아니하냐 (렘 23:24)." 내쉬는 숨은 주님의 권능(기름부음)이 흘러나옵니다. 영적인 숨을 합시다.

숨은 자연적 숨(생명을 연장하는 숨)과 영적인 숨 두 종류가 있습니다. 영적인 숨이란 예수 믿고 성령의 세례를 받고 성령의 인도를 받으면서 하는 것을 말합니다. 숨과 생명의 충만은 같습니다. 강한 숨은 생명의 충만 입니다. 마시는 숨과 내보내는 숨을 합시다. 들숨은 영적 충전입니다. 날숨은 영과 신체 정화입니다. 믿음을 가지고 해야 합니다. 물은 혈액과 같은 역할을 합니다. 물은 구름, 바람이 움직이듯이 숨이 혈액의 흐름 움직여줍니다. 숨은 강하고 깊어야 합니다. 자신의 성품을 바꾸게 될 것입니다.

　이단들이 영은 보이지 않다고 하면서 자신에게 예수님의 영이 임재 했다고 신도들을 속입니다. 그것은 시뻘건 거짓말입니다. 성령님이 사람을 통과하면 보입니다. 예수님이 얼굴에 나타납니다. 언행으로 나타납니다. 행동으로 나타납니다. 열매로 나타납니다. 숨으로 기도하면 내면이 강화되면 자신에게서 보이는 형상으로 나타난다는 것입니다. 얼굴을 보면 알 수가 있는 것입니다. 그러므로 성도들은 성령의 역사와 귀신의 역사를 분별하는 분별력을 길어야 합니다. 숨은 내면을 강하게 하는데 참으로 중요합니다.

　약한 숨은 문제가 있습니다. 심패기능이 약하기 때문에 숨이 약한 것입니다. 숨은 에너지이며 생기이며 기운입니다. 숨이 약한 사람은 원수 마귀 귀신의 노예 생활에 가까워집니다. 비난 충격과 꾸지람 듣고 야단을 맞게 되면 숨이 약해집니다. 숨과 기운은 이렇습니다. 숨하는 힘은 그 사람의 생명력입니다. 풍선을 많이 불면 힘이 빠지고 어지러워집니다. 숨의 풍성은 생명의 풍성입니다. 운동은 숨을 확장시켜줍니다. 숨은 나쁜 기운을 배출합니다. 한숨, 눈물, 불평도 배출합니다. 그러나 근심 두려움 원망 분노 등 악한 생각이나 감정에 사로잡힘은 자살 행위입니다. 악한 기운이 자리 잡으면 온갖 재앙을 일으킵니다. 기체의 악성 에너지가 시간이 지나면 암, 결석 등 고체에너지가 됩니다. 발성 기도를 통하여 숨을 충분히 배출해야 합니다. 거친 숨은 심장의 경고입니다. 또한 거친 숨은 영적인 경고입니다. 상처가 있다는 것입니다. 주님의 음성을 들으려면 성령의 임재 가운데 부드럽고 깊고 자연스러운 숨을 훈련해야 합니다. 대화중 제3자가 들어오면 싸늘해지기도 합니다. 호랑이도 제 말하면 옵니다. 영혼의 감각으로 알게 됩니다. 중보기도 자는 상대의 상태를 느낍니다. 쓰레기를 정화 시킬 능력이 없으면 대화와 접촉을 조심해야 합니다.

둘째, 숨 기도의 방법

1) **숨을 쉬는 기도**: 꼭 성령으로 세례를 받고 성령의 임재가운데 진행해야 합니다. 성령 세례받지 않고 하는 숨 기도는 절에서 하는 명상기도와 다를 바가 없습니다. 반드시 성령으로 숨 기도를 해야 합니다. 그래야 전인격이 성령의 지배를 받게 됩니다.

① 코로 숨을 들이 마시며 "예수님 사랑합니다." 숨을 내쉬면서 "예수님 사랑합니다."

② 코로 숨을 들이 마시며 "예수님" 숨을 내쉬면서 "사랑합니다."

③ 입을 벌려 작은 마음의 소리로 하기도 합니다. 입이나 목으로 하는 기도는 될 수 있는 대로 하지 않는 것이 좋습니다.

④ 속으로 성령님을 생각하면서 기도를 드리기도 합니다.

⑤ 심장의 고동에 맞추어서 계속합니다. 반복합니다. 수천, 수 만 번을 반복합니다. 그리스도인들이 예수님을 부르

는 것은 주님과 가까운 교제를 위하고, 성령으로 충만하게 하기 위하여 부르는 프러포즈입니다. 심장기도, 예수 기도라고도 하며, 숨, 심장, 걸음걸이에 맞추어서도 해보세요. 예수 충만(성령 충만), 예수 사랑, 나의 하나님 식으로 바꾸어서도 할 수 있습니다. "오~ 주님! 제 마음 안에 충만하게 채워지소서." 기도하면서 숨을 쉬는 것이 좋습니다. 마음으로 예수님을 생각하고 집중하면서 숨을 쉬는 기도를 합니다.

2) **코로 숨을 쉬십시오**. 숨에 마음을 싣고 감사와 기도를 심어서 드립니다. 입으로 숨을 쉬면 입이 마르거나 목이 붓거나 아플 수도 있습니다. 주님의 기운이 임하심을 믿고 합니다.

3) **숨을 의식하십시오**. 숨이 기도인 것을 의식하고 주님께 사랑과 감사의 마음으로 고백하면서 하는 것이 중요합니다.

4) **배출 숨을 쉴 때 가슴이 답답함을 느낄 때는 장애물이 있는 경우입니다**. 예수님을 부르면서 계속 숨을 쉽니다. 성령이 충만한 가운데 아랫배에 힘을 주고 트림하여 배출합니다. 안되면 후~, 하~하고 숨을 토해내세요. 절대로 성령의 역사가 일어나야 배출이 된다는 것을 명시해야 합니다. 숨을 깊고 강하게 들이쉬고 내쉬면서 "예수의 이름으로 나쁜 기운은 나가라" 마음으로 명령기도도 하세요. 거울을 보면서 명령할 수도 있습니다. 조용히 숨을 쉬면서 내보낼 수도 있습니다.

5) **충분히 숨을 쉬십시오**. 경외감을 가지고 감사하는 마음으로 숨을 쉬어야합니다. 숨이 차단되면 썩기 시작합니다. 지하

방, 또는 창문 비닐로 막아도 공기가 상하기 시작합니다.

6) **강한 숨을 쉬는 기도는 가능하면 아랫배에 힘을 주고 숨을 깊게 많이 들어 마셔야 합니다.** 배꼽아래까지 바람이 들어오도록 들이마셔야 합니다. 부르짖는 기도와 비슷합니다.

7) **깊은 숨을 쉬는 기도는 아랫배에 힘을 주며 천천히 숨을 쉽니다.** 마음 가라앉히고 조용히, 코를 통하여 깊이 숨을 들여 마시고 내쉬고 합니다.

8) **정지 숨 기도는 히브리서 6장 4-6절의 내세의 능력을 맛보는 기도,** 성령의 깊은 임재(입신)상태같이, 숨을 멈출 수도 있습니다. 숨을 멈춘다는 것은 자신이 숨을 쉬는 것을 느끼지 못한다는 말입니다. 은사는 영의 영성 아닌 육체의 영성입니다. 은사는 육체로 나타납니다. 은사에 치우치면 영이 자라지 않고 영에 치우치면 삶은 아름답지만 무능합니다. 그러므로 양자가 균형을 이루어야 합니다.

9) **배로 숨을 쉬면서 하는 기도는 배에는 공기가 들어갈 수 없지만,** 아랫배에 힘을 주고 생명력이 배에 충만하도록 숨을 들이마십니다. 강한 숨기도와 비슷합니다. 영적인 파워 힘이 생깁니다. 자신감이 생깁니다. 요한복음 7장 38절 말씀과 같이 배에서 생수의 강이 흐릅니다. 처음에는 뜨겁지만 후에는 시원하고 평안하여 자유와 행복을 느낍니다.

10) **가슴으로 숨을 쉬는 기도는 심장기도로서 내적 깊은 기도와 비슷합니다.** 감정이 섬세하고 눈물 많아집니다. 내적 기름부

음을 일으켜줍니다. 영이 강하게 됩니다. 부드럽고 온유한 성품이 됩니다. 불안할 때 숨을 쉬며 낮은 발성 기도를 하면 5분 안에 평안해집니다. 성령이 충만하기 때문에 불안이 떠나가는 것입니다. 머리가 혼란할 때는 배에서 나오는 소리로 조금 높은 찬양을 하면 시원해집니다. 가슴 답답할 때는 배에 힘주고 배에서 나오는 소리로 방언하면 후련해집니다. 처음에는 배기도, 강한기도 후 심장기도로 진행합니다. 아름답고 사랑스러우며 따뜻한 사람 됩니다.

11) 머리로 숨을 쉬는 기도는 주의 이름을 부르며 머리에 마음을 집중하고 숨을 쉽니다. 코로 숨을 들이쉬고 코로 내쉬면서 합니다. 머리가 혼미하고 생각이 복잡한분에 효과가 있습니다. 악몽은 머릿속 정화 과정입니다. 환상이나 신비한 체험 동반할 수도 있습니다. 머리는 영적 문 역할을 하기에 주의가 요망됩니다.

12) 성경으로 성령을 마시는 숨 기도는 반복되는 짧은 문장으로 깊은 영향주어서, 처음 3,000번, 그 다음 6,000번, 12,000번 후에는 자유롭게 합니다. 평안과 자면서도 임재 느낍니다. "주님! 저를 불쌍히 여기시옵소서" "예수님 사랑합니다." 반복할 때 긍휼과 자비 느낍니다. 성경 전체를 묵상하며 할 수도 있습니다. 성경을 간절한 마음으로 소리 내어 읽는 영성훈련 방법도 있습니다. 소리는 안 내고 강하게 부드럽게 숨하며 마시는 것도 좋습니다. 말씀을 눈으로 보며 코로 마셔

도 됩니다.

13) **마시는 숨을 다양하게 사용하세요**. 찬양 테 잎을 눕거나 쉬는 상태에서 들을 때도 숨을 쉬며 들으세요. 독서하면서도 숨 기도를 적용하세요. 간증이나 설교 테 잎을 들을 때도 적용하세요. 설교를 들을 때도 적용하세요.

14) **즐거움으로 계속 하십시오**. 억지로 하는 것은 좋지 않습니다. 습관이 되게 해야 합니다. 듣지 않고 간구만 했으면 듣는 기도와 선포기도로 자신을 정화하세요. 숨으로 기도를 하는데 불안하고 즐거움이 사라진다면 재고해 보아야 합니다. 영혼 깊은 곳의 즐거움과 기쁨은 주님의 감동과 인도입니다. 주님은 우리에게 기쁨을 주시는 분입니다.

셋째, 걸으면서 숨을 쉬며 마음으로 기도하라. 시편 77편 6절에 "밤에 부른 노래를 내가 기억하여 내 심령으로, 내가 내 마음으로 간구하기를"이라고 말씀하십니다. 걸으면서 숨을 쉬면서 예수님을 생각하면서 마음으로 기도하는 습관을 들이라는 것입니다. 걷기를 시작하려면 바른 자세부터 익혀야 합니다. 바른 자세가 중요한 이유는 첫째로 뇌가 활성화됩니다. 바른 자세로 걸으면 근육이나 감각기관에서 신경계로 전달되는 정보량이 많아져서 대뇌가 더욱 자극을 받기 때문입니다. 둘째로 걸음걸이가 바르면 걷기 편하고 쉽게 지치지 않습니다. 자세만큼 중요한 것이 바로 숨을 쉬는 방법입니다. 걷기는 유산소 운동이므로 산소를 충분히 받아들이며 숨을 쉬지 않으면 그 효과가 나타나지 않습니다. 그러면 어떻게 숨을 쉬어야 혈중 산소가 충분해질까? 숨의 '호'가 '숨을 내쉬다.'라는 뜻이라는 데서 알 수 있듯 내쉬는 숨이 먼저입니다. 일단 폐에서 이산화탄소를 한껏 내뱉지 않으면 산소를 받아들일 수 없습니다. 따라서 걸을 때는 먼저 숨을 내쉬는 데 의식을 집중해야 합니다. 숨의 리듬이 발걸음과 조화를 이루어야 합니다. 오른발은 내딛으면서 숨을 들이쉬고, 왼쪽 발을 내딛으면서 숨을 내쉬고, 좌우지간 본인이 하기 쉬운 방법으로 걸으면 됩니다. 이 방법이라면 숨과 보행의 리듬을 맞추기 쉽습니다. 그렇게 걸으면서 마음으로 성령님을 생각하거나 부르면서 걷는 것입니다. 필자는 십 수 년을 이렇게 실천하며 걷고 있습니다. 마음속에 세상 것들이 들어오지 않고 영감이 풍성해지는 효과가 있습니다. 집중력이 좋아집니다. 폐활량이 강해집니다. 심장이 튼튼해집니다. 생활 속에서 운동하는 습관이 되어야 건강을 유지할 수가 있습니다.

넷째, 숨을 쉬며 기도하면 생기는 영육의 효과

1)영혼이 강해진다. 마음을 이용하여 예수님을 찾음으로 인하여 성령이 충만하게 됩니다. 자연스럽게 영이신 예수님을 찾음으로 영적인 상태가 되는 것입니다. 영적인 상태가 되니 성령께서 전인격을 사로잡음으로 영혼이 강해지게 되는 것입니다.

2)스트레스 해소 효과. 이러한 방법으로 숨을 쉬면서 기도를

할 경우에는 부교감신경이 활발해져 마음이 편안해지기 때문에 우울증, 불면증과 같은 불안 장애를 완화시켜주고 스트레스를 해소 시켜 줍니다.

3)**집중력 향상 효과**. 두뇌로 산소공급이 활발해지면서 집중력을 향상하는 효과를 느낄 수 있어 학업 및 업무의 능률이 오르지 않는 사람에게도 도움이 됩니다.

4)**장운동 활발 효과.** 배를 사용하는 숨 쉬는 것이니 장의 운동도 활발해지기 때문에 소화 장애와 변비를 없애주는 역할을 합니다.

5) **혈액순환 원활 효과**. 혈액순환을 원활하게 도와주어 혈관 내 콜레스테롤을 줄여 심혈관 질환을 예방하고 심폐기능을 향상시키는 효과가 있습니다. 실제로 필자는 숨 기도를 장기간에 걸쳐서 한 결과 심장 기능이 강화되어 장이 튼튼해졌습니다. 그리고 배에서 올라오는 소리로 설교를 함으로 성대가 상하지를 않았습니다.

6)**다이어트 효과.** 가슴으로 숨을 쉬는 것 보다 배를 이용하여 숨을 쉬는 것이 칼로리 소모가 높고 신진대사를 활발하게 하여 체중감량에 도움이 됩니다. 숨 쉬는 것이 이제 얼마나 우리의 몸에 영향을 끼치는지 잘 아시겠지요? 건강을 위해서 복식숨(호흡) 효과를 잘 숙지하시고, 습관처럼 가슴이 아닌 배로 숨을 쉬면서 예수님을 찾는 기도할 수 있도록 하는 것이 좋습니다.

4부 9988 234일을 성취하는 비결

17장 마음속의 교회가 건강해지는 비결

(고전 3:16-17)"너희는 너희가 하나님의 성전인 것과 하나님의 성령이 너희 안에 계시는 것을 알지 못하느냐, 누구든지 하나님의 성전을 더럽히면 하나님이 그 사람을 멸하시리라 하나님의 성전은 거룩하니 너희도 그러하니라."

우리가 회개하고 예수를 구주로 모셔드리면 하나님께서 우리의 마음을 성전으로 만들어 주시겠다고 약속을 해 주셨습니다. 성경에는 말하기를 "너희 몸은 하나님의 성전인 것과 하나님의 성령이 너희 안에 거하시는 것을 너희가 알지 못하느뇨" 그렇게 말씀하셨습니다. 그러므로 예수를 구주로 모시면 마음을 하나님께서는 하나님의 성전으로 만들어 주십니다. 그러면 성전에는 무엇이 있을까요? 하나님의 성전에 하나님이 있어야 할 것들을 모두 성령께서 준비하시도록 마음을 열고 순종해야 합니다. 모든 것이 성령으로 되므로 성령의 인도에 순종해야 합니다. 그래야 마음속에 있는 교회가 건강해지는 것입니다. 마음속의 교회가 건강해야 영-혼-육이 건강해지는 것입니다.

첫째, 하나님의 성전에 들어가면 희생의 놋 제단이 제일 먼저 있다. 놋 제단은 심판을 말합니다. 죄 지은 인생들을 하나님은 심판하시기 위해서 짐승을 끌고 와서 대신 짐승에게 손을 얹고 기도하고 짐승을 잡아 피를 흘려서 죽이고 그 제단에 피를 뿌리고 제단에 그 몸을 불살라서 사람의 죄를 대속하게 했습니다. 이 놋 제단은 바로 우리 예수님의 십자가 제단을 의미하는 것입니다. 이러므로 우리가 마음이 성전이 되면 우리 마음의 제일 입구에 예수 그리스도의 십자가의 제단이 들어오게 되는 것입니다. 예수 그리스도의 십자가는 이천 년 전에 일어난 것이 아닙니다. 지금 자신의 마음이 성전 되었으므로 마음의 입구에 그리스도의 십자가의 제단이 놓여있는 것을 알고 누려야 합니다.

예수님의 십자가 제단에서 예수님은 십자가에 못박혀 우리의 죄를 다 사해주신 것입니다. 그 흘리신 피로 우리의 모든 일생의 죄악을 주님 피로써 청산하시고 예수님이 그 십자가에 매달려 하나님의 심판을 당하시므로 우리에게 올 장차 무서운 심판에서 사면을 얻게 도와주셨습니다. 그리고 그 보혈로 말미암아 우리는 거리낌 없이 하나님 앞에 나가 기도드리고 하나님의 사랑과 용납을 받을 수 있게 된 것입니다. 예수님은 그 십자가에 못 박혀서 그 마귀의 통치자와 권세를 깨뜨려 버리고 마귀의 모든 훼방을 멸해버리고 만 것입니다.

그 뿐 아니라 그 십자가에서 주님은 우리의 연약함과 병을 짊어지시고 우리에게 치료를 부어주시는 십자가 성전이요, 모든 아담 이후로부터 시작해서 내린 형벌과 저주에서 우리를 해방시켜 주시고 아브라함의 축복을 받게 해 준 성전이요, 그 제단에서 주님은 죽으시고 부활하시고 사망과 음부를 철폐하시고 우리에게 영원한 천국을 허락한 성전인 것입니다. 바로 예수 그리스도 십자가 제단이 성전 입구에 언제나 놓여 있다는 것을 알고 누려야 합니다. 예수 그리스도의 십자가 보혈의 은혜와 축복은 구만 리 장천 멀리 있는 것도 아니고 이천 년 전의 역사에 있는 것도 아니라 현재 자신의 마음 성전 속에 바로 입구에 놓여있는 것입니다. 구원을 이루며 누려야 합니다.

둘째, 하나님의 성전에 들어가면 물두멍이 있다. 물두멍이란 제사장이 성전에 들어가기 전에 얼굴을 씻고 손발을 씻어 깨끗하게 하고 청결하게 하는 처소인 것입니다. 자신의 마음이 성전이므로 자신 속에 하나님은 물두멍을 놓아 주셨습니다. 이 물두멍은 바로 회개와 용서를 의미하는 것입니다. 성전을 의미하는 것입니다. 그러므로 우리는 매일 같이 우리 마음의 물두멍에 나와서 성령으로 회개하고 용서를 받고 씻음을 받아야 합니다. 비록 예수를 믿고 구원받아도 매일 같이 우리의 먼지와 티끌이 우리의 삶 속에 묻어오기 때문에 우리는 매일 매일 회개하고 용서받고 거룩하게 됨이 필요한 것입니다. 그러므로 우리 마음속에 있는 성전의 물두멍 앞에서 우리는 늘 불의를 회개해야 하는 것입니다.

정의를 저버리고 불의하게 인생을 살아온 죄를 회개하고, 그리고 불의와 부정을 다 청산하고 회개하고 "하나님이여~ 정의로운 사람이 되게 도와주시옵소서." 하나님은 정의를 원하십니다. 하나님은 정의로운 사람을 택해서 같이 하시는 것입니다. 우리의 삶 속에 끊임없이 거짓이 붙어옵니다. 이 진딧물 같이 붙어오는 거짓을 다 성령의 임재가운데 회개로써 물두멍에서 떨어뜨려 버리고 씻어버려야 합니다. 성령으로 기도해야 합니다. "하나님이여~ 정직하고 진실한 사람이 되게 도와주시옵소서. 우리는 세상에서 때 묻고 더러워지므로 물두멍 앞에서는 깨끗하고 거룩하게 도와주시옵소서. 더럽고 방탕한 죄를 다 씻어주시고 정결하고 깨끗하게 하여 주시옵소서. 또 하나님 그 십자가 밑에서 우리는 용서하고 사랑하는 사람이 되게 도와주시옵소서. 우리는 남을 용서하지 못할 때가 너무나 많고 사랑보다 더 미워할 때가 너무나 많습니다. 하나님이여 어찌하든지 용서할 수 있는 마음을 주시고 남을 미워하지 않고 사랑하는 마음을 허락하여 주시옵소서." 우리는 성령으로 기도해야 합니다. "물두멍에서 주여 온유하고 겸손한 사람이 되게 하여 주시옵소서. 완악하고 교만한 사람이 되지 말게 도와주시옵소서. 마음이 깨어지지 못하고 남을 동정하지 못하고 완악하여 사람들의 마음에 고통을 가하는 사람 되지 말고 깨어진 사람 되고 겸손한 사람 되게 도와주시옵소서." 우리는 늘 그렇게 성령으로 회개하고 기도해야 합니다. 하나님은 교만한 자를 물리치시고 겸손한 사람에게 은혜를 주시는 것입니다.

　　○○에서 ○○교회를 통하여 신앙지도를 받던 권사님의 사연입니다. 권사님이 34살에 남편이 바람을 피워 다른 여자에게 가버렸습니다. 그래서 딸 둘의 손을 잡고, 아들은 등에 업고 4식구가 ○○으로 내려왔습니다. 이를 악물고 이일 저일 하면서 자식들과 생계를 유지하고 살았습니다. 교회에 가서 울기도 수없이

했습니다. 어떤 날은 남편을 저주하기도 했습니다. 자식들이 대학을 졸업하고 결혼을 하고, 아들은 대학을 졸업하여 직장을 다니게 되었습니다. 하나님의 은혜로 삶이 풀린 것입니다. 살아갈 만 해진 것입니다. 그런데 권사님이 갱년기를 지나 서서히 몸에 질병이 생기기 시작을 했습니다. 당뇨가 생기고, 혈압이 높고, 허리 디스크가 생기고, 다리 관절에 질병이 생겨서 제대로 걸어 다니지를 못하다가 급기야 당뇨 합병증으로 눈이 잘 보이 않을 정도가 되었습니다. 이제야 나이 60대 중반입니다. 요즈음 새댁 라고 할 정도로 관리를 하고 사시는 분들이 많습니다.

담임목사님이 병원에 심방을 가보니 상황이 좋지 못했습니다. 그래서 남편하고 화해하고 천국에 가시라고 자식들에게 남편에게 연락을 하도록 했습니다. 남편이 와서 만났습니다. 남편을 보니 건강하고 훤하게 생기 것입니다. 그걸 보니 속에서 분노가 올라왔습니다. 남편의 가슴을 쥐어뜯으면서 하나님을 원망했습니다. 하나님도 무심하시지 어린 자녀들을 버리고 다른 여자한데 간 이 인간을 천벌하지 않았다는 것입니다. 악담을 다했습니다. 그런데 알아야 할 것은 권사님의 신앙이 잘못된 것입니다.

남편은 하나님께 맡기고 자신의 상처를 생명의 말씀과 성령으로 치유하여 내면을 정화했어야 합니다. 그래서 내면관리가 중요합니다. 그랬으면 자녀들의 효도를 받으면서 9988 123할 수가 있었습니다. 그런데 응어리를 해소하지 않고 품고 살다가 보니 그렇게 자신의 몸만 망가진 것입니다. 하나님은 분명하게 "내 사랑하는 자들아 너희가 친히 원수를 갚지 말고 하나님의 진노하심에 맡기라 기록되었으되 원수 갚는 것이 내게 있으니 내가 갚으리라고 주께서 말씀하시니라"(롬 12:19). 말씀대로 살아가지 못하고 자신이 직접 원수를 갚으려고 하다가 보니까, 자신의 몸만 망가진 것입니다. 우리는 말씀 안에서 살아야 천국을 누리며 장수할 수가 있습니다. 우리 마음속에 있는 성전의 물두멍 앞에서 우리는 늘 불의를 회개하고 용서해야 하는 것입니다.

셋째, 우리가 성소, 즉 마음의 성소에 들어가면 거기에 금 촛대가 있다. 성전에는 언제나 금으로 만든 일곱 금 촛대가 있습니다. 여기에는 불길이 활활 타오르고 있습니다. 그래서 온 성전을 밝힙니다. 우리 마음 안의 성전에는 반드시 금 촛대가 있습니다. 이는 뭘까요. 성령의 불입니다. 성령의 일곱 가지 금 촛대인 것입니다. 하나님의 성령은 일곱 가지 영이신 것입니다.

성령은 오셔서 우리 마음속에 하나님 아버지와 그 아들 예수를 우리에게 보여주시는 것입니다. 성령으로 말미암지 않고는 아버지도 아들도 모릅니다. 하나님의 성령이 오시면 우리가 아버지와 예수 이외에는 우리를 구원할 자가 없는 것을 보여줍니다. 성령으로 충만하려면 먼저 성령으로 세례를 받아야 합니다. 성령으로 기도해야 성령으로 충만할 수가 있습니다.

성령은 지혜의 영으로서 우리 속에 들어오셔서 우리가 지혜가 필요할 때 우리에게 주십니다. "누구든지 지혜가 부족하거든 꾸짖지 아니하고 후하게 주시는 하나님께 구하라 그리하면 주시리라" 지혜는 인생의 문제를 해결하는 능력인 것입니다. 인간의 삶의 투쟁은 지혜의 경쟁입니다. 지혜가 있는 개인이나 민족은 살고 우둔한 민족은 종이 되고 망하는 것입니다. 그러므로 우리는 성령께서 우리에게 계시므로 일곱 금 촛대의 영으로 계시므로 "성령이여~ 우리의 마음속에 지혜를 주시옵소서. 지혜롭게 생각하고 말하고 행동하게 하옵소서." 기도해야 합니다. 성령은 또한 총명의 영입니다. 우리에게 깨달음을 주십니다. 하늘나라를 깨닫고 하나님을 깨닫고 성령을 깨닫고 우리 인생을 깨달아 알고 눈이 빛나고 우리의 마음이 총명하게 밝게 만들어 주시는 것입니다. 우둔한 인생이 되지 않게 만들어 주시는 것입니다.

성령은 모략의 영으로써 우리의 마음속에 여러 가지 모사를 주십니다. 성경에는 모사가 많으면 일이 성취된다고 말했습니다. 자기 혼자 다 아는 줄 알고 혼자 까불면 넘어집니다. 많은 사람의 말을 들어서 그 카운슬링을 듣는 것이 모사인 것입니다. 성령은 바로 모사 중에 모사입니다. 우리가 하나님께 기도하면 성령이 우리에게 인생을 살아가는 데 좋은 카운슬링을 주시는 것입니다. 성령은 바로 카운슬링의 영이요 그 성령이 일곱 가지 영으로 우리 속에 와 계시는 것입니다.

성령은 재능의 영입니다. 우리에게 재능을 주십니다. 성경 말씀을 증거 하는 성도의 재능도 주시고, 기도하는 재능도 주시고, 그리고 위로하는 재능도 주시고, 돈벌이 하는 재능도 주시고, 구제하는 재능도 주시고, 노래하는 재능, 가르치는 재능, 성령은 우리 각자에게 재능을 주십니다. 성령의 재능을 받아서 우리는 하나님의 능력으로 하나님을 주인으로 모시고 인생을 살아야 할 것입니다.

그리고 성령은 하나님을 아는 지식의 영으로써 성령이 오셔야 우리가 이 성경을 깨달아 압니다. 성령의 빛이 비춰지 아니하면 이 성경은 닫힌 책인 것입니다. 성령은 우리의 눈을 밝게 해서 하나님의 말씀을 깨닫게 하고 하나님의 진리를 깨닫게 하는 지식의 영이 되신 것입니다.

그리고 성령은 여호와를 경배하게 하는 영입니다. 성령이 오시면 우리 마음을 열어주셔서 마음을 다하고 뜻을 다하고 정성을 다하고 목숨을 다하여 주를 경배하고 섬기게 만드는 것입니다. 이 성령은 성전에 계시는데 우리가 바로 하나님의 성전이 되었으므로 우리 속에 일곱 가지 영으로서 금 촛대로서 성령이 우리 속에 지금 와서 계시는 것입니다.

넷째, 성전에는 진설된 떡이 있다. 성전에는 언제나 떡 상을 만들어 놓고 따끈따끈하게 쪄낸 떡을 언제나 하나님 앞에 내 놓습니다. 이 진설된 떡이란 하나님의 말씀을 의미하는 것입니다. 우리가 예수 믿기 전에는 우리 속에 말씀이 없더니 예수 믿고 회개하자 성전이 되므로 하나님의 말씀이 우리 속에 들어와 계십니다. 믿지 않는 자는 말씀을 받아들이지 않습니다.

그러나 믿는 자는 성령으로 이 거룩한 말씀의 떡을 받아들입니다. 성령으로 말씀을 우리 마음속에 받아들여서 늘 우리 마음속에 말씀이 가득해야 합니다. 말씀을 먹으면 우리 영혼이 살아나고 신앙의 생기가 돌아납니다. 말씀을 먹지 않으면 신앙의 힘이 없어지고 하늘나라가 멀어지는 것입니다. 세상 사람들은 하나님의 말씀을 받아들이지 않습니다.

육신에 속한 사람은 세상 일만 생각하고 하나님의 성령의 일은 생각하지 않습니다. 그러나 거듭나서 성령이 계시는 사람은 세상에 살아도 하나님 말씀을 가슴속에 받아들이고 말씀을 듣고 말씀을 읽고 말씀이 마음속에 하늘나라 생기로 채워주시는 것입니다. 이제 우리는 말씀을 머리로 지식으로 읽고 알지 말고 성령으로 충만한 마음으로 말씀을 깨달아야 합니다. 그래서 말씀을 심비에 새겨야 합니다.

말씀은 믿는 사람 속에 심어진 것입니다. 말씀은 계속해서 그들 속에서 열매를 맺게 될 것입니다. 이러므로 우리는 말씀을 늘 묵상하며 사모해서 우리의 마음속에 진설병을 늘 가득히 채워놓아야 합니다. 하나님의 떡 상에는 매일 성령으로 충만하여 새로운 떡을 쪄서 얹어 놓아야 하는 것입니다. 이처럼 우리 마음의 제단에 늘 성령으로 새로운 말씀을 얹어 놓고, 말씀을 사모하고 사랑하고 읽고 묵상하고 말씀을 믿고 말씀을 실천하고 말씀을 감사하고 말씀을 적용하며 믿음이 약한자에게 전하기를 바랍니다.

다섯째, 우리가 성전에 들어가면 반드시 하나님 앞에 향단이 있다. 향단은 성도의 기도와 찬양을 의미하는데 24시간 늘 향기를 피워서 성전에 가득하게 합니다. 자신이 성전이므로 마음속에 향단이 있습니다. 그러므로 우리는 자동적으로 항상 성령으로 하나님을 찬미하고 감사하며 살아야 합니다. 하나님은 자기 백성의 찬미 속에 임하여 있는 것입니다. 우리가 늘 매일 하나님께 감사하고 찬미할 때 하나님의 영광이 마음속에 충만해지는 것입니다. 찬미는 하나님의 영광을 나타냅니다.

저는 대장암으로 사형선고를 받고 병원에서 버림 받아서 이제는 못 산다고 해서 집으로 나온 여자가 그만 숨이 끊어져서 죽었다가 살아난 간증을 들었습니다. 캄캄한 곳었는데 그 여자의 귀에 이런 소리가 들렸습니다. "항상 기뻐하라. 쉬지 말고 기도하라. 범사에 감사하라." 그래서 그 캄캄한 죽음의 골목을 지나면서 하나님이여 감사합니다. 내가 죽지만 주님을 사랑하고 감사합니다. 그러자 도로 캄캄한 터널을 돌아 나와서 살아나고 만 것입니다. 그는 살아나자 말자 하나님의 능력이 임하여서, 대장암은 씻은 듯이 사라지고 건강하게 살고 있는 것입니다.

그때 하나님께서 주신 계시가 "항상 기뻐하고 쉬지 말고 기도하고 범사에 감사하라"는 것이었습니다. 사람이 좋을 때 감사는 누구든지 할 수 있지요. 자기에게 이익이 되고 좋은데 왜 감사를 안 하겠어요. 그러나 자기에게 손해가 되고 아프고 괴롭고 심한 폭풍이 불고 폭풍우를 지날 때 그때, 캄캄한 밤중에 하나님을 노래하고 감사할 때 이것은 진짜로 하나님 앞에 향기로운 제사가 되는 것입니다.

이러므로 우리들은 하나님 앞에 나와서 늘 감사해야 합니다. 하나님은 얼마나 크십니까. 하나님은 하늘과 하늘들의 하늘을 지으시고 저 수많은 별들을 지으시고 그 이름을 다 주시는 하나님이신 것입니다. 하나님께서는 이 땅과 모든 식물과 동물을 다 지으셨습니다. 바다와 그 가운데 형형색색의 고기들을 다 지으셨습니다. 하나님은 알파요. 오메가요. 처음이요. 나중이요. 시작과 끝이 되십니다. 하나님이 우리의 생명의 원천이 되십니다. 하나님은 우리 머리털까지 다 세신 바 되고 있습니다. 하나님은 우리가 어머니 뱃속에서 생겨나기 전에 이미 우리를 보셨으며 하나님을 우리 어머니 뱃속에서 나오기 전에 우리의 일생을 다 아시고 하나님 책에 기록해 놓으셨습니다.

이러므로 위대하신 하나님, 영원하신 하나님, 크고 영화로운 하나님, 광대하신 하나님, 우리 하나님을 늘 감사해야 합니다. "하나님은 우리에게 구원의 하나님이라." 구원을 주셨으니 하나님께 감사해야 되고 우리에게 성령으로 세례하시고 성령주신 우리 하나님께 감사하고, 우리에게 치료를 주신 하나님께 감사하고 우리에게 복을 주신 하나님께 감사하고 우리에게 천국을 주신 하나님께 감사하고 환란에서 함께 하시고 건져주시는 하나님께 감사하며 화를 복으로 변화시키는 하나님께 감사해야 합니다.

여섯 번째, 하나님이 우리 마음에 계시므로 우리 마음의 가장 깊은 곳 지성소에 법궤가 있다. 지성소에 있는 법궤는 하나님 앞에서 우리를 대속하신 예수님을 상징합니다. 지성소는 하나님이 계시는 곳이요, 하나님을 은밀하게 만나는 곳입니다. 그곳에는 그룹들이 법궤를 지키고 있는 곳입니다. 지성소에 해당하는 영에는 하나님의 영과 인간의 영이 만나 교제가 이루어지는 곳이요, 인간이 하나님의 사정을 이해하게 되는 곳도 이곳이요, 성령이 인간의 사정을 알아 말할 수 없는 탄식으로 간구하는 곳도 이곳입니다(롬8:16,26).

그리스도인의 몸이 성전이라면, 그리스도의 영은 이 지성소인 인간의 영에 거하며, 인간의 영은 그리스도의 영과 연합하여, 그로부터 올라오는 생명수를 공급받고, 그로부터 능력이 흘러나오고, 그로부터 사랑이 흘러나와 우리의 혼(마음)과 육신의 장애를 뚫고(자아를 깨트리고) 나타나는 것입니다(고전12:7). 요한복음에서는 인간의 영과 하나님이 영이 접붙임 받아서 하나가 된 것으로 비유하고 있습니다. 포도나무와 가지의 관계와 같이 인간의 영은 성령으로부터 계속 기름 부어지는 성령의 흐름이 없다면 곧 메말라 버리고 맙니다(요15:1-10).

예수를 믿고 성령으로 거듭난 성도는 마음속의 성전에 있는 법궤로부터 하나님의 계시가 올라오는 것입니다. 하나님의 권능과 계시는 마음속에 있는 성전 깊은 곳, 법궤로부터 올라오는 것입니다. 이 권능과 계시를 선포할 때 마귀가 물러가고 하나님의 나라가 견고해지는 것입니다. 그러므로 성도는 항상 자신 안의 성전에 있는 법궤로부터 권능과 계시가 올라오도록 관심을 가지고 성령으로 기도하며 하나님과 관계를 친밀하게 해야 하나님의 성전으로서 소명을 감당할 수가 있는 것입니다. 하나님의 권능과 계시는 성령으로 충만한 영의 상태에서 올라오는 것입니다. 영의 상태에 머무르려고 성령으로 기도해야 합니다. 기도는 하나님을 찾는 것입니다. 항상 하나님을 찾을 때 마음 성전에서 하나님의 권능과 계시가 올라옴으로 영-혼-육이 건강하게 되는 것입니다.

예수를 믿고 하나님의 자녀가 되면 우리가 성전이 됩니다. "너희가 하나님의 성전인 것과 너희 속에 하나님의 성령이 거하심을 알지 못하느냐"라고 말씀하신 것입니다. 우리는 보통사람이 아님니다. 자신 속에 하나님의 성전이 되어있고 마음속에 바로 아버지의 영광이 임하여 계시며 예수님이 계시고 성령이 바로 와서 계시는 것입니다. 우리는 하나님의 성전인 것입니다. 하나님이 우리 가운데 와 계십니다. 천국이 우리 가운데 임하여 계시는 것입니다. 우리는 육에 속하는 사람이 아닙니다. 우리가 신령한 사람들인 것을 성령으로 알게 되시기를 주의 이름으로 축원합니다.

성도는 심령성전이 잘 지어져야 합니다. 필자는 박사학위를 가지고도 영육의 질병으로 사용하지 못하는 성도들을 많이 봅니다. 이분들이 하나같이 마음 성전관리를 제대로 하지 않아, 성령의 능력이 마음 안에서 올라오지 않은 연고로 일터에서 받은 스트레스가 쌓이고 쌓여서 정신적인 문제가 발생하기 시작을 하다가 육체의 질병으로 영적인 문제로 발전하여 가진 재능을 사용하지 못하는 것입니다. 성도는 영혼에 만족을 누려야 영-혼-육이 강건하게 지낼 수가 있습니다.

영혼이 강건하려면 성령으로 기도하며 말씀을 묵상하여 영을 강하게 해야 합니다. 먼저 성령으로 세례를 받고 성령의 이끌림을 받는 신앙생활을 하면 마음 안에 있는 성전이 견고하게 서가므로 영-혼-육이 건강한 생활을 할 수가 있는 것입니다.

노인들에게 찾아오는 치매 역시 상처로 인하여 발생합니다. 마음 안에 있는 성전이 견고하게 지어지면 성령께서 전인격을 지배하게 됨으로 잠재의식에 있은 상처와 혈통의 문제와 세상 것들이 성령으로 정화됩니다. 그래서 영-혼-육이 건강한 가운데 9988 할 수가 있습니다. 마음 성전이 건강의 초석입니다.

18장 세상에서 건강하게 지내는 비결

(갈 6:7-10)"스스로 속이지 말라 하나님은 업신여김을 받지 아니하시나니 사람이 무엇으로 심든지 그대로 거두리라. 자기의 육체를 위하여 심는 자는 육체로부터 썩어질 것을 거두고 성령을 위하여 심는 자는 성령으로부터 영생을 거두리라."

하나님은 성도들이 교회에서 예배드리며 말씀을 묵상하고 성령으로 기도하여 영-혼-육이 건강하게 지내는 것과 같이, 세상에서도 동일하게 적용하여 건강한 생활을 하면서 지내기를 소원하십니다. 교회에서만 거룩하고 영혼의 만족을 위해서 생활하지 말고, 세상에 나가서 교회에서 받은 영-혼-육의 건강의 은혜를 누리면서 세상을 변화시키는 것이 하나님의 뜻입니다. 건강은 참으로 중요합니다. 세상 사람들은 성도들의 보이는 면을 보고 판단하기 때문입니다. 예수를 믿는 성도들이 건강하게 지내야 복음전도에 기여할 수가 있다는 것입니다.

건강은 관심과 습관이 중요합니다. TV에서 이런 이야기를 본적이 있습니다. 40대 중반의 여성인데 아이 다섯을 출산하고 나니 몸이 비대해지면서 우울증이 찾아왔다는 것입니다. 그래서 이대로는 안 되겠다고 생각하여 몸무게를 줄이기로 작정을 한 것입니다. 체중 감량을 위하여 특별한 지도를 받은 것이 아닙니다. 그냥 생활 속에서 운동을 하기로 결단을 하였습니다. 가정 살림을 하면서도 체중을 줄이는 운동과 결부를 시켜서 일을 했습니다. 집안 청소를 할 때도 청소기를 사용하지 않고 비로 쓸고 걸레로 닦았습니다. 손과 발에 걸레를 가지고 닦고 다니는 것입니다.

음식을 준비하면서도 허리운동을 하는 것입니다. 설거지를 하면서도 허리돌리기를 했다는 것입니다. 시장을 가서도 가만히 서있지 못하고 허리 운동과 골반운동을 했습니다. 옷가게 앞에서 아이쇼핑을 할 때에도 골반과 허리돌리기를 한 것입니다. 횡단보도에서 신호를 기다릴 때도 허리와 골반운동을 하는 것입니다. 생활의 모든 자투리 시간에 허리와 골반을 돌리는 운동을 한 것입니다. 집안에서 아이를 볼 때에도 다리에다가 아이를 올리고 다리를 올리고 내리면서 복근 운동과 허리 운동을 하는 것입니다.

결과 처녀 때의 체중으로 회복이 되었습니다. 허리 역시 곡선미를 자랑할 정도로 건강하게 된 것입니다. 방송국에서 전문가에게서 허리와 골반을 검사한 결과 20대 여성과 같은 건강한 허리와 골반의 상태를 유지하고 있다는 판정을 받은 것입니다.

필자가 이야기를 TV에서 보고 이렇게 느꼈습니다. 그래 이렇게 생활에서 건강을 위해 관심과 습관을 들이니까. 건강하지 말라고 해도 건강할 수가 있다고 생각했습니다. 영적인 생활과 생활 모든 상황에서 자신의 건강을 위하여 노력을 하다가 보니 몸에 배이고, 습관이 되니 별도의 시간을 투자하지 않고 돈을 들이지 않고 건강을 유지할 수가 있다는 것입니다. 우리 크리스천들도 건강하기로 작정하고 습관이 되면 얼마든지 건강을 유지할 수가 있습니다.

첫째, 걷는 것을 습관화 하라. 언제 어디서나 걷기를 의식해야 합니다. 걷는 것을 즐겨야 합니다. 지금 계단 오르기가 건강의 대세입니다. 습관이 되어야 합니다. 걸을 수 있는 것을 감사하게 생각해야 합니다. 예를 든다면 슈퍼가 먼 곳으로 이사를 갔다면 불평을 할 것이 아니고 할 걸음이라도 더 걸을 수 있으니 감사합니다. 자세가 중요합니다. 시장을 가더라도 차를 이용하지 말고 걸어가려고 생각을 해야 합니다. 사람에 따라 걷는 목적이 무엇이든 그것을 달성하려면 보행거리를 늘릴 필요가 있습니다. 보행거리가 짧은 것은 평소 걷기가 습관화되지 않았기 때문입니다. 그 습관부터 바꾸어야 합니다.

우선 출퇴근 방법을 살펴보겠습니다. 먼저 출퇴근길에 보행거리를 늘릴 수 있는 부분이 있는지 검토해 보겠습니다. 승용차를 이용한다면 전철을 이용하고, 전철을 이용할 경우 좀 더 시간적인 여유가 있다면 하차역 보다 한두 역 먼저 내려서 회사까지 걸어가 보기 바랍니다. 자신이 관리자라면 지시를 내리거나 보고를 받을 때 직접 부하의 자리로 가면 보행수를 늘릴수 있습니다. 상사가 일부러 와 주었다고 부하는 생각하기 때문에 인간관계를 원만하게 하는데도 도움이 됩니다. 또한 점심 식사는 배달을 시키지 말고 비교적 거리가 먼 음식점에 가도록 하는 것입니다. 돌아오는 길에 걸으면서 기도할 수 있으니 소화에도 도움이 됩니다. 이와 같이 생활 습관을 바꾸면 이전 보다 보행수를 대폭 늘릴 수 있습니다.

걷는 것이 운동이 될까요? 건강을 목적으로 걷기를 생각할 경우 그 운동효과에 의문을 품는 사람이 있을 것입니다. 그러나 비즈니스맨을 위한 운동으로는 조깅보다 걷기가 현실적으로 낫습니다. 운동량을 소비 칼로리로 계산해 보면 걷기는 45분간 약 221칼로리를 소모하며, 조깅은 30분간 약 226칼로리를 소모합니다. 시간당으로 따지면 조깅의 열량 소모량이 확실히 많습니다. 그러나 걷기는 장소에 구애받지 않는데 비해 조깅은 어디서나 할 수 없습니다. 또 걷기는 일하는 차림새 그대로 할 수 있지만, 조깅은 복장이나 신발을 갖추어야 하고, 샤워도 해야 하는 등 번거롭습니다. 같은 시간에 얼마나 많은 열량을 소모하느냐의 관점으로 본다면 조깅이 효과적이나 조깅으로 목표를 달성하려면 정기적으로 일정한 시간을 확보해야 합니다.

업무 사정에 따라 생활의 시간이 좌우되는 직장인이 이런 조건을 충족하기란 쉽지 않습니다. 더구나 건강유지 외에 업무 능력 향상을 목표로 하는 비즈니스맨에게 조깅은 현실적인 방법이라고 할 수 없습니다. 분속 80미터 정도의 속도로 매일 걷도록 노력하면 충분한 운동량이 확보됩니다. 중요한 것은 되도록 오래, 그리고 지속적으로 걷는 습관이 되는 것입니다.

걸음을 걸으면서 글쓰기를 하는 것입니다. 필자는 걸으면서 글을 쓰고 되새김하면서 잘못된 부분을 찾아내는 것이 습관이 되어있습니다. 군대에 있을 때부터 글을 쓰는 것이 습관이 되어있기 때문에 어떻게 하면 더 좋은 글을 쓸 수가 있을까, 고민을 하다가 보니 걸으면서 생각하고 글을 쓰고 보강하자는 아이디어를 발견하게 되었습니다. 지적인 작업 중에 글쓰기와 걷기는 특히 잘 어울린다고 생각을 합니다. 글쓰기는 준비단계와 작성단계로 나눕니다. 준비단계에서는 ① 글을 쓰는 목적, 대상, 주제 등을 정하고 ② 소재나 자료를 수집하며 ③ 글의 구성 및 문체를 결정합니다. 필자의 경우는 준비하는데 노력을 기울이기 때문에 실제 집필할 때에는 많은 시간이 걸리지 않습니다. 수필처럼 자신의 느낌이나 생각을 표현하는 글은 주제나 독자 등을 정하고 나서 소재를 찾기보다, 처음부터 글감부터 탐색하는 경우가 많습니다. 이런 경우 걷기가 좋은 글이 되느냐를 결정하는 요소가 될 확률이 한층 높아집니다. 실제 걸작이라 불리는 수필 중에서는 길을 걷다 발견한 소재를 다룬 글들이 꽤 많이 있습니다. 필자는 글을 쓰고 나서 걷기를 하면서 글들의 전체를 되새김합니다. 그러면서 잘 못되었거나 미비한 부분을 찾아내어 보강을 합니다. 필기도구를 준비하고 떠오른 아이디어나 수정할 부분을 적는 것입니다. 이렇게 하다가 보면 유산소 운동도 하고 원고도 보강하고 일거양득이 됩니다.

둘째, 걸으면서 마음으로 기도하는 습관을 들이라. 걷기를 시작하려면 바른 자세부터 익혀야 합니다. 바른 자세가 중요한 이유는 첫째로 뇌가 활성화됩니다. 바른 자세로 걸으면 근육이나 감각기관에서 신경계로 전달되는 정보량이 많아져서 대뇌가 더욱 자극을 받기 때문입니다. 둘째로 걸음걸이가 바르면 걷기 편하고 쉽게 지치지 않습니다. 즉, 편하게 걸을 수 있고 피로감을 줄여주는 보법으로 걷다 보면 바른 자세에 이르게 됩니다. 셋째로 걸음걸이가 바르면 남 보기에 좋고, 밝고 활달하며 자신감 있는 이미지를 심어줄 수 있습니다. 그러면 바른 보행 자세란 어떤 것일까요? 꼭두각시 인형처럼 머리 꼭대기에 실이 연결되어 하늘에서 끌어당긴다고 의식하라는 것입니다. 그러면 후두부, 등, 엉덩이의 가장 높은 부분이 일직선을 이루고 두 팔은 겨드랑이를 따라 자연스럽게 내려집니다. 그 자세로 서 있는데 누군가 허리 부분을 강하게 민다고 상상하라는 것입니다. 그러면 오른발이 크게 한보 앞으로 나갑니다. 이때 상체를 똑바로 유지하면 앞으로 내디딘 오른발은 발뒤꿈치부터 착지하고 뒤에 놓인 왼발이 지면을 차는 느낌을 받습니다. 이런 동작을 연속하여 걷는 것이 바른 보행 자세입니다.

자세만큼 중요한 것이 바로 호흡법입니다. 걷기는 유산소 운동이므로 산소를 충분히 받아들이며 호흡하지 않으면 그 효과가 나타나지 않습니다. 그러면 어떻게 호흡해야 혈중 산소가 충분해질까? 호흡의 '호'가 '숨을 내쉬다.'라는 뜻이라는 데서 알 수 있듯 내쉬는 숨이 먼저입니다. 일단 폐에서 이산화탄소를 한껏 내뱉지 않으면 산소를 받아들일 수 없습니다. 따라서 걸을 때는 먼저 숨을 내쉬는 데 의식을 집중해야 합니다. 호흡의 리듬이 발걸음과 조화를 이루어야 합니다. 오른 발은 내딛으면서 숨을 들이쉬고, 왼쪽 발을 내딛으면서 숨을 내쉬고, 좌우지간 본인이 하기 쉬운 방법으로 걸으면 됩니다. 이 방법이라면 호흡과 보행의 리듬을 맞추기 쉽습니다. 그렇게 걸으면서 마음으로 성령님을 생각하거나 부르면서 걷는 것입니다. 필자는 십 수 년을 이렇게 실천하며 걷고 있습니다. 마음속에 세상 것들이 들어오지 않고 영감이 풍성해지는 효과가 있습니다. 집중력이 좋아집니다. 폐활량이 강해집니다. 심장이 튼튼해집니다. 생활 속에서 운동하는 습관이 되어야 건강을 유지할 수가 있습니다. 될 수 있는 대로 입으로 숨을 쉬지말고 코로 쉽니다.

셋째, 건강하려면 매일 마음에 병을 청산해야 되는 것이다. 이 세상에 사는 동안 육신에도 여러 가지 질병이 다가오는 것처럼 사람의 마음에도 끊임없이 병이 다가옵니다. 마음에 병을 키워 놓고 나면 마음에 죽음이 다가오는 것입니다. 이렇기 때문에 마음에 죽음이 다가 오기 전에 마음의 병을 자꾸 청산하고 치료해 나가야 되는 것입니다. 마음이 평안해야 영-혼-육이 건강합니다. 나아가 생활속의 문제도 떠나갑니다. 삶에 문제로 고생하고 있습니까? 마음을 말씀과 성령으로 치유해야 합니다. 마음의 병은 무엇으로 생길까요? 미움이나 분노, 울분, 원한 등을 그대로 내버려두면 이것이 마음에 무서운 파괴적인 병을 일으키는 것입니다. 이렇기 때문에 성경은 말씀하기를 "분을 내어도 죄를 짓지 말며 해가 지도록 분을 품지 말고"라고 말한 것입니다. 오늘날 인생을 살면서 우리 마음속에 화낼 일, 미운 일, 분노, 원한을 안 당하는 것이 아닙니다.

그러나 이것을 가지고서 마음에 품은 채로 하루해를 건너고 잠자리에 들어가면 이것이 우리의 심정 속에 무서운 파괴를 가져오는 것입니다. 이렇기 때문에 미움이 들어오고, 분노가 들어오고, 원한이 마음속에 사무치더라도 그 해가 지나기 전에 주님 앞에 나와서 이것을 다 고백해서 청산해 버리고 성령의 임재 가운데 성령과 예수의 피로 씻어 버리고 이것을 다 흘러가는 물처럼 흘러 보내게 되시기를 주의 이름으로 축원합니다.

그뿐 아니라 마음속에 불안과 공포가 사람인 이상 안다가올 수 있습니까? 환경의 여러 가지 불안과 공포가 소용돌이치며 다가옵니다. 이 불안과 공포가 다가올 때 이것을 가지고서 전전긍긍 하지 말고, 불안하고 공포가 차거들랑 일하는 손을 다 놓아버리고 마음 안에 골방으로 들어가서 하나님께 부르짖으십시오. 왜냐하면 이 세상의 어떠한 불안과 공포라도 하나님은 더 위대하신 것입니다. 이 위대하신 하나님께 나가서 마음을 열어놓고 간절히 기도해서 불안과 공포 대신에 예수 그리스도의 사랑이 마음속에 충만하게 되면 하늘과 땅을 지으신 하나님께서 나를 사랑하시고 품어 주심으로 말미암아 나는 두려워 할 것이 없다는 신념이 생겨나게 되는 것입니다.

그리고 부정적인 마음과 좌절감을 청산해 내야 되는 것입니다. 우리는 환경에서 부정적인 환경과 부정적인 생활의 여러 가지 요건이 다가오는 것입니다. 이것을 그대로 받아들여서 부정적인 마음이나 좌절감을 가지게 되면 인간은 파멸 당하고 마는 것입니다. 우리들이 이 세상에 살면서 우리가 그늘 밑을 찾아가려면 얼마든지 그늘이 있습니다. 아무리 태양이 쨍쨍 내리쬐는 대낮에도 나무 밑에도 그늘이 있고, 빌딩 밑에도 그늘이 있고, 처마 밑에도 그늘이 있고, 그늘진 길을 찾아가려면 얼마든지 찾아갈 수 있습니다.

그러나 태양이 찬란하게 비추는 그 아래에 가려면 태양 빛 아래도 얼마든지 갈 수 있는 것입니다. 이렇기 때문에 행복이란 마음의 선택의 결정에 있다는 것은 이 세상을 살면서 슬픈 것을 찾아서 그것을 집중적으로 바라보면 그 마음이 부정적이고 파괴적이 될 수도 있고, 또 우리의 환경 가운데서 밝고 맑고 환하고 희망찬 것을 바라보고 그것을 집중적으로 생각하고 그것을 마음속에 받아들임으로 말미암아 마음속에 긍정적이고 적극적이며 창조적이고 생산적인 인간의 삶의 태도를 취할 수도 있는 것입니다.

가정사도 그렇습니다. 가정에 많은 일들이 생겨나는데 그 일들 가운데서 내가 부정적인 요소를 다 끌어 모아서 내 무덤을 만들 수도 있는 것입니다. 그러나 그 여러 가지 부정적인 요소가 있음에도 불구하고 가정에서 우리를 즐겁게 하고 소망을 채워 기쁘게 하는 요소일 수 있습니다. 이것을 자꾸 끌어 모으고 가꾸어서 이것이 온 가정을 충만하게 채워버리게 할 수도 있는 것입니다. 이러므로 행복과 불행, 절망과 소망은 자신의 마음의 선택에 달려있다는 것을 우리가 깊이 알아야만 되는 것입니다. 이렇기 때문에 우린 부정적인 환경이나 좌절을 가져오는 환경을 그대로 받아들여서 마음조차 부정적이 되고 좌절해 버리지 말게 되기를 주의 이름으로 축원합니다.

그리고 죄책감을 마음속에 가지고 있어서는 안 됩니다. 마음속에 실제로 죄를 짓고 죄책감이 생기면 곧장 하나님께 회개하고 죄를 버리고 양심의 소리를 들어서 마음을 청결하고 깨끗하게 할 때 마음 속에 행복이 다가오지, 양심의 죄책을 가지고서 그대로 살 때 행복은 다가오지 않습니다. 또 거짓된 죄책도 있습니다. 사실은 죄가 아닌데도 죄스럽게 생각하는 이런 것조차도 예수의 피로 씻어버리고 정하게 해서 마음이 밝고 맑고 환할 때, 행복이 다가오게 되는 것입니다.

넷째, 건강하기 위해서 취미 생활을 가져야 되는 것이다. 우리가 세상을 살면서 반드시 돈을 벌기 위한 목적으로만 일하며 살아가서는 안 되는 것입니다. 사람이 반드시 돈 벌기 위해서만 목적을 가지고서 안간힘을 쓰고 살면, 늘 그곳에 긴장이 쌓이고 쌓여서 얼마 있지 않아 그 긴장이 터지는 날에는 걷잡을 수 없는 심적, 육체적인 파멸을 가져오게 되는 것입니다. 행복은 자신이 하고 싶은 일을 예수님 안에서 평생하는 것입니다. 이러므로 우리는 이 세상에 살면서 반드시 취미 생활을 매주일 가져야 되는 것입니다. 이렇기 때문에 주님께서도 너희가 엿새 동안 부지런히 일하고, 이레째는 하나님을 예배하고 일제히 모든 일을 쉬라고 말한 것입니다. 인간이란 아침부터 저녁까지 밤낮 일만 하도록 만들어지지는 않았습니다.

엿새 동안은 일하고, 이레째는 쉼으로 말미암아서 하나님을 예배함으로 그 마음을 새롭게 하나님의 은총으로, 새로운 활력을 채워 줄 수 있는 것입니다. 그와 함께 생활의 긴장을 풀 수 있고, 참으로 즐길 수 있는 지극히 적은 취미라도 좋습니다. 개인적으로도 가족적이라도 혹은 친구하고도 그렇게 돈 들지 아니하고 힘들지 아니하는 생활의 취미를 발견하시기 바랍니다. 삶을 새롭게 변화시키는 이런 운동을 해야, 우리가 하루하루 살아가는 데 즐거움을 가지고 행복을 느낄 수가 있는 것입니다.

다섯째, 매주일 이웃을 위한 좋은 일 한가지씩을 하고 살아야 되는 것이다. 이 세상은 이기주의로 꽉 들어차 있는 것입니다. 탕자의 비유를 아시죠? 탕자가 아버지께 나와서 "내게 속한 분깃을 내게 주소서, 내게 주소서, Give me, Give me, Give me" 나만 생각하는 탕자, 그는 결국 자기의 속한 것을 다 끌어 모아

가지고서 사람들과 교제가 안 되는 먼 나라로 떠나가서 허랑 방탕하고 만 것입니다. 이기주의자는 언제나 자기 스스로의 욕망을 따라서 쾌락주의로 흘러가고 허랑 방탕해 버리고 마는 것입니다. 허랑 방탕한 결과는 어떻게 다가오는 것입니까? 정신적인 기근이 다가오고, 육체적인 기근이 다가오고, 생활의 기근이 다가와서 그는 나중에 돼지를 치기까지 낮아져버리고 마는 것입니다. 인간이 이기주의적이 되어서 자기만 잘 먹고, 잘 입고, 잘 살겠다고 말하면 종국에 가서는 그는 짐승의 우리 속에 전락하는, 짐승과 같은 존재가 되어버리고 마는 것입니다. 그래서 탕자가 나중에 절망에 처했을 때 그것을 크게 깨닫고 난 다음에 '나는 아버지께로 돌아갈 때에 하나님과 아버지에게 죄를 지었으므로 아들이라 일컬음을 받을 자격을 잃어버렸습니다. 이제는 종중의 하나로 보소서하고 돌아가리라' 자아가 깨진 상태로 돌아오게 된 것입니다.

이와 같이 오늘날 우리가 이 세상에 살면서 자아를 잃어버릴 수는 없지만 그러나 무엇인지 나만 가지고 "내게 주소서, 내게 주소서" 내 중심으로, 이기주의로만 산다면 그러한 남편은 한 가정에서 가장으로서의 자격을 상실합니다. 그러한 아내는 한 가정을 보금자리를 잘 만들 수 없습니다. 그러한 자녀는 부모를 크게 불행하게 만들고 마는 것입니다. 이러므로 '우리 매주일 우리의 이웃을 위한 좋은 일 한가지씩을 하고 살자' 그것인 것입니다. 남편은 매주일에 '요번 주일은 내 아내를 위해서 한 가지 좋은 일을 하자, 그래서 끊임없이 아내를 연구해서 아내를 위해서 가장 좋은 일을 한 가지 해주자', '남편도 아내를 기쁘게 할 수 있는 좋은 일을 하나 해보자', '부모는 자식에게 자식은 부모에게 우리 좋은 일을 한번 해보자, 한 주일에 적어도 한 건이라도 해보자.', '우리 가족이 합쳐서 이웃에 못살고 헐벗고 굶주린 사람에게 나누어 주자는 생각으로 하나되어 옷가지 하나, 쌀 얼마라도 그리고 금전 얼마라도 환경에 도움이 되는 얼마라도, 또 따뜻한 말 한마디라도 좋은 일 한번 해보자.' 이와 같이 이웃에게 좋은 것을 나누고 이웃에게 좋은 일을 하게 될 때 삶의 보람을 창조하는 것입니다.

사람이 이웃을 도와주고 나면 그렇게 마음속에 기분이 좋고 자기가 으쓱해지고 삶의 가치를 느낄 수가 있는 것입니다. 이렇기 때문에 삶의 보람을 창조하기 위해서는 나누어주고, 나누어 갖고, 이웃을 도와주고, 이웃에 좋은 일 하는 분들이 되시기를 주의 이름으로 축원합니다. 우리가 이웃에 해줄 수 있는 가장 좋은 일이 예수 그리스도의 복음을 증거 해주는 길인 것입니다. "사람이 온 천하를 다 얻고도 자기목숨 하나 잃으면 무엇이 유익하리요, 사람이 자기 목숨을 무엇과 바꾸겠냐"고 말한 것입니다. 우리가 이웃 사람에게 해 줄 수 있는 가장 위대한 일은 영원한 지옥 불에 들어갈 사람을 영원한 생명 길로 이끌어주는, 정도의 말씀을 전달 해주는 이것보다 더 크게 이웃에게 보람차고 좋은 일을 해주는 일이 없습니다. 이렇기 때문에 우리는 때를 얻던지 못 얻던지 우리는 전도해야 됩니다.

그리고 자아를 존중할 수 있는 마음, 자존심이 생기면 마음이 행복해 지지요. 그렇게 되면 마음속에 즐거움을 느낄 수가 있는 것입니다. 사람은 자기를 사랑하게 될 때 행복해지고 그리고 남을 사랑하게 되는 것입니다. 내가 삶에 보람이 있어야 합니다. 내 이미지가 고양되고 나도 자존심이 생기게 되면 마음이 행복해져요. 마음이 즐거워져요. 마음이 즐거워지면 또 더욱 다른 사람을 행복하게 만들 수가 있는 것입니다. 이와 같은 일을 할 수 있는 가장 좋은 길이 내 이웃을 위한, 내 주위의 이웃을 위한 좋은 일을 적어도 한 가지씩 하는 우리가 되시기를 주의 이름으로 축원합니다.

충만한 교회는 지방에 계시는 분들을 위하여 성령치유 집회 CD와 교재를 33종류를 비치하고 있습니다. 과목별 CD는 12시간을 녹음하여 12개입니다. 가격은 3만원입니다. 교재는 과목당 만원입니다. 필요하시면 주문하여 영성을 깊게 하실 수가 있습니다. 교재를 보며 CD를 들으면 현장에서 집회를 참석한 것과 같은 효과가 있습니다. 과목별 상세한 내용은 홈페이지 www. ka0675.com 에 보시면 계좌번호와 과목별 상세목록을 확인하실 수 있습니다.

19장 유형 교회에서 건강하게 지내는 비결

(시 84:10-12)"주의 궁정에서의 한 날이 다른 곳에서의 천 날보다 나은즉 악인의 장막에 사는 것보다 내 하나님의 성전 문지기로 있는 것이 좋사오니, 여호와 하나님은 해요 방패이시라. 여호와께서 은혜와 영화를 주시며 정직하게 행하는 자에게 좋은 것을 아끼지 아니하실 것임이니이다. 만군의 여호와여 주께 의지하는 자는 복이 있나이다."

유형 교회에서 건강하게 지내려면 교회 선택을 바르게 해야 합니다. 특별하게 담임목회자의 목회 방향이 중요합니다. 목회자의 관심이 목회 방향이 되기 때문입니다. 교회는 영혼의 건강을 유지하는 곳이기 때문에 목회자가 영적이어야 합니다. 우리 성도들이 목회자는 모두 영적이라고 생각하는데 절대로 그렇지 않습니다. 영적이지 못한 분들도 목회자가 될 수가 있기 때문입니다. 영적이라는 말은 성령으로 거듭나 성령의 인도를 받는 목회자를 말합니다. 성령의 음성과 감동에 따라 순종하는 목회자를 영적이라고 할 수가 있는 것입니다.

성령의 인도를 받아야 영혼이 건강할 수가 있습니다. 절대로 성령의 인도 없이는 영혼이 건강할 수가 없는 것입니다. 그러므로 기본이 성령의 세례이고, 성령의 인도입니다. 성령으로 영혼이 치유가 되어 강건하게 되는 것입니다. 영혼이 성령으로 장악이 되어야 육체가 성령의 지배를 받아 건강해지는 것입니다. 이러한 영적인 법칙을 체험하고 이해한 목회자를 만난다는 것은 복중에 복입니다. 이런 교회를 다니면 매 주일 성령을 체험하고 영혼이 강건하여 영-혼-육이 건강하게 지낼 수가 있습니다. 교회는 이런 일을 하는 곳이기 때문에 교회를 잘 정해야 영-혼-육이 건강하게 지낼 수가 있습니다.

교회는 영과 진리로 예배드리는 곳입니다. 예배를 어떻게 드려야 하는지를 밝히 알고 행해야 합니다. 하나님은 이렇게 말씀을 하십니다. "아버지께 참되게 예배하는 자들은 영과 진리로 예배할 때가 오나니 곧 이 때라 아버지께서는 자기에게 이렇게 예배하는 자들을 찾으시느니라. 하나님은 영이시니 예배하는 자가 영과 진리로 예배할지니라"(요 4:23-24). 하나님만을 주목하는 예배, 하나님께 참되게 예배하는 것은 무엇을 의미합니까? 어떻게 드리는 예배를 가리켜 아버지께 참되게 예배하는 것입니까?

하나님께 참되게 예배하는 자는 영으로 예배합니다. 영으로 드리는 예배가 무엇입니까? 우리가 이를 바르게 알기 위해서는 먼저 성경말씀을 바르게 알아야 합니다. 원래 헬라어 성경을 보면 24절에서 "하나님은 영이시니… 영으로 예배하라." 하는 구절의 '영'을 가리켜 '성령'(pneuma)으로 표기했습니다. 복잡하게 설명하지 않겠습니다. "하나님은 영이시니." 즉 하나님은 성령 하나님이십니다. 그러므로 "영으로 예배할지니라." 즉 성령 하나님으로 예배하라는 말씀입니다. 더 쉽게 설명을 드리면 '성령의 인도함 가운데, 성령님 안에서 예배하라.'는 것입니다.

교회는 땅의 사람을 하늘에 속한 사람으로 바꾸는 곳입니다. 그래서 하늘의 말로 바꾸기 위하여 사도행전 2장 1-4절에 보면 "오순절 날이 이미 이르매 그들이 다같이 한 곳에 모였더니, 홀연히 하늘로부터 급하고 강한 바람 같은 소리가 있어 그들이 앉은 온 집에 가득하며, 마치 불의 혀처럼 갈라지는 것들이 그들에게 보여 각 사람 위에 하나씩 임하여 있더니, 그들이 다 성령의 충만함을 받고 성령이 말하게 하심을 따라 다른 언어들로 말하기를 시작하니라." 성령이 오셔서 언어를 먼저 바꾸셨습니다. 교회는 말과 행동과 사고와 생각 등등이 하나님의 나라에 맞도록 바꾸는 곳입니다. 그래서 하나님의 나라에 적응하는 시간동안 고통이 있을 수도 있습니다. 왜냐하면 성령의 역사가 일어나야 천국인으로 바뀌기 때문입니다. 성령으로 세례를 받을 때 이해하지 못하는 현상이 일어날 수가 있기 때문입니다. 이는 학생들이 전학을 가면 적응하는 기간이 있어야 하는 것과 같은 것입니다. 잠시 고통이 있을 수가 있다는 것입니다. 참고 인내해야 합니다. 그래야 하나님의 나라 자녀로서 복과 행복을 받아 누릴 수가 있습니다.

교회는 성령으로 기도하는 곳입니다. 하나님의 나라에서 하는 기도는 땅에서 하는 기도와 완전하게 다릅니다. 영이신 하나님께 기도하기 때문입니다. 영이신 하나님께 기도하는 것이기 때문에 반드시 성령으로 기도해야 합니다. 교회에 들어오면 먼저 담임목사님으로부터 기도를 어떻게 하는지 바르게 배우고 해야 합니다. 세상에서 하던 기도방식으로 기도하면 하나님이 들으실 수가 없기 때문입니다. 기도는 참으로 중요합니다. 반드시 기도는 성령으로 해야 합니다. 기도하는 법을 배우고 해야 하는 중요한 영적 행동입니다.

교회는 영이신 하나님을 만나게 하는 곳입니다. 영이신 하나님은 우리 안에 임재 하여 계십니다. 영이신 하나님을 만나려면 인간적인 방법으로는 만날 수가 없습니다. 예배의식에 참석한다고 자동적으로 하나님을 만나지는 것은 아닙니다. 하나님은 시공을 초월해 계시는 영이시기 때문에 어디든 계시며, 자신을 부르면 우리 마음속으로 오시는 분입니다. 그러므로 시간과 장소가 중요하지 않습니다. 그렇다면 하나님을 어떻게 만날 수 있겠습니까? 마음 안에 임재하신 하나님을 간절히 찾으면 만날 수 있습니다. '만일 마음을 다하고 뜻을 다하여 그를 찾으면 만나리라'(신4:29), '너희가 온 마음으로 나를 구하면 나를 찾을 것이요 나를 만나리라'(렘 29:13), '나를 간절히 찾는 자가 나를 만날 것이니라'(잠 8:17) '구하라. 그러면 너희에게 주실 것이요, 찾으라. 그러면 찾아낼 것이요, 문을 두드리라. 그러면 너희에게 열릴 것이니… 너희 하늘 아버지께서 구하는 자에게 성령을 주시지 않겠느냐 하시니라'(눅 11:9~13). 이렇게 예수님도 말씀하셨습니다. 우리가 하나님을 만나지 못하는 이유는 하나님을 간절히 찾지 않기 때문이요, 하나님을 찾지 않는 이유는 믿음이 없기 때문입니다. 하나님은 찾아야 응답하시는 분입니다.

교회는 성령으로 세례 받게 하는 곳입니다. 성도들은 물세례 받은 것으로 만족하면 안 됩니다. 반드시 성령으로 세례를 받아야 합니다. 교회는 성도들을 성령으로 세례를 받게 하는 곳입니다. 성령세례는 성령세례 받은 사람(담임목사)을 통하여 전이 됩니다. 성령세례를 받은 사람은 자기가 성령세례 받았다는 것을 압니다. 성령세례는 우리가 의식할 수 있는 의식적 체험입니다. 오순절 성령강림이 있을 때 성령이 제자들 각 사람 위에 임하였습니다. 그리고 제자들은 나가서 복음을 증언하기 시작했습니다. 제자들에게 '여러분들은 언제 성령세례를 받았습니까?' 라고 물으면 '오순절입니다' 라고 분명히 대답할 것입니다. 사도바울이 갈라디아교회에 편지를 씁니다. "너희가 성령을 받은 것이 율법의 행위로냐 혹은 듣고 믿음으로냐?"(갈 3:2). 사도 바울이 이 질문을 하는 것은 갈라디아교회가 성령 받은 것을 알고 있었다는 것입니다.

성경은 성령 받은 것에 대해서 많은 기록을 남기고 있습니다. 빌립이 전도했던 사마리아교회, 고넬료의 가정, 에베소교회 등 성령 받은 교회나 가정들은 성령을 받은 것을 정확히 알고 있습니다. 성령세례는 우리가 알 수 있는 분명한 체험입니다. "당신은 성령을 받았습니까?"라는 질문에 대해서 딱 부러지게 "예" "아니오"로 대답할 수 있는 체험입니다. 아울러 성령세례는 하나님과 그리스도에 대한 감사와 사랑을 불러일으킵니다.

성령세례는 예수를 믿을 때 영 안에 임재하신 성령께서 순간 전인격을 장악하는 것입니다. 성령으로 세례를 받을 때 하나님의 영광과 그분의 존재의 실상을 전인격이 자각하는 것을 의미합니다. 살아계신 성령의 역사를 몸으로 느끼고 눈으로 볼 수 있는 현상이 일어나는 것입니다. 물론 다른 사람도 자신이 성령으로 세례를 받는 것을 눈으로 볼 수가 있는 것입니다. 그래서 성령세례 받은 사람들은 이렇게 말합니다. "(벧전 1:8)예수를 너희가 보지 못하였으나 사랑하는 도다. 이제도 보지 못하나 믿고 말할 수 없는 영광스러운 즐거움으로 기뻐하니" 교회는 성도들이 성령으로 세례 받아 권능 있는 삶을 살게 하는 곳입니다. 성령으로 세례를 받아야 성도가 진정한 하늘의 사람으로 변화되기 시작합니다. 성령세례는 참으로 중요한 체험입니다.

교회를 통하여 진리의 말씀을 주시며 기적을 베풀어 주십니다. 오직 예수님만이 진리이십니다. 성령으로 진리를 깨달은 만큼 믿음도 강해집니다. 권능도 강해집니다. 진리는 혼자 성경을 만 독을 한다고 깨달아 지는 것이 아닙니다. 교회에 와서 진리를 삶에 적용하여 깨달은 담임목사님으로부터 설교를 들으면서 깨닫는 것입니다. 많은 사람들은 세상이나 거짓이 진리인양 살고 있지만, 그것은 어둠의 권세가 장난치기 때문입니다. 하지만 오직 예수님만이 우리를 자유하게 하고 우리에게 소망을 주시며 예수님만이 우리를 구원의 길로 인도하십니다.

예수를 구주로 받아들인 사람은 진리를 알게 됩니다. 진리란 무엇입니까? 주의 법이 곧 진리입니다(시119:142). 하나님의 말씀이 바로 진리입니다. 예수를 믿는 성도는 교회에 들어와 진리를 바르게 듣고 깨달아야 하나님의 복과 기쁨과 행복을 누리면서 살아갈 수가 있습니다. 성도들은 바른 진리를 듣고 깨달아야 신앙이 자라고 하나님과 관계를 바르게 할 수가 있습니다.

교회는 상한 마음을 치유하는 곳입니다. 교회에 들어와 성령으로 세례를 받으면 성령께서 마음의 상처를 치유하십니다. 마음의 상처가 치유되어야 진정한 영의 사람으로 바뀌기 시작하기 때문입니다. 자아를 부수십니다. 자아가 남아있으면 성령의 역사를 방해하고 말씀의 비밀을 깨닫지 못하도록 방해합니다. 혈통의 문제를 해결하십니다. 세상 신을 몰아내십니다. 이 모든 영적활동이 성령하나님께서 우리들의 마음에 성전을 만드시는 일입니다. 우리는 우리 안에 거하시는 하나님과 함께 새로운 삶을 만들어야 합니다. 수평적 삶을 만들고, 수평적 사회, 사랑의 사회를 만들 수 있습니다. 그럴 수 있는 능력이 있습니다.

크리스천이 되고, 풍성한 삶을 누린다는 것은 이러한 관계를 새롭게 창조해나가는 삶을 살아간다는 것입니다. 나를 변화시키고, 이웃을 변화시키는 것입니다. 이것이 내적치유입니다. 사람들은 많은 칭찬은 쉽게 잊어버리는 반면에 단 한마디의 상처를 주는 비평은 잊지 않고 기억합니다. 자신이 행한 일보다는 자신의 인간성에 대한 긍정적, 또는 부정적 말을 훨씬 더 깊게 받아

드립니다. 인간성을 깎아 내리는 말은 자존감에 심각한 영향을 줍니다.

사람들은 상처를 당할 때에 자기의 감정을 억누르고 상처를 빨리 싸매어 버리기 때문에 아무도 눈치 채지 못합니다. 그러나 그 상처는 소독을 하지 않았기 때문에 곪게 되고, 시간이 흐르면 싸맨 곳을 통하여 고름이 새어나오기 시작합니다. 이것이 오래 전의 상처가 현재 삶에 영향을 미치는 것입니다. 상처를 받지 않고 살 수는 없지만, 치유는 하면서 살 수 있습니다. 상처는 일단 받으면 다른 사람에게 상처를 주게 되어있습니다. 상처의 악순환, 빈곤한 삶의 악순환입니다.

상처를 받지 않을 수는 없지만, 상처를 치유할 수는 있습니다. 상처를 치유해야 이 악순환에서 벗어날 수 있게 됩니다. 상처 권에서 벗어날 수 있게 됩니다. 드디어 풍성한 삶으로 나아갈 수 있게 됩니다. 상처가 별로 나에게 영향을 주지 않게 되고, 남에게도 상처를 주지 않는 부드러운 성품이 되며, 상처가 주는 감정에 휩쓸리지 않는 든든한 삶을 살게 됩니다. 말씀과 성령으로 자신의 무의식과 잠재의식에 있는 상처를 찾아서 의식수준으로 가지고 나와서 치유하여 배출해야 합니다. 자꾸 심령에서 성령의 역사를 일으키면 상처는 치유되게 되어 있습니다. 그러므로 상처치유에만 치중하지 말고 성령으로 충만한 임재 상태에 들어가도록 노력해야 합니다. 우리 안에 성전을 성령께서 만드시기 위하여 마음의 상처를 치유하십니다. 자아를 부수십니다. 혈통에 역사하는 귀신을 축귀하십니다. 마음을 열고 받아들여야 합니다.

교회는 마음에 행복을 주는 곳입니다. 성령이 충만하면 영의 만족을 누리게 됩니다. 영의 만족을 누리면 혼과 육의 모든 것이 정상적으로 작동을 합니다. 정상적인 활동을 하여 행복한 나날을 영위할 수 있습니다.

교회는 영육의 병을 고치는 곳입니다. 성도들은 질병이 생기면 하나님께 기도하여 하나님의 방법으로 질병을 치유해야 합니다. 세상 의술도 이용해야 합니다. 인간의 힘으로 안 될 때, 성령의 권능이 역사하는 교회에 와서 우리가 기도하면 하나님의 기적이 나타나는 것입니다. 하나님이 원하시는 것은 치료에 있지 '병원에 가서 치료를 받아서 나았느냐, 주님이 안수기도를 해서 나았느냐' 그것을 따지지 않습니다. 크리스천이 치료해서 건강해지기를 하나님이 원하시는 것입니다. 그러므로 질병이 있을 때 하나님께 기도하면 병원에 보내서 병원의 도움을 받게 하기도 하시고, 그렇지 않으면 주님이 주님의 일꾼을 통해서 직접 안수해서 고쳐주기도 하시는 것입니다.

그러므로 방법에 대해선 걱정하지 말고, 구원의 치료를 받는다는 그 목적을 주님께서 관심을 가지고 계시다는 것을 잊지 마시기 바랍니다. 사도행전 10장 38절에 보면 "하나님이 나사렛 예수에게 성령과 능력을 기름 붓듯 하셨으매 그가 두루 다니시며 선한 일을 행하시고 마귀에게 눌린 모든 사람을 고치셨으니

이는 하나님이 함께 하셨음이라" 모든 사람을 고쳤습니다. 특별한 사람만 고친 것이 아닙니다.

하나님께서 예수님을 보내시매 그가 두루 다니시며 모든 사람을 고쳐주셨습니다. 크리스천 한사람 한 사람이 예수님의 몸이니깐, 유형교회 와서 기도를 통해서 예수 그리스도의 음성을 듣고 순종하면 불치병도 낫는 것입니다. 교회에 나와 예배를 통하여 예수님을 만나면 그 만남은 은혜 속에서 주님이 고쳐주시는 것입니다. 고치는 것이 하나님의 뜻이요, 안 고치는 것은 마귀의 뜻인 것입니다. "도적이 오는 것은 도적질하고 죽이고 멸망시키는 것뿐이요 인자가 오는 것은 양으로 생명을 얻게 하되 더 풍성히 얻게 하려고 오노라" 죽이는 사망의 역사는 마귀가 가져오고 생명의 역사는 하나님의 아들이 가지고 오시는 것입니다. 축복을 받는 것은 하나님의 아들이 주시는 것이요, 패망케 하는 것은 원수마귀가 하는 것입니다.

교회는 성도들의 문제를 해결하는 곳입니다. 현실문제가 있을 때 하나님의 해결방법을 알아내라고 주신 것이 바로 기도입니다. 하나님께서는 예수 그리스도를 믿는 자녀들에게 주신 것이 바로 기도입니다. 기도는 하나님의 뜻을 알아내는 중요한 수단입니다. 크리스천이 현실문제에 봉착했을 때 하나님의 해결방법으로 문제를 해결해야 합니다. 기도는 하나님의 해결방법을 알아내는 중요한 수단입니다. 기도는 하나님의 지혜와 권능을 받는 적극적인 수단입니다. 예수를 믿는 크리스천은 모든 문제를 하나님의 방법으로 해결해야 합니다. 하나님께 기도하여 알려주시는 방법으로 순종하면 문제가 기적같이 해결이 됩니다. 문제가 있을 때 성령으로 기도하십시오. 어려움을 당할 때 성령으로 기도하십시오. 몸이 아플 때 성령으로 기도하십시오. 기도는 하나님께 문제해결방법을 알아내는 것입니다. 현실 문제란 어떤 것일까요? 부부불화가 있다. 어깨통증이 있다. 등과 허리에 통증이 있다. 머리가 아프다. 어지럽다. 불면증이 있다. 불감증이 있다. 우울증이 있다. 꿈이 많아 깊은 잠을 자지 못한다. 위궤양이 있다. 잘 놀란다. 교통사고, 사고, 수술 후유증이 있다. 불안과 두려움이 심하다. 온몸에 근육통증이 있다. 허리와 목 디스크로 고생한다. 요통이 있다. 골반 통증이 있다. 가슴이 답답하다. 기도가 안 된다. 늘 피곤하다. 늘 졸린다. 아랫배에 통증이 있다. 이해하지 못할 사고를 잘 당한다. 생각하지 못한 일로 물질이 손해가 난다. 역류성 식도염이 있다. 공황장애가 있다. 불안장애가 있다. 서러움이 많다. 짜증과 혈기가 심하다. 부모님이 중풍이 있다. 부모님이 치매가 있다. 자녀가 정신문제로 고생한다. 자녀가 학교에서 왕따 당한다. 귀신역사로 고생한다. 신 끼로 고생한다. 식탐으로 먹고 토한다. 이런 모든 것이 현실 문제입니다. 크리스천들이 바르게 알아야 할 것은 하나님은 성도들의 현실의 문제를 성령으로 인도하시면서 해결하게 하십니다. 신구약 성경을 자세히 보면 믿음의 사람들은 모두 현실의 문제를 하나님께 문의하여 해결하며 믿음의 사람이 되었습니다.

교회는 성도들의 신앙을 자라게 하는 곳입니다. 교회는 그냥 텅 빈 모임을 위한 공간이 아니라, 예수님의 이름을 붙인 성령님의 전인 것입니다. 교회 오는 사람들이 반드시 알아야 할 사항은 성령께서 교회를 세우셨고, 예수님은 어제나 오늘이나 영원토록 동일하시고, 우리와 함께 임재 하여 계심으로 우리는 교회의 살아있는 역사 속에 예배드려야 되는 것입니다. 목회자의 신앙지도를 받으면서 믿음이 자라게 해야 합니다. 거기다가 성령의 역사로 문제를 해결 받고, 상처를 치유하며, 병을 고치고, 스트레스를 성령의 역사로 몰아내는 것입니다. 성령으로 귀신을 몰아내는 곳입니다. 예수 그리스도는 어제나 오늘이나 영원토록 동일하시고, 성령도 동일하시니 교회에 나와서 예수님을 만나고 성령 충만해지고 죄 사함을 받고, 마귀를 쫓아내고, 저주에서 해방되어 축복을 받고, 은혜를 받아 천국을 선물로 가슴에 품고 매일매일 성령의 도우심을 받아 죄악을 씻고 주님 나라를 앙망하는 그곳이 교회인 것입니다.

교회는 우리에게 믿음을 줍니다. 믿음이 없이는 하나님을 기쁘시게 할 수 없습니다. 믿음은 환경을 바라보는 것이 아닙니다. 하나님께서는 우리가 바라보고 선포하며 하나님을 의지하며 나가면 그대로 이루어주십니다. 지금 환경을 바라보고 좌절하면 안 됩니다. 믿음은 바랄 수 없는 중에서도 바라는 것임을 알아야 합니다. 힘들고 어려울 때도 좋은 것을 바라보고 될 것을 기대해야 합니다. 바랄 수 없는 중에 바라보는 것이 바로 믿음입니다.

교회는 바로 믿음을 주는 곳입니다. 믿는 자에게는 능치 못함이 없습니다. 믿음으로 간구한 것은 받은 줄로 아십시오. 우리가 간구하고 받지 못하는 것은 의심하기 때문입니다. 내가 할 수 있는 것은 하나님을 신뢰하고 하나님을 믿는 것입니다. 우리 자신들에게는 한계가 있을 수밖에 없지만 하나님을 의지할 때 불가능이 가능으로 바뀌게 됩니다.

교회는 하나님의 음성을 듣는 방법을 배우는 곳입니다. 하나님의 음성을 들어야 살 수 있기 때문입니다. 하나님의 음성을 들으려면 모든 통로를 열고 들으려고 노력해야합니다. 하나님의 자녀가 하나님의 음성을 듣는 것은 생사 간에 문제입니다. 자세한 것은 "하나님의 음성을 쉽게 듣는 법" 책을 참고하면 됩니다.

성령님과 동행하는 방법을 배우는 곳입니다. 성령님과 동행하는 삶을 살아가야 합니다. 하나님은 우리가 푸른 초장 맑은 시냇물가에 있을 때에나, 사망의 음침한 골짜기를 지날 때에나 항상 함께 계십니다. 우리가 세상에서 어렵고 힘들고, 병들어 고통스러운 환난을 당하고 있다 할지라도 여전히 성령 하나님께서는 우리와 함께 동행 하십니다. 다윗은 "내가 사망의 음침한 골짜기로 다닐지라도 해를 두려워하지 않을 것은 주께서 나와 함께 하심이라."(시 23:4)고 노래했습니다.

20장 가정에서 건강하게 지내는 비결

(시 128:1-6)"여호와를 경외하며 그의 길을 걷는 자마다 복이 있도다. 네가 네 손이 수고한 대로 먹을 것이라 네가 복되고 형통하리로다. 네 집 안방에 있는 네 아내는 결실한 포도나무 같으며 네 식탁에 둘러앉은 자식들은 어린 감람나무 같으리로다. 여호와를 경외하는 자는 이같이 복을 얻으리로다. 여호와께서 시온에서 네게 복을 주실지어다 너는 평생에 예루살렘의 번영을 보며, 네 자식의 자식을 볼지어다. 이스라엘에게 평강이 있을지로다"

건강하게 장수하려면 건강한 식 습관을 들여야 합니다. 잠을 7~8시간 자야합니다. 아침식사를 꼭 합니다. 소식해야합니다. 식사 시간은 30분 이상 가져야 합니다. 거꾸로 먹습니다. 예를 든다면 후식을 먹고 밥을 먹으라는 말입니다. 간식을 하지 않습니다. 정상 체중을 유지합니다. 규칙적인 운동을 합니다. 자신을 들여다보는 깊은 기도를 하여 마음의 평안을 유지합니다. 그래서 건강하려면 가정 생활이 중요합니다. 가정이 원만해야 식 습관도 바르게 할 수가 있기 때문입니다.

가정이 왜 성경의 말씀에 기준을 따라 질서 있는 가정이 되어야 하는가 하는 것입니다. 왜냐하면 남편이 가장이 되고, 아내가 순종하는 가정은 남편이 잘 났거나, 아내보다 더 능력이 있어서

가 아니라, 성경의 기준에 따라 그렇게 하는 것입니다. 이 말은 이 가정은 성경에 권위를 인정하는 가정 즉 다른 말로 하면 하나님의 권위를 인정하는 가정이 되는 것입니다. 그리고 이런 가정이 될 때 가정은 하나님의 뜻 안에서 가장 건강하고 축복된 가정이 되는 것입니다.

유명한 불란서의 농민화가였던 밀레가 그린 '만종'이라는 그림이 있습니다. 원래 70달러밖에 되지 않는 물감과 종이를 들여서 그린 것입니다. 그런데 나중에 어느 미국인이 12만 5천 달러에 사갔습니다. 얼마 후에 불란서 사람들이 이 명화를 다시 본국으로 찾아와야겠다는 생각에서 15만 달러를 주고 사다가 '르부르' 미술관에 걸어놓았습니다.

밀레의 '만종'은 어느 젊은 부부가 하루 종일 땀 흘려 일하다가 멀리서 예배당의 종소리가 들려올 때에, 괭이와 삽을 놓고 두 손을 모으고 하나님께 기도드리는 모습을 그린 것입니다. 이 그림이 왜 그렇게 비싼 값에 팔린 것일까요? 이 명화 속에 세 가지 신성함이 있답니다. 그 첫째는, 가장의 신성함이요, 둘째는 노동의 신성함이요, 셋째는 종교의 신성함이라는 것입니다. 부부가 함께 하나님을 향해 머리를 숙이고 기도하는 모습은 그 가정이 얼마나 행복한 가정인가를 단적으로 보여주는 그림이란 것입니다.

당신의 가정은 어떻습니까? 사람의 육체가 건강 하느냐 건강치 못하냐가 최근의 모든 사람의 관심사이지만, 저는 그에 못지않게 중요한 것은 가정의 건강도 중요하다고 생각합니다. 가정의 건강은 '육체 건강'을 의미하기 보다는 '관계의 건강'을 의미합니다. 관계가 건강한 가정에서 건강한 인격자가 배출되고 그곳에서 '진정한 행복'이 나오는 것입니다. 그렇다면 어떤 가정이 건강한 가정이라 할 수 있습니까? 성경이 말하는 행복한 가정, 건강한 가정은 어떤 모습을 의미하는 것일까요?

첫째, 온 가족이 하나님을 주인으로 모시는 가정이 되어야 한다
(1~2절). "여호와를 경외하며 그 도에 행하는 자마다 복이 있도다. 네가 네 손이 수고한대로 먹을 것이라 네가 복되고 형통하리로다(1-2절)." 그렇습니다. 온 가족의 모든 식구가 여호와를 경외하며 그 말씀 가운데 행하며 살 때 직장생활도, 사업도, 결실을 맺게 되고 복되고 형통하게 되는 것입니다. 하나님을 섬기는 가정, 하나님 말씀대로 살려고 부단히 힘쓰고 노력하는 가정이라면 하나님이 복을 주시되 형통의 복을 주실 것입니다.

인간이 아무리 힘쓰고 애써도 하나님이 허락지 않으시면 그 복은 내 것이 아님을 알아야 합니다. 복의 근원이신 하나님이 내게 복을 허락하셔야만 합니다. 그러기에 그분을 온전히 섬기고 그분의 말씀을 따라 사는 것이 어찌 복이 아니겠습니까?

요셉이 애굽에 끌려갔어도 하는 일마다 형통한 비법은 그가 하나님과 함께 했기 때문입니다. 하나님과 함께 했다는 말을 깊이 생각하세요. 어떻게 했다는 뜻입니까? 하나님과 함께했다는 것은 그에게 예배하고, 그에게 기도하며, 그분의 말씀을 따르며 살았다는 것입니다. 그러니 하나님이 그를 그냥 두실 수 있겠습니까?

문제는 이런 가정이 되려면 가장이 문제입니다. 집안의 대표자인 가장이 민법상의 가장 노릇만이 아니라, 신앙의 가장 노릇을 해야 합니다. 그럴 때 그 집안이 복을 누리고, 그 가정이 건강한 가정이 되는 것입니다. 그런데 현실은 그렇지 못합니다. 아내가 신앙의 가장 노릇을 합니다. 그러니 이를테면 한 가정에 두 가장이 있는 것입니다. 민법상의 가장, 신앙상의 가장, 이러니 건강할 수 없습니다.

저는 주일 아침에 참으로 가슴 아픈 경우가 있는데 그것은 남편들이 아내와 아이들을 교회 앞까지 태워다 주고 그냥 갑니다. 가정의 운전기사 노릇만 하고 있는 것입니다. 그래서 제가 예배 좀 드리고 가라고 하지 그냥 보내느냐고 하면 더 가슴 아픈 이야기를 합니다. "그런 소리 마세요. 데려다 주는 것 만해도 얼마나 고마운데요." 합니다. 더 가슴 아픈 것은 기도시간에 나가는 가장입니다. 필자의 교회는 주일 낮 예배 시에도 40분간 기도를 합니다. 기도해야 성령으로 충만해져서 성도들의 영이 살아나기 때문입니다. 필자가 중간에 안수기도도 해줍니다. 안수기도 받기가 싫어서 나가는지 기도를 하기 싫어서 나가는지 기도시간이 되면 나갑니다. 밖에서 기다리다가 같이 갑니다. 여 집사가 하는 말이 따라서 예배에 나오는 것만 해도 감사하다는 것입니다. 그러나 그것은 고맙기는 할지 모르겠지만 영적으로는 가슴치고 통탄할 노릇입니다. 왜 영적 가장의 복을 누려야 할 자들이 운전기사 노릇을 하느냐 말입니다.

어느 모임에서 고등학생을 모아 놓고 질문했습니다. 여러분들은 여러분들의 아버지가 어느 때 가장 불쌍하다고 느껴집니까? 했더니, 첫째는 아버지가 어머니한테 야단맞을 때이고, 둘째는 아버지가 밤늦게 회사에서 돌아와 가방을 힘없이 내던지고 방에 들어가 문을 닫고 흐느껴 우실 때이고, 셋째는 아버지가 라디오나 텔레비전을 보다가 말고 갑자기 나가서서 혼자 복권을 맞추어 보실 때였답니다. 가슴 아픈 얘기입니다.

하나님의 복은 가장을 통해서 내려오는 데 가장이 영적,육적 가장권을 상실하고 가정에서도, 직장에서도 세상에서도 살아갑니다. 그러니 이 사회가 건강한 사회가 될 수 없는 것입니다. 아브라함이 바로 서므로 그 가족이 복을 누리고 자손이 복을 누렸습니다. 이삭도, 야곱도, 요셉도 영적 가장으로서 하나님을 주인으로 모시므로 그 자손이 복을 받습니다. 어떤 복입니까? 오늘 말씀처럼 복되고 형통하게 되는 복을 누리는 것입니다.

둘째, 아내가 아내 역할을 바로 하는 가정이 건강한 가정이다. "네 집 내실에 있는 네 아내는 결실한 포도나무 같으며(3절)" 아내가 내실에 있습니다. 결실한 포도나무와 같습니다. 결실한 포도나무, 열매가 주렁주렁 맺혀 있다는 것입니다. 한마디로 가정은 아내로서, 엄마로서의 역할이 어떠냐에 따라 그 가정의 건강도가 좌우된다는 말입니다.

　어느 교회에 이런 장로님 가정이 있었습니다. 장로님이 당회에서 목사님과 이웃 교회와 연합예배를 드리기로 결정했습니다. 그래서 집에 와서 그 이야기를 아내에게 했더니. 아내 되는 권사님이 목사님에게 전화를 했습니다. "목사님! 우리 장로님이 연합예배를 드리자고 하신 것 같은데…. 연합 예배는 안 됩니다. 그 교회는 자유주의 교회입니다." 그런데 이 이야기가 아들을 통해서 며느리에게도 전달되었습니다. 며느리 생각에는 모처럼 드리는 연합 예배가 그 지역에서 교회간의 협조와 사회에 대한 교회의 인상 면에서 좋다고 느껴졌습니다. 그래서 며느리도 목사님에게 다시 전화를 했습니다.

　"목사님! 우리 시어머니 말씀을 듣지 마십시오. 연합예배는 참으로 좋습니다. 연합예배를 추진하십시오." 이 이야기에서 무엇을 느낄 수 있습니까? 이 가정에서는 권위주의가 무너져 있습니다. 며느리가 시어머니의 결정을 뒤집어엎는다는 것은 말할 필요도 없이 무례한 행동이지만, 아내가 남편의 공적인 결정을 뒤집어엎는다는 것도 스스로 가정이라는 아름다운 집을 허물어버리는 일입니다.

　가정의 구성원 모두 아름다운 집을 만들기 위해서는 자기의 위치와 역할을 잘 감당해야 합니다. 몇 년 전 "남편을 헐값에 팝니다."라는 미국의 한 신문 광고가 화제가 된 적이 있습니다. 남편이 즐기는 낚시 도구 사냥 도구, 그리고 사냥개까지 덤으로 얹어 판다는 이 광고를 보고 남편보다 사냥개를 보다 욕심내어 60여 명의 원매자가 나섰다고 합니다.

남성분들은 조심해야 합니다. 어느 날 신문에 팔아버린다는 광고를 낼지도 모릅니다. 말도 안 되는 일이라고 웃어넘기면 그만이겠지만, 남편의 지체나 권위가 매매 대상으로까지 타락하고, 그나마도 사냥개 한 마리 값만도 못하게 시세나 가치가 하락돼 있다는 현실을 느끼게 해주고 있습니다. 그러나 아무리 세상이 요지경이 되어 난리를 쳐도 성경은 너무나도 확고하게 못을 박고 있습니다.

"아내들이여 자기 남편에게 복종하기를 주께 하듯 하라. 이는 남편이 아내의 머리됨이 그리스도께서 교회의 머리됨과 같음이니 그가 친히 몸의 구주시니라(엡5:22-23)" 여자의 머리는 남자요, 그러기에 어떤 가정이든 이 질서와 순서를 깨면 그 가정은 건강한 가정이라 할 수 없는 것입니다. 가정이 건강하기 위하여 반드시 지켜져야 하는 것이 신앙과 민법상 위계질서입니다. 남편중심으로 위계질서가 바르게 서야 하나님의 복을 받습니다. 남편은 민법상의 가장이요, 신앙의 가장입니다.

가정도, 교회도, 국가도, 어느 공동체든지 권위와 질서가 세워지면 든든합니다. 그러나 이것이 무너지면 그 조직의 장래는 어둡게 됩니다. 로마가 세계를 지배할 당시, 세계의 어머니를 대표할 수 있는 두 여인이 있었습니다. 한 사람은 유명한 참회록을 후세에 남긴 어거스틴의 어머니 '모니카'이고 다른 한 사람은 네로 황제의 어머니 '아그리피나'입니다. 네로 황제의 어머니 '아그리피나'는 그녀의 남편이었던 '클라우디오' 황제를 암살시키고 그녀의 아들인 '네로'를 조속히 왕위에 즉위시켰습니다. 그러나 그녀는 그의 자식인 '네로'에게 살해당하고 말았습니다.

그러나 '모니카'는 아들 '어거스틴'이 그의 내적 갈등과 정신적 고뇌에서 헤어나지 못하고 극도의 방탕과 방종의 생활 속에 빠져있을 때 어거스틴을 위한 눈물의 기도를 드리며 생활 했습니다. 그 기도 속에서 방탕의 자식 어거스틴을 성(ST) 어거스틴이 되게 한 것입니다.

'어거스틴'은 사도 바울 이후 기독교 교리를 체계적으로, 그리고 신학적으로 정리한 최대의 신학자가 되었습니다. 반드시 위대한 인물의 배후에는 위대한 어머니가 있었으며 위대한 어머니의 배후에는 반드시 위대한 신앙이 있었습니다. 그러기에 건강한 가정이 되려면 아내다운 아내, 어머니다운 어머니가 가정을 지키고 있으면 되는 것입니다.

셋째, 자녀가 함께 식탁을 나누는 가정이 건강한 가정이다. 이스라엘에서는 식사를 함께 한다는 것은 엄청난 특권이었습니다. 왕이 신하와 함께 한다는 것은 엄청난 영광입니다. 왜요? 교제의 장이기 때문입니다. 식사를 같이 함으로 마음이 나누어지며 대화가 이루어집니다. 가족도 그렇습니다.

현대의 비극은 가족 구성원이 너무들 바빠서 식사를 같이 할 시간이 없는데 있습니다. 아이들은 꼭두새벽에 일어나 나가고 다들 제각각 식사하고 나갑니다. 저녁식사도 마찬가지입니다. 그러니 대화가 단절됩니다. 결국 심각한 갈등과 아픔이 생기고 문제가 심각해 진 상태에 가서 손을 쓸 수 없게 되는 것입니다.

오늘 본문에 네 상에 둘린 자식은 어린 감람나무 같으리라 했습니다. 감람나무는 올리브 나무로 이스라엘의 대표적인 나무입니다. 여기서 나는 기름은 식용 이외에도 약용, 등불용으로 다양하게 사용되었습니다. 그래서 이스라엘 사람들의 필수품이 되었습니다. 선한 사마리아 사람 비유에서도 기름을 발랐다는 것은 올리브기름을 의미합니다. 여행 다닐 때도, 어디서든지 유용하게 쓰이는 기름처럼 자녀들이 그렇게 자란다는 것입니다.

제일 염려 하고 신경 쓰이는 부분은 아마도 자녀 교육일 것입니다. 그러면 그 자녀를 누가 책임 질 것입니까? 이악한 시대에 누가 지킬 것이며 누가 이끌 것입니까? 오직 가정과 교회인줄 믿으셔야 합니다. 건강한 가정은 건강한 자녀를 만들어 냅니다.

동성애 문화가 얼마나 심각한 상태인지 매스컴을 통해 들었을 것입니다. 얼마 전에는 미국의 성공회 교회에 동성애자가 신부로 세워졌답니다. 수많은 대학생들, 그리고 젊은이들이 함께 동거하며 성을 즐기다가 어느 날 맘에 안 들면 미련 없이 갈라지고 있습니다.

거기에는 순결이라는 단어, 책임이라는 단어는 별나라 이야기가 되고 있습니다. 그들이 우리 며느리가 되고 우리 사위가 될 수도 있습니다. 동성애도 우리 곁에 바짝 와 있습니다. 남자가 남자하고 성행위를 하고 여자와 여자가 성행위를 하는 것을 동성애라고 합니다. 지금 심각하게 대두 되고 있습니다.

어느 날 자신의 자녀가 어느 놈과 동거하고 있다는 소식을 들으면 어쩔 것입니까? 어느 날 자신의 아들이 이상한 남자 놈을 데리고 와서 둘이 결혼하겠다고, 또는 나는 그 애를 사랑한다고 한다면 아마도 억장이 무너져서 병원에 실려 갈 분도 있을 것입니다. 남의 이야기가 아닙니다. 내 자식이야기가 될 것입니다. 어쩔 것입니까?

그렇다고 포기할 것입니까? 성경말씀이 해결 방법을 하나 가르치고 있습니다. 함께 식탁에 둘러앉는 것입니다. 단순히 먹는 시간이 아닌 대화의 장, 교제의 시간을 식탁을 통해 갖는 것입니다. 그러면 문제가 보이기 시작하고 치료의 길이 열리며 건강한 가정으로 가는 길이 되는 것입니다. 식구란 말이 바로 상에 둘러앉아 함께 식사하는 사람이라는 말입니다. 하루 세 끼 다 그렇게 하긴 어렵습니다. 그러나 한 끼만이라도 아니면 일주에 3끼만이라도 그런 식탁을 가지시기 바랍니다.

필자는 제일 미련한 가정주부가 남편에게 밥 차려 주고 "먹고 가~" 그리고 방에 들어가서 자는 아내라고 생각합니다. 사랑으로 밥을 차리고 사랑으로 대화하면서 시간을 가져야 합니다. 식사 시간은 밥만 먹는 시간이 아닌 사랑을 나누고 먹는 시간입니다.

더 미련한 사람은 그것이 당연한 것인 줄 알고 그렇게 쳐 먹고 출근하는 남편도 미련한 사람이지요. 밥이라도 얻어먹고 가는 것을 다행으로 여기는 것이 문제입니다. 적어도 가족은 한 식탁을 함께 둘러앉아서, 함께 식사하는 밥상 공동체가 되어야 합니다.

성경말씀은 어떤 복을 주신다고 약속합니까? ①시온에서 복을 주십니다. 유형무형 교회를 통해 복을 주십니다. ②평생에 예루살렘의 복을 봅니다. 평안의 복을 주십니다. ③손자를 보는 장수의 복을 누립니다. 유형무형 교회를 통해 복을 주시며 태평성대를 누리게 하시며 장수의 복을 누리게 하신다는 말씀입니다.

당신의 가정은 어떻습니까? 혹시 아직은 성경이 말하는 온 가족이 구원받은 가정이 아닙니까? 자신의 가정의 신앙 가장권을 언제까지 가지고 계실 생각을 하지 마시기 바랍니다. 가정이 건강하려면, 복되고 형통하려면 온 가족이 하나님을 경외하며 말씀대로 살면서 복을 누리시기를 축원합니다. 건강한 가정은 사람이 만드는 것이 아닙니다. 그것은 하나님이 허락하셔야 합니다. 성령의 역사가 일어나야 합니다.

넷째, 건강한 가정은 가족 구성원이 나에게 주신 가장 좋은 하나님의 선물임을 믿는다. 목사님이 설교 중에 "아담은 하와를 세상에서 제일 사랑했습니다." 그러자 한 성도가 "그때야 뭐 따로 고를 게 있었어야지요." 했답니다. 그래요 그때는 세상에서 여자라는 존재가 하와 단 한명 밖에 없었습니다. 그런데 성경을 보니 아담은 하와가 어떤 사람인지 알아보지도 않고 무턱대고 너무 좋아합니다. 하와를 보자말자. 이는 내 뼈 중에 뼈요, 살 중에 살이로다. 하면서 경망스럽게 좋아합니다. 그런데 아담이 왜 그렇게 좋아한 것인지를 정확히 알아야 합니다.

온 세상에 여자가 한명 뿐이라서 그렇게 좋아한 것이 아니라, 하나님께서 주신 것은 다 좋은 것 밖에 없다는 믿음에서 그렇게 한 것입니다. 아담이 에덴동산에서 살아보니까 하나님께서 만드시고 하나님께서 주신 것은 다 좋은 것 밖에 없었습니다. 그래서 하나님께서 자기에게 여자를 붙여주시니 당연히 좋은 것으로 여기고 믿었습니다. 그런데 사실 믿는 도끼에 발등 찍힌다고 여자에게 꾀여서 선악과를 먹고 에덴동산에서 쫓겨나게 되었지만 말입니다. 이건 농담이고…. 아담이 여자 때문에 선악과를 먹은 것은 아닙니다. 여자의 말 듣고 자신이 분명히 선택한 것입니다. 그런데 잘 못 선택한 것입니다.

아담은 가정의 가장이고 질서 상 가정의 리더입니다. 리더로서 현명하고 정당한 판단을 해야 하는데 판단력이 흐려졌습니다. 아담도 하나님처럼 되고 싶다는 교만이 있었기 때문이었을 것입니다. 제가 왜 이런 이야기를 하는가 하면 어떻든 간에 아담에게 하와는 하나님이 주신 가장 좋은 선물이었다는 것입니다. 그런데 그 좋은 선물에 대한 관리 소홀로 자신이 실패한 것입니다. 이 논리를 지금의 우리 가정들에 대입해보면 우리의 가족 구성원은 하나님이 주신 가장 좋은 선물들입니다. 혈연을 가진 부모형제도 그렇고 결혼을 해서 얻게 된 가족도 마찬가지입니다.

그래서 우리는 우리 가족 구성원은 하나님이 주신 가장 좋은 선물이라는 인식을 깊이 새겨야 합니다. 이것이 성경적인 것입니다. 그래서 하나님이 주신 선물을 잘 다루어야 합니다. 남편은 아내를 잘 다루어야 하고, 아내 역시 마찬가지입니다. 자녀도 하나님이 주신 너무나 소중한 선물입니다. 잘 키워야지요. 얼마전에 부천에서 목사가 딸을 때려서 죽였다는데 참으로 다시는 있어서는 안 될 입니다. 시부모님도 마찬가지이고, 며느리나 사위도 마찬가지입니다.

그리고 배우자나 자녀의 탈선이나 비행으로 인해 눈물로 밤을 지새우며 기도해야 할 고통의 시간들이 있겠지만, 그로 인해 그 배우자나 부모는 하나님과 더 깊은 교제를 가지며, 더 거룩하고 신령한 믿음의 사람으로 성장해 간다는 것을 알아야 합니다. 그래서 하나님이 주신 것은 모두가 좋은 것뿐입니다. 입에 쓴 것이 약이 된다는 말이 있습니다. 가족에 대한 고통이 있기에 가정이 거룩해져 갈 수 있습니다. 가정이 건강해질 수가 있는 것입니다. 사랑하는 우리 성도님들은 가족 구성에 대한 새로운 성경적 시각을 가지시기 바랍니다. 우리 가족 구성원은 하나님이 주신 가장 좋은 선물입니다. 자만하지 않고 예방신앙이 중요합니다.

21장 직장에서 건강하게 지내는 비결

(빌 2:5-11)"너희 안에 이 마음을 품으라 곧 그리스도 예수의 마음이니, 그는 근본 하나님의 본체시나 하나님과 동등 됨을 취할 것으로 여기지 아니하시고, 오히려 자기를 비워 종의 형체를 가지사 사람들과 같이 되셨고, 사람의 모양으로 나타나사 자기를 낮추시고 죽기까지 복종하셨으니 곧 십자가에 죽으심이라. 이러므로 하나님이 그를 지극히 높여 모든 이름 위에 뛰어난 이름을 주사 하늘에 있는 자들과 땅에 있는 자들과 땅 아래에 있는 자들로 모든 무릎을 예수의 이름에 꿇게 하시고, 모든 입으로 예수 그리스도를 주라 시인하여 하나님 아버지께 영광을 돌리게 하셨느니라."

직장에서 건강하게 지내려면 예수님의 마음을 품어야 합니다. 모든 사람들은 예외 없이 자기가 인정받고 싶고 대우를 받으며 존경받기를 원합니다. 그런데 그만 인정을 받지 못하고 무시를 당하거나 멸시를 당하면 자존심이 상해집니다. 그 대신에 마음에 미움과 분노가 솟구쳐 올라오는 것입니다. 분노가 건강을 해치게 합니다. 아무리 운동을 많이 하고 건강에 관심을 가지고 직장 생활을 해도 마음에 미움과 분노가 있으면 영혼의 기능이 정상적으로 작동하지 못하므로 건강할 수가 없는 것입니다.

하나님은 성도들이 건강하게 살아가기를 원하십니다. 건강하기 위하여 직장에서 예수님의 마음을 품어야 합니다. 예수님의 마음은 항상 하나님을 생각하고 집중하는 마음입니다. 하나님의 뜻에 따라 움직이셨습니다. 항상 하나님께 주목하고 기도했다는 것입니다. 우리 성도들이 직장 생활하면서 건강을 유지하기 위하여 어떻게 해야 할까요?

첫째, 항상 하나님께 집중하는 마음이다. 예수님은 항상 하나님께 집중하면서 삶을 사셨습니다. 우리 성도들도 이런 예수님을 본받아야 합니다. 쉽게 말해서 마음으로 예수님을 생각하며 기도하면서 일을 하라는 말입니다. 어떤 사람이 담배를 너무 좋아해서 기도하면서도 담배를 피우니까 기도하면서 담배 피우지 말라고 신부님이 주의를 주었더니, "그러면 담배 피우면서 기도하면 됩니까?"라고 묻자 그건 된다고 했다는 우스갯소리가 있습니다. 농담을 떠나서, 이 두 가지 행위 사이에 과연 무슨 차이가 있기에 하나는 안 되고, 다른 하나는 된다고 했을지 궁금해질 것입니다. 전자는 기도 대신 담배 피우는 것이 주 행위가 되고, 후자는 담배 대신 기도가 주이기 때문일까요? 하지만, 담배 피우면서 기도하는 것도 썩 좋은 일은 아닙니다. 담배 맛도 제대로 즐기지 못하고 기도에도 집중하기 어려울 것 같기 때문입니다.

담배 대신 일이라는 것을 대입해 생각해보겠습니다. 기도하면서 일하는 것과 일하면서 기도하는 것 중 어느 것이 더 나을

까요? '쉬지 말고 기도하라'는 성경 말씀도 있듯이, 역시 일하면서 기도하는 편이 더 신앙적이라는 생각이 듭니다. 하지만 어떻게 그게 가능한지가 문제입니다. 일을 하면 일에 집중해야지, 기도하면서 일을 하면 아무래도 일에 지장이 있을 것 같기 때문입니다. 따라서 일과 기도를 동시에 할 수 있는 묘수가 필요합니다. 일하면서 기도할 수 있는 방법을 찾아야 합니다. 우리는 기도하면 일정한 자세를 취하고 해야 한다는 고정관념에서 탈피해야 합니다. 일을 하면서 기도하기 위하여 우선 우리가 일반적으로 하는 기도, 즉 일을 멈추고 틈을 내서 일정한 자세를 취하고 드리는 기도 대신, 마음을 비우는 기도나, 마음으로 기도하는 침묵적 기도를 해야만 합니다. 이런 기도는 마음으로 그냥 하나님을 찾는 것입니다. 일에 집중하면서 마음으로 하나님께 집중하는 것입니다. 마음 안에 계신 하나님을 생각하거나 찾으면서 일하는 것입니다.

이렇게 마음으로 하는 기도는 별도의 시간이나 장소가 필요 없고, 언제 어디서 무엇을 하든 할 수 있는 기도입니다. 문자 그대로 '쉬지 말고 하는 기도'가 됩니다. 이런 마음의 기도, 생활 속의 기도, 일하면서 하는 기도가 사실 기도의 고수나 영성의 대가들이 가르치는 고차적 기도입니다. 그런데 꼭 그렇다고 볼 수가 없습니다. 일반인도 관심을 가지고 하려고 하면 할 수 있습니다.

서양 수도원에는 일하면서 기도하는 전통이 있으며, 선불교에도 농사지으면서 마음을 닦는 선농일치의 정신이 있다고 합니다. 농사나 노동이 물론 경제적으로도 중요하지만, 더 중요한 것은 노동이 기도를 중단시키거나 방해하는 행위가 아니라, 바로 기도하는 마음으로 할 수 있다는 것입니다. 그렇게 하면 쉬지 않고 기도할 수 있어서 좋고 기도가 일을 방해하기는커녕 일에 정성이 담겨 더 좋습니다.

마음으로 기도하는 방법이 대중적 관심을 끄는 이유도 그것이 선정에 몰입하는 명상보다 쉬울 뿐 아니라, 생활 속에서 하는 마음으로 기도할 수 있기 때문입니다. 기독교에서 성도들이 하는 마음의 기도는 어디서 무슨 일을 하든지, 자기의 마음 상태가 하나님을 늘 주시하여 흐트러짐이 없도록 하고, 항시 영이 깨어 있는 상태를 유지하도록 하는 실질적인 기도이기 때문입니다. 마음의 기도를 통하여 영이 깨어 혼과 육체를 지배하도록 하는 적극적인 방법입니다. 이렇게 하면 일을 하되 일에 치이거나 휘둘리지 않게 됩니다.

일을 하면서 기도하면 마음이 일 가운데 있지만, 일이 마음에 없는 초연한 상태를 유지한다고 '마이스터 에크하르트'는 말합니다. 도가에서는 이것을 무위 가운데 하는 행위이며, 힌두교 경전 바가바드기타에서는 결과에 집착하지 않고 하는 순수한 행위인 '행위의 요가'(karma-yoga)라고 합니다. 왕양명은 또 그것을 사상마련, 즉 일속에서 갈고닦는 수련이라고 불렀습니다.

우리나라 크리스천들은 신앙생활에는 열심이지만 생활신앙은 약하다는 지적이 많습니다. 세상에서 적용하지 못한다는 이야기도 됩니다. 신앙과 생활이 따로 놀아 신앙이 삶 전체에 영향을 주거나 삶의 방식 자체를 바꾸지 못하고, 기도하는 시간과 종교 집회나 의례에 참석하는 시간만 경건해진다는 말입니다. 신앙 활동을 열심히 하고 명상기도나 마음의 기도도 부지런히 하지만, 그 자제가 목적이 되어서 실생활에는 별 영향을 주지 못하게 되는 것입니다.

필자는 항상 강조합니다. 세상에 나가서 적용을 잘하는 성도가 진정한 믿음 있는 성도라고 말합니다. 일 가운데 늘 자기 마음을 성찰하는 기도, 생활 속의 기도를 익혀서 육체와 마음이 하나가 되고, 육체와 마음이 둘이 아닌 하나의 경지에 이르는 것을 훈련하여 적용해야 합니다. 어떻게 하느냐, 마음으로 하나님을 생각하는 것입니다. 호흡을 들이쉬고 내쉬면서 마음으로 하나님을 부르거나 생각하면 됩니다. 호흡을 하지 않고 사는 사람은 없을 것입니다. 습관이 되면 그리 어려운 것이 아닙니다. 무엇이든지 습관이 중요합니다. 습관적으로 하나님을 마음으로 생각하거나 찾는 것입니다. 이렇게 마음으로 기도하며 일을 하면 영이 혼과 육체를 지배한 상태가 되어 일에 집중이 잘되고 피로가 쌓이지 않게 됩니다. 사람의 주인은 영입니다. 영이 강하면 이성과 육체는 그만큼 쉬는 것입니다.

둘째, 섬기는 마음으로 직장 생활을 한다. 우리가 이 예수 그리스도의 생애를 통해서 배워야 할 것은 종의 마음, 섬기는 마음입니다. 마가복음 10장 43-45절에 "너희 중에는 그렇지 아니하니 너희 중에 누구든지 크고자 하는 자는 너희를 섬기는 자가 되고 너희 중에 누구든지 으뜸이 되고자 하는 자는 모든 사람의 종이 되어야 하리라 인자의 온 것은 섬김을 받으려 함이 아니요. 도리어 섬기려하고 자기 목숨을 많은 사람의 대속물로 주려 함이라"고 말씀하셨습니다. 여기에서 내가 섬김을 받으려고 할 때 원망과 불평이 생겨나지 내가 종의 자리에 서게 되면 만인을 섬기려고 하게 되면 우리는 마음에 불평과 원망이 없을 것입니다. 전력을 기울여 섬기려고 할 것입니다. 예수께서 말씀하시기를 "하나님의 아들인 주께서 이 세상에 오신 것은 섬김을 받으려 함이 아니요. 남을 섬기려하고 많은 사람을 위해서 목숨을 바치기 위해서 오셨다"고 하신 것입니다.

오늘 여기에서 우리는 절실히 배워야 합니다. 한 가정에서도 가장이 "나는 이 가정에서 가장이다. 나는 섬김을 받아야 한다. 아내여 나를 섬겨라 자식들아 나를 섬겨라"할 때 이 사람은 폭군이 될 수도 있고 권력을 남용할 수도 있습니다. 그러므로 아내와 자식들의 마음에 상처를 입힐 수 있게 되고 자기가 섬김을 받으려고 하니까, 늘 마음속에 불만족하고 불평하고 원망이 꽉 들어찰 수 있습니다. 그러나 자기가 깨어져서 내가 이 가정에 가장이기 때문에 이 가정에 머리이기 때문에 으뜸이 되고자 한다면 섬기라고 했음으로 열심을 다하여 아내를 섬기고 자식들은 섬겨주고 종의 태도를 취하면 온 가족이 감화 감동해서 그 부인이나 자식들이 받들어서 그로 하여금 훌륭한 아버지요 훌륭한 가장이요 가정의 리더로 삼아줄 것입니다. 섬김을 받으려고 할 때 문제가 생기지 섬기려고 할 때 그 사람은 진실한 지도자가 되는 것입니다.

한 직장에서도 직장의 상사가 "나는 이 직장에서 가장 높은 사람이다. 나는 섬김을 받아야 한다. 직원들이여 나를 섬겨라. 직원들아 나를 섬겨라" 할 때 이 사람은 폭군이 될 수도 있고 권력을 남용할 수도 있습니다. 그러므로 직원들의 마음에 상처를 입힐 수 있게 되고, 자기가 섬김을 받으려고 하니까, 늘 마음속에 불만족하고 불평하고 원망이 꽉 들어찰 수 있습니다. 자연스럽게 영-혼-육의 건강에 문제가 생기게 됩니다. 그러나 자기가 깨어져서 이 직장에서 내가 가장 머리이기 때문에 으뜸을 되고자 한다면 섬기라고 했었음으로 열심을 다하여 직원들을 감싸고 보살피면 온 직원들이 감화 감동해서 상사의 지시를 순종하며 받들어서 그로 하여금 훌륭한 상사요, 훌륭한 리더로 삼아줄 것입니다. 직원들도 마찬가지입니다. 회사직원모두를 섬김의 대상으로 여기면 상처받지 않을 것입니다. 상사만 섬기는 것이 아니고, 동료직원 모두를 예수님의 마음으로 섬기면 행복한 나날이 될 것입니다. 직장이나 어디서나 섬김을 받으려고 하니까, 상처가 되고 불행할 나날이 되는 것입니다. 섬겨보십시오. 그러면 영-혼-육이 건강한 직장생활을 영위할 수 있을 것입니다. 직장이 평화롭고 순탄하게 성장할 것입니다. 직장 구성원들이 모두 영-혼-육이 건강해져서 업무 능력이 행상될 것입니다.

셋째, 희생하는 마음으로 직장생활을 한다. 우리의 잘못을 대신 짊어지신 예수님을 보십시오. 예수께서는 하나님의 아들이요. 흠도 없고 점도 없는 분이신 것입니다. 그는 죄를 지은 적도 없고 불의한 일을 행한 적도 없습니다. 그럼에도 불구하고 죄를 지은 우리의 죄를 대신 짊어지고 우리의 불의를 대신 짊어지고 변명하지 아니하고, 그는 잠잠하게 십자가에 올라가서 남의 죄 때문에 매를 맞고 남의 불의 때문에 얻어맞고 남의 저주 때문에 저주받고 남의 죽음 때문에 그는 십자가에서 처참하게 죽었었습니다. 그러므로 하나님께서 우리 주 예수 그리스도를 한없이 높여 주신 것입니다. 자기만 잘났다고 말하고 자기의 짐은 벗어버리고 남에게 짐을 덮어씌우고 남을 희생시켜서 자기의 구복만 채우고 자기만 잘 살겠다고 하는 이 이기주의적인 세계 속에서 그리스도 예수의 마음을 품게 되면 이러한 개인이나 가정, 직장이나 사회나 국가는 하나님께서 한없이 높여주는 사람들이 될 수가 있는 것입니다.

이러므로 성경은 남을 나보다 낮게 여기고 남의 짐을 짊어지는 희생의 마음을 가지라고 하는 것입니다. 주님께서 우리에게 말씀한 대로 이 마음을 품음으로 곧 그리스도 예수의 마음이라고 했었으니 우리는 모두다 그리스도 예수의 마음을 품고 자기를 높은데 두지 말고 낮은데 마음을 두며 섬김을 받으려고 하지 말고 종의 마음으로 섬기려고 하고 남에게 희생을 강요하지 말고 스스로가 나가서 자기를 희생하여 남을 살리겠다는 이러한 마음의 자세를 가지게 될 때 하나님은 이러한 개인이나 가정, 이러한 직장이나 사회나 국가를 하늘 문을 열고 한없이 축복하여 주실 것입니다. 이러한 사람들은 우리 주 예수 그리스도와 손을 잡고 조국과 인류를 위해서 일할 수 있는 처지에 있게 되는 것입니다. 우리가 이와 같은 그리스도 예수의 마음을 품으면 그 때부터 하나님의 높이시는 역사가 시작됩니다. 그러므로 개인이나 사회, 직장, 그러한 국민을 가진 국가는 높아지기 마련이요, 온 세계에 추앙을 받게 되는 것입니다.

필자는 성도들에게 이렇게 말합니다. 땅에 소망이 있는 성도는 주변 사람을 힘들게 합니다. 땅에 소망이 있기 때문에 대접을 받으려고 하고, 사람들에게 인정을 받아 세상에서 만족을 누리려고 하기 때문입니다. 반대로 하늘에 소망이 있는 성도는 주변 사람들을 편안하게 합니다. 모든 것을 하나님께 받아 누리기 때문에 더 이상 주변 사람에게 받을 필요가 없고 받은 사랑을 나누어 주기 때문입니다.

넷째, 육체의 건강을 위하여 노력하라. 마지막으로 육체를 건강하게 하는 방법입니다. 직장 생활하면서 건강을 유지하려면 의지와 결단과 습관이 필요합니다. 습관이 되지 못하면 작심삼일이 되기 쉽기 때문입니다. 직장인들에게 있어 사무실은 업무를 처리하는 공간이자 어쩌면 집보다도 더 많은 시간을 보내는 곳이라고 할 수 있습니다. 따라서 건강을 생각한다면 사무실 근무 환경을 최적의 조건으로 조성해 주셔야 하는데요, 이와 관련해 직장 생활을 건강하게 만들어줄 수 있는 것들을 살펴보도록 하겠습니다. '산 넘어 산', 고생이 갈수록 점점 더 심하여짐을 이르는 말이죠. 요즘 직장인들이 공감할만한 속담이 아닐까요? "왜 이렇게 바쁘지?" 처리하고 처리해도 쌓여있는 업무들, 이렇게 복잡한 직장에서 건강을 유지하는 방법이 있습니다.

1)책상 먼지 닦기입니다. 책상에는 실제로 엄청난 양의 세균이 득실거립니다. 그러므로 책상에서 무언가를 드셨다면 즉시 깨끗하게 뒷정리를 해 주시고 청소도 주기적으로 해 주시는 것이 현명하겠습니다. 스티브 잡스를 비롯해 창의적인 사람들의 책상이 어지러웠다는 점을 들어, 창의력은 어지러운 책상에서 나온다는 말이 있는데요. 하지만 책, 이면지, 사무용품, 물 컵 등 여러 비품들로 어지러워진 책상은 정리정돈의 문제를 넘어서 쌓이는 먼지를 닦아내기가 쉽지 않죠. 업무 시간 내내 함께하는 책상에 먼지가 쌓여있다면? 그것은 곧 나의 호흡기질환 유발로 연결된다는 점! 잊지 마시고 틈틈이 책상에 쌓이는 먼지를 제거해주세요!

2)스트레칭 하기입니다. 장시간 컴퓨터 앞에서 업무를 보는 직장인들에게 꼭 필요한 스트레칭! 책상에 오래 앉아 있는 것은 목과 허리에 부담을 줄뿐더러 심각할 경우 당뇨병 등 신체장애를 유발할 수 있는데요~점심 먹고 난 뒤 2분정도의 스트레칭만으

로도 큰 효과를 볼 수 있다고 하니 오후 2분 투자로 건강을 챙기세요! 업무를 처리하는 공간인 책상 주변을 작은 체육관처럼 구성합니다. 한 자세로 가만히 앉아 많은 시간을 보내는 경우가 많은 직장인들은 운동량과 활동량이 극히 부족한 경우가 많습니다. 따라서 책상 주변에 수시로 운동이 가능한 탄력밴드와 아령 등을 두고 간단한 운동을 해 주시는 것이 좋습니다.

　3)낮잠 자기입니다. 필자가 군대에서 참모부 실무 장교생활을 할 때에 점심시간을 이용하여 20-30분 기도하면서 잠을 자니 건강에 많은 도움이 되었습니다. 최근 벼룩시장구인구직에서 직장인 646명을 대상으로 실시한 설문조사에 따르면, 83.3%가 직장에서 '낮잠이 필요하다'고 대답했다고 합니다. 낮잠이 필요한 이유로는 '업무의 생산성과 효율성 증가'가 37.8%로 가장 많았고 '만성피로 해소와 건강유지'가 32.8%로 두 번째 순서라고 합니다. 심지어 직장인들을 위한 '낮잠방'까지 생겼을 정도라고 하니 점심시간을 알차게 활용해보는 것도 좋을 것입니다. 처음 부터건강에 관심을 가져야 합니다. 건강에 적신호가 온 다음부터는 늦은 것입니다.

　4)서서 일하기입니다. 하루 종일 앉아서 일하는 것은 건강에 좋지 못합니다. "앉아있는 것이 흡연하는 것과 같다"는 말이 있을 정도로 장시간 컴퓨터 앞에 앉아서 업무를 보는 일은 건강에 좋지 않다고 합니다. 고속버스나 시내버스 운전기사도 마찬가지 일 것입니다. 시간이 나는 대로 다리 운동을 하는 것이 좋습니다.

미국 실리콘밸리에 자리 잡은 페이스북 본사에서는 2011년부터 서서 일하는 사무실이 생겼다는 사실, 알고 계셨나요? 실리콘밸리에서도 특히, 서서 일하는 IT업종 특성상 장시간 앉아서 컴퓨터 업무를 보는 경우가 잦고 이는 결과적으로 직원들의 건강문제를 야기하였다고 합니다. 이에 높낮이조절 데스크를 활용하여 스탠딩 근무가 대두되는 등 페이스북은 현재 본사직원 2000여 명 중 10% 이상이 스탠딩 책상을 활용한다고 합니다. 미국 실리콘밸리의 IT기업들이 주도하기 시작한 스탠딩 근무 문화는 유럽의 덴마크 등 선진국들로 퍼져나가며 최근 한국에서도 일부 공공기관과 일부 기업들로부터 '서서 일하는' 문화가 생겨나기 시작했습니다.

최근 KBS '생로병사의 비밀'에서도 소개된 바 있는 "서서 일하기" 이러한 '서서 일하는' 문화는 사무실에서 장시간 앉아 컴퓨터 모니터를 보면서 일하는 환경이 건강에 악영향을 끼친다는 연구가 발표되면서부터 점진적으로 확산되고 있다고 합니다. 국내 기업들 중에는 LG전자, 카카오, 아모레퍼시픽 등에서 시행되고 있으며 앉아서 일할 때보다 서서 일할 때 산책하는 기분, Refresh, 아이디어 도출뿐 아니라, 비만, 요통을 예방하는데 도움이 된다고 합니다.

5)바른 자세를 유지합니다. 인체를 구성하고 있는 각종 관절과 척추는 자세를 바르게 하지 않으면 통증과 질환에 쉽게 노출됩니다. 그러므로 컴퓨터 앞으로 몸을 바짝 당겨주시고 눈높이와

모니터가 맞게 설치해야 하며 키보드, 마우스는 움직이기 편한 곳에 두어야 합니다. 또한 다리는 90°C로 구부려 발바닥을 지면에 닿을 수 있도록 합니다.

6)활동량을 늘려줍니다. 움직임이 적은 직장인들은 통증에 취약한 경우가 많습니다. 그러므로 평소보다 움직임을 늘려 칼로리 소모를 늘려주시고 굳어 있던 근육들도 함께 풀어주시는 것이 바람직하겠습니다. 될 수 있는 대로 걸어 다니는 습관을 들이라는 것입니다. 3-4층 정도는 엘리베이터를 타지 말고 비상계단을 통하여 걸어 다니는 것입니다. 좌우지간 걸어 다니려고 작정을 하라는 것입니다. 걸어 다니면서 마음으로 예수님을 찾는 습관이 되면 영-혼-육의 건강을 위하여 참으로 좋습니다.

7)계획대로 먹어야 합니다. 대부분의 직장에는 곳곳마다 주전부리나 커피, 음료수 등이 배치되어 있습니다. 따라서 계획하지 않았던 음식을 섭취하게 되는 경우가 많은데요, 이는 비만이 되는 지름길이기에 건강을 위해서라도 계획대로 음식을 섭취하는 것이 좋습니다. 회식을 하더라도 적당하게 먹겠다고 다짐하고 먹어야 합니다. 스트레스를 받게 되면 폭음이나 폭식을 하게 됨으로 이때를 주의해야 합니다.

건강은 소식할 때 유지할 수가 있다는 것을 명심해야 합니다. 건강은 건강할 때 지켜야 합니다. 육체에 질병이 생긴 다음은 늦습니다. 건강해야 직장에서 승진도 잘되고 직장에서 장수할 수가 있습니다. 건강해야 전문성도 활용할 수가 있는 것입니다.

5부 예수 안에서 9988 234일 하려면

22장 건강한 교회라야 성도가 장수한다.

(행 10:38)"하나님이 나사렛 예수에게 성령과 능력을 기름 붓듯 하셨으매 그가 두루 다니시며 선한 일을 행하시고 마귀에게 눌린 모든 사람을 고치셨으니 이는 하나님이 함께 하셨음이라"

건강한 교회는 살아계신 하나님의 역사가 항상 일어나는 교회입니다. 건강한 교회가 되기 위해서는 구체적으로 어떤 모습을 보여야 할까요. 첫째로 성경을 가르침 받고 그대로 세상에 적용하며 사는 일을 추구해야 하는 교회입니다. 비록 어리고 미약하지만, 그래도 성경이 가르치는 사상을 잘 배우고, 그것에 근거해 사는 일을 지속해야 건강한 교회입니다.

둘째로 성경이 가르치는 대로 삼위일체 하나님께 예배하는 일입니다. 이것이 건강한 교회의 가장 중요한 모습입니다. 그러나 현재 한국교회에서 이 부분이 가장 무시되고 있습니다. 예배는 삼위일체 하나님 중심이 되기를 추구해야 한다며, 예수가 규정한 방식대로 예배하려고 하는 일에 더욱 힘써야 합니다.

셋째로 살아계신 성령님의 역사가 함께해야 합니다. 살아계신 성령님의 역사가 일어나려면 담임목사가 성령으로 세례를 받아 성령충만하여 성령님과 인격적인 관계가 열려야 가능합니다. 유형교회에 성령의 살아있는 역사가 있어야 성도들이 영적으로 변화하며 심령의 교회를 든든하게 세울 수가 있는 것입니다. 모든 것이 성령으로 시작이 되기 때문입니다.

넷째는 위와 같이 예배한 사람답게 세상에서 살아가는 것입니다. 쉽게 말씀 드리면 하나님의 자녀답게 세상을 살아가는 것입니다. 우리에게 주어진 삶의 현장에서 제대로 하나님의 자녀답게, 각자 주신 거룩한 직임을 감당하지 않는다면 결코 건강한 교회라고 말할 수 없습니다. 그렇기 때문에 교회에 머무는 것보다는 세상 속에 있는 시간이 더 많아야 합니다.

그래서 성령의 권능이 함께 해야 합니다. 성령의 권능이 함께 해야 교회에서 신앙생활한데로 세상에서 적용을 할 수가 있기 때문입니다. 교회는 말씀과 성령의 역사가 균형이 잡혀야 합니다. 말씀만 있고 성령의 역사가 없으면 성도와 세상을 변화시킬 수가 없습니다. 따라서 성도가 영-혼-육이 건강한 생활을 할 수가 없을 것입니다. 말씀과 성령의 역사가 같이 일어나는 교회가 살아있는 교회입니다.

첫째, 담임 목회자가 건강해야 한다. 목회자가 건강하려면 병든 목회자를 살리는 일에 앞장서는 동역 자가 되어야 합니다. 예수의 마음으로 쓰러진 동료를 살려주어야 합니다. 이렇게 되려면 담임 목회자가 성령님의 권능으로 무장되어야 하고, 하나님과 관계가 열려있어야 합니다. 말씀과 성령의 역사로 전인치유를 할 수 있는 권능이 함께해야 가능한 것입니다. 예수님은 도망가는 사람들을 쫓아가서 혼내지 않으시고 그냥 두셨습니다. 간음한 여자도 예수님은 인격적으로 대했지 공격하지 않으셨습니다.

그러나 목회자들 사이에서 비인격적인 공격이 끊임없습니다. 그 이유는 자기가 병들어 자기 속에 숨기는 죄가 있고, 자기가 진정한 용서와 변화의 경험이 없는 사람은 남을 죽이려 합니다. 건강한 사람은 암에서 질병에서 죄에서 하나님이 고쳐주셨다고 간증합니다. 내가 사정이 어려워 법을 어기고 하나님께 영광이 안 되는 짓을 한 것을 깨닫고 회개합니다.

스스로 발가벗고 고백하여 교회에서 쫓겨난 사람은 한명도 못 보았습니다. 강제로 벗김을 당하면 창피합니다. 스스로 고백하면 진실한 목사라고 도와주려고 합니다. 남에게 돌 던지기를 그만두고 스스로를 살펴보고 교인들에게 고백하고 폭군 제왕이 아니라 종이 되어야 합니다. 자신이 하나님이 함께하는 사람이 되려고 노력을 합니다.

건강한 교회는 우선 목회자가 건강해야 합니다. 목사가 건강해지면 장로들도 건강해집니다. 목회자가 건강에 대하여 관심을 가지고 성도들을 인도해야 합니다. 양을 책임지고 건강하게 길러야 할 책임이 있는 목사가 병이 들면 안 됩니다. 담임목사가 병들어서 힘들어하면서 설교를 한다면 성도들에게 은혜가 되겠습니까? 목사가 책임을 안지면 누가 양들을 건강하게 만들 것입니까? 담임 목회자는 영적의사입니다. 하나님이 내양을 먹이고 치라고 하셨습니다. 그런 면에서 담임 목회자는 책임지고 십자가를 지는 예수님의 마음을 오늘 회복해야 합니다.

특히 담임목사의 행복한 부부생활은 건강한 교회가 되는 중요한 요소로 꼽고 있습니다. "교회 공동체가 하나 되지 못하고 말씀대로 살지 못하는 배경에는 담임목사에 대한 교인의 신뢰감 결여도 포함돼 있다"고 진단하는 분들이 있습니다. 그리고 "담임목사가 설교를 잘할 뿐 아니라, 성령으로 충만하고 영-혼-육이 건강하며, 삶에서도 아름다운 부부관계를 보인다면 교인들도 그의 삶을 모방할 것"이고, "교회를 구성하는 각 가정들이 목회자를 본받아 회복된다면 교회 공동체도 건강하게 발전할 수 있다"는 것입니다.

둘째, 건강한 교회는 포로 된 자가 자유를 얻는 교회이다. 모든 사람들이 다 죄의 포로가 돼있는 것입니다. 아담과 하와의 자손 치고 죄의 포로가 되지 않은 사람은 없습니다. 죄악에서 포로 된 사람이 자기 힘으로 아무리 해방이 되려고 해도 해방이 되지 못합니다. 우리의 일생의 죄를 예수님의 십자가 피로써 씻음을 받은 것처럼, 모든 허물도 예수 그리스도의 십자가의 보혈로 씻음을 받지 않고는 허물의 사함을 받을 수가 없습니다. 우리가 죄만 용서받는 것이 아니라, 나쁜 습관도 십자가의 보혈로 해방을 얻을 수가 있는 것입니다. 우리 예수 믿는 사람들이 알아야 될 것은 크고 적은 모든 것이 예수님의 보혈을 믿음으로 말미암아 해방될 수 있다는 것입니다. 인간의 행위로 되는 것이 아니라, 믿음으로 죄 사함을 받고 믿음으로 허물을 벗어버리고 믿음으로 영혼이 잘되고 범사에 잘되며 강건하며 생명을 얻되 풍성히 얻고 믿음으로 주의 품에 안겨서 갈 수 있는 것입니다.

로마서 8절 1절로 2절에 "그러므로 이제 그리스도 예수 안에 있는 자에게는 결코 정죄함이 없나니 이는 그리스도 예수 안에 있는 생명의 성령의 법이 죄와 사망의 법에서 너를 해방하였음이라" 해방 받은 우리가 여기 앉아있는 것입니다. 우리가 일본 사람 치하에 36년 동안 나라를 잃어버리고 정말 인간 이하의 대접을 받았고 식민지 종으로 살았습니다. 그러나 해방이 다가오자 우리 국가와 민족이 자주독립을 얻게 된 것처럼, 예수 그리스도의 십자가 보혈과 생명과 성령의 역사로 말미암아 죄와 불의와 모든 나쁜 습관을 깨끗이 씻음을 받을 수 있는 것입니다. 갈라디아서 5장 1절에 "그리스도께서 우리를 자유롭게 하려고 자유를 주셨으니 그러므로 굳건하게 서서 다시는 종의 멍에를 메지 말라" 그러므로 십자가에 못 박히신 예수 그리스도의 은혜와 보혈의 권세를 깊이 믿어야 되는 것입니다. 말이 영이요 생명이라 했으니 믿음의 말, 축복의 말을 하시기를 바랍니다.

우리 예수 믿는 사람의 가장 위대한 은혜는 믿는 것입니다. 믿음 이외에 뭐 "선한 행위를 함으로 말미암아 하나님께 불쌍히 여김을 받아서 구원을 받는다."고 생각하는 것은 얼토당토한 일인 것입니다. 우리는 죄를 짓고 불의하고 추악하고 버림을 받아야 마땅함에도 불구하고 예수님의 십자가 보혈로 깨끗이 씻음을 받았습니다. 의롭다 함을 입되 평생에 죄를 한 번도 안 지은 사람같이 의롭다 함을 입고 그리스도를 통해서 천국에 갈 수 있게 되었으니 얼마나 감사한 일입니까? 마귀는 우리를 여러 가지 나쁜 습관으로 포로를 삼습니다. 인류 문명은 날이 갈수록 발전을 거듭하지만은 인간은 여전히 죄의 포로가 되어 살아가고 있는 것입니다. 유형교회에 나와서 성령 충만 받으면서 우리를 묶는 악한 영들을 몰아내는 것입니다.

셋째, 건강한 교회는 눈먼 자를 다시 보게 한다. 우리 주 예수 그리스도께서 계신 교회에 우리가 왜 나오느냐? 눈을 다시 떠서 보기 위해서 우리가 나옵니다. 아담과 하와는 하나님의 형상과 모양을 본 따지음 받아 그 영성이 살아있기 때문에 하나님을 보고 하나님과 서로 대화할 수 있습니다.

그러나 타락하고 난 다음에 영이 죽으므로 영안도 죽고 말은 것입니다. 육신의 눈은 있으나 영적인 눈은 죽어 버렸습니다. 그런데 교회에 와서 예수 그리스도를 믿음으로 말미암아 영적으로 새로 태어나면 영안이 열려서 교회가 예수 그리스도의 몸 된 것이 교회요, 성령이 이곳에 임재 하여 계시고, 예수 그리스도와 성령이 구하는 우리들을 축복해 주신다는 것을 깨달아 알 수 있게 만들어 주시는 것입니다.

우리 영안이 열려서 하나님 세계를 볼 수 있게 된다는 것은 얼마나 놀라운 일입니까. 에베소서 1장 17절로 19절에 "우리 주 예수 그리스도의 하나님, 영광의 아버지께서 지혜와 계시의 영을 너희에게 주사 하나님을 알게 하시고, 너희 마음의 눈을 밝히사, 그의 부르심의 소망이 무엇이며, 성도 안에서 그 기업의 영광의 풍성함이 무엇이며, 그의 힘의 위력으로 역사하심을 따라 믿는 우리에게 베푸신 능력의 지극히 크심이 어떠한 것을 너희로 알게 하시기를 구하노라" 엄청난 하나님의 은혜를 우리가 영안을 가지고서 깨달아 알게 되고, 믿게 되고, 구하게 되고, 그리고 우리의 생활은 교회를 통해서 천국 생활을 할 수 있게 된다는 것입니다. 우리 눈을 다시 떠서 하나님이 우리를 위해서 예비해놓으신 영광을 소유해야 되겠습니다.

넷째, 건강한 교회는 눌린 자를 자유하게 하는 역사를 베풀어 준다. 질병은 삶의 자유를 빼앗아 갑니다. 성령께서 교회에 참석한 성도들을 자유하게 하십니다. 마귀가 억압하여 병이 들게 하므로 마귀를 쫓아내고 병을 고치셨습니다. 그런 역사를 하나님이 베푸시는 것입니다. 하나님은 병을 굉장히 미워하십니다. 예수 그리스도께서 3년 반 동안 이 땅에서 목회를 하셨는데, 병든 자의 병을 안 고쳐준 적이 없습니다. 먼 곳에서 병을 고쳐달라고 하면 출장을 가서 병을 고쳐주셨습니다. 제자들에게도 회개하라 천국이 가까이 왔다 하고 가는 곳마다 병든 자를 고쳐주고 귀신을 쫓아내라고 한 것입니다. 기독교는 병을 고치는 종교인 것입니다. 교회는 병든 자들이 와서 기도하고 치료를 받는 장소가 교회인 것입니다.

오늘날 의사 선생님들이 열심히 해서 많은 병을 고쳐주신 것을 감사하게 생각합니다. 그러나 인간의 힘으로 안 될 때, 성령의 권능이 역사하는 교회에 와서 우리가 기도하면 하나님의 기적이 나타나는 것입니다. 어떠한 사람은 우리가 의학적인 도움을 받아서 치료하면 하나님이 진노하셔서 기도를 안 들어 준다고 그렇게 오해를 하는데 그렇지 않습니다. 하나님이 원하시는 것은 치료에 있지 '병원에 가서 치료를 받아서 나았느냐, 주님이 안수기도를 해서 나았느냐' 그것을 따지지 않습니다. 크리스천이 치료해서 건강해지기를 하나님이 원하시는 것입니다. 그러므로 질병이 있을 때 하나님께 먼저 기도하면 병원에 보내서 병원의 도움을 받게 하기도 하시고, 그렇지 않으면 주님이 주님의 일꾼을 통해서 직접 안수해서 고쳐주기도 하시는 것입니다.

그러므로 방법에 대해선 걱정하지 말고, 구원의 치료를 받는다는 그 목적을 주님께서 관심을 가지고 계시다는 것을 잊지 마시기 바랍니다. 사도행전 10장 38절에 보면 "하나님이 나사렛 예수에게 성령과 능력을 기름 붓듯 하셨으매 그가 두루 다니시며 선한 일을 행하시고 마귀에게 눌린 모든 사람을 고치셨으니 이는 하나님이 함께 하셨음이라" 모든 사람을 고쳤습니다. 특별한 사람만 고친 것이 아닙니다.

하나님께서 예수님을 보내시매 그가 두루 다니시며 모든 사람을 고쳐주셨다. 크리스천 한사람 한 사람이 예수님의 몸이니깐, 유형교회에 와서 기도를 통해서 예수 그리스도의 음성을 듣고 순종하면 불치병도 낫는 것입니다. 교회에 나와 예배를 통하여 예수님을 만나면 그 만남은 은혜 속에서 주님이 고쳐주시는 것입니다. 고치는 것이 하나님의 뜻이요, 안 고치는 것은 마귀의 뜻인 것입니다. "도적이 오는 것은 도적질하고 죽이고 멸망시키는 것뿐이요 인자가 오는 것은 양으로 생명을 얻게 하되 더 풍성히 얻게 하려고 오노라" 죽이는 사망의 역사는 마귀가 가져오고 생명의 역사는 하나님의 아들이 가지고 오시는 것입니다. 축복을 받는 것은 하나님 아들이 주시는 것이요, 패망케 하는 것은 원수마귀가 하는 것입니다.

이 병은 스트레스에 의해서 온다고 성경은 가르쳐주고 있는 것입니다. 스트레스에 걸리면 온갖 병이 다 나타나는 것입니다. 눌림을 당하면 병이 됩니다. 마음이 눌리면 마음이 병들고, 육신이 눌리면 몸이 병드는 것입니다. 눌리는 것을 스트레스라 하는데 우리 국민의 일상생활의 스트레스와 직장인의 업무 스트레스가 OECD국가들 중 최고 수준이라는 것입니다. 제일 스트레스를 우리 한국 사람들이 많이 받고 있다는 것입니다. 우리 사회는 경쟁이 심하기 때문에, 일생동안 스트레스를 경험하는데, 청소년에게는 과도한 입시 경쟁 때문에 입시 스트레스가 굉장히 괴롭게 하는 것입니다. 청년은 취업난 때문에 스트레스를 받고,

장년은 가계의 빚이 너무 많으므로 업무상 스트레스를 받고, 어쩌면 해고를 당하고 직장을 잃지 않을까하는 불안 때문에 스트레스에 고통을 당하고 있습니다. 노년기에는 질병과 빈곤으로 스트레스에 시달리고 있는 것입니다. 우리 한국 사람은 말할 수 없는 스트레스를 당하고 있는 것입니다. 이 스트레스를 처리하는 곳이 교회입니다. 스트레스는 성령으로만 처리 가능하기 때문입니다. 스트레스 처리는 잠재의식을 정화해야 하기 때문에 성령의 역사로만 가능한 것입니다

그런데 유형교회에 나와서 성령으로 충만 받으면 성령의 역사가 심령에 쌓인 스트레스를 몰아냅니다. 성령의 역사로 스트레스에서 해방과 자유를 얻게 되고, 치료받게 되는 것입니다. 봄철에 길거리에 걸어가다가 돌 밑에서 노랗게 떠 있는 풀을 보고 돌을 치워주면, 얼마 안 있으면 새파랗게 그 풀이 살아서 일어나는 것입니다. 풀이 돌에 눌리면 노랗게 되고 죽습니다. 마귀가 일으키는 스트레스에 눌리면 마음도 노랗게 되고, 몸도 노랗게 되고, 생활이 노랗게 되는 것입니다. 사람의 힘으로 스트레스를 벗어나지 못하지 않습니까? 그런데 교회 와서 예배드리며 성령으로 기도하여 성령으로 충만을 받으면 성령께서 스트레스를 다 몰아내고, 치워버리는 것입니다. 그리고 믿음, 소망, 사랑, 의, 평강을 통해서 새로운 힘을 얻어 일어나게 만들어 주시는 것입니다. 하나님은 유형교회를 통하여 마음의 상처와 스트레스와 질병을 치유하여 자유하게 하시는 것입니다.

다섯째, 건강한 교회는 하나님의 은혜의 해를 전한다. 하나님께 나오는 궁극적인 목적은 구원을 얻어 지금 마음의 천국을 이루고 아브라함의 복을 받아 누리며 하나님의 군사로서 사명을 감당하다가 천국에 들어가는 것입니다. 세상 사람들은 우리가 구원을 얻기 위해서 의로운 삶을 살아야 하고, 행위를 정직하게 해야 한다고 하나 행위로 구원받을 사람은 한 사람도 없습니다. 그래서 예수님이 오셔서 인간을 대신하여 고난을 받으시고 믿음으로 '하나님의 은혜로 구원을 받는 것'을 선포하는 것입니다. 인간은 이 땅에 태어나서 천진난만한 시대에 아담과 하와가 살았으나 죄를 짓고 난 다음에는 양심시대가 되어 양심대로 살다가, 그 다음엔 율법을 주셔서 율법시대가 다가왔고 지금은 예수님을 통해서 은혜의 시대에 살고 있는 것입니다. 천진난만한 시대에 사람은 천진난만하게 살았습니다.

그러나 양심시대가 왔는데 양심대로 살지 못했고, 율법시대가 왔는데 율법을 다 어기고…. 어떻게 해야 하나님 앞에 인정을 받고 살겠습니까? 예수 그리스도의 십자가 보혈을 통해서 이젠 믿음으로 은혜를 받아서 구원 받는 은혜의 시대에 우리가 살고 있습니다. 우리들은 지구상에 살아있는, 사람들 중에 가장 문명이 좋은 시대에 살고 있는 것입니다. 갈라디아서 2장 16절에 보면 "사람이 의롭게 되는 것은 율법의 행위로 말미암이 아니요" 좋은 일을 한다고 구원받는 것 아닙니다. "율법의 행위로 말미암는 것이 아니요, 오직 예수 그리스도를 믿음으로 말미암는 줄 알므로 우리도 그리스도 예수를 믿나니, 이는 우리가 율법의 행위로써가 아니고, 그리스도를 믿음으로 의롭다 함을 얻으려 함이라. 율법의 행위로써 의롭다 함을 얻을 육체가 없느니라"

유형교회에서 가장 위험한 것이 행위로 열심히 하고 판단하는 것입니다. 아~ 나는 너보다 열심히 봉사한다. 아~ 나는 너보다 더 성경을 많이 안다. 아~ 나는 너보다 기도를 많이 한다. 거짓말 너보다 좀 적게 하고, 탐욕도 너보다 적고, 그래도 덜 교만하다. 너보다 낫다. 하나님은 오늘날 더 낫다, 더 못하다 계산하지 않습니다. 좌우지간에 죄는 조그마한 것도 죄요, 많은 것도 죕니다. 죄의 값은 사망이요, 하나님의 은혜는 보혈을 통하여서 영생인 것입니다. 그러므로 자랑할 것이 없습니다. 에베소서 2장 8절처럼 "너희는 그 은혜에 의하여 믿음으로 말미암아 구원을 받았으니 이것은 너희에게서 난 것이 아니요 하나님의 선물이라" 선물에는 조건이 붙어 있지 않습니다. 무조건하고 공짜로 주는 것입니다.

하나님은 예수 그리스도의 생명을 대속으로 내어놓고 난 다음 그 은혜로 우리를 구하는 것이기 때문에 믿기만 하면 되는 것입니다. 하나님께 감사하고 믿고! 너무너무 감사하지 않습니까? "그 은혜를 인하여 믿음으로 말미암아 구원을 얻었으니 이것은 우리에게서 난 것이 아니요 하나님의 선물이라" 행위에 말미암는 것이 아니니 그러므로 자랑할 것이 없느니라! 주님만 믿기만 하면 구원이 다가오는 것입니다. 고린도후서 6장 2절에 "이르시되 내가 은혜 베풀 때에 너에게 듣고 구원의 날에 너를 도왔다 하였으니 보라 지금은 은혜 받을 만한 때요 지금은 구원의 날이라" 오늘날 우리가 살아있는 지금이 은혜와 구원을 받는 때인 것입니다. "교회는 무엇을 하는 곳이며, 왜 와야 되는가"를 예수님께서 분명히 설명하셨습니다. 교회는 그냥 텅 빈 모임을 위한 공간이 아니라, 예수님의 이름을 붙인 성령님의 전인 것입니다. 교회 오는 사람들이 반드시 알아야 할 사항은 성령께서 교회를 세우셨고, 예수님은 어제나 오늘이나 영원토록 동일하시고, 우리와 함께 임재 하여 계심으로 우리는 교회의 살아있는 역사 속에 예배드려야 되는 것입니다. 목회자의 신앙지도를 받으면서 믿음이 자라게 해야 합니다. 거기다가 성령의 역사로 문제를 해결 받고, 상처를 치유하며, 병을 고치고, 스트레스를 성령의 역사로 몰아내는 것입니다.

예수 그리스도는 어제나 오늘이나 영원토록 동일하시고, 성령도 동일하시니 교회에 나와서 예수님을 만나고 성령 충만해지고 죄 사함을 받고, 마귀를 쫓아내고, 저주에서 해방되어 축복을 받고, 은혜를 받아 천국을 선물로 가슴에 품고 매일매일 성령의 도우심을 받아 죄악을 씻고 주님 나라를 앙망하는 그곳이 교회인 것입니다.

23장 부부 결혼생활이 행복해야 장수한다.

(엡 5:22-33)"아내들이여 자기 남편에게 복종하기를 주께 하듯 하라. 이는 남편이 아내의 머리됨이 그리스도께서 교회의 머리됨과 같음이니 그가 바로 몸의 구주시니라. 그러므로 교회가 그리스도에게 하듯 아내들도 범사에 자기 남편에게 복종할지니라. 남편들아 아내 사랑하기를 그리스도께서 교회를 사랑하시고 그 교회를 위하여 자신을 주심 같이 하라. 이는 곧 물로 씻어 말씀으로 깨끗하게 하사 거룩하게 하시고, 자기 앞에 영광스러운 교회로 세우사 티나 주름 잡힌 것이나 이런 것들이 없이 거룩하고 흠이 없게 하려 하심이라. 이와 같이 남편들도 자기 아내 사랑하기를 자기 자신과 같이 할지니 자기 아내를 사랑하는 자는 자기를 사랑하는 것이라. 누구든지 언제나 자기 육체를 미워하지 않고 오직 양육하여 보호하기를 그리스도께서 교회에게 함과 같이 하나니, 우리는 그 몸의 지체임이라. 그러므로 사람이 부모를 떠나 그의 아내와 합하여 그 둘이 한 육체가 될지니, 이 비밀이 크도다. 나는 그리스도와 교회에 대하여 말하노라. 그러나 너희도 각각 자기의 아내 사랑하기를 자신 같이 하고 아내도 자기 남편을 존경하라"

부부는 결혼생활이 행복하면 건강하다는 것입니다. 일간지에 보도된 정보를 여기에 인용하면 "결혼생활이 행복하면 혈압이 안정되는 등 건강에 도움을 주지만 스트레스를 받는 결혼생활은 차라리 혼자 사는 것보다 건강에 악영향을 미친다는 결과가 나왔다. 20일(현지시각) 로이터통신에 따르면 미국 브리검 영 대학의 줄리앤 홀트-룬스타드 심리학교수가 부부 204명과 독신자 99명을 대상으로 실험한 결과 행복한 결혼생활을 유지하는 사람이 그렇지 않은 부부나 독신자보다 훨씬 건강한 것으로 나타났다.

홀트-룬스타드 교수는 부부에게는 결혼생활, 독신자에게는 사회생활에 관한 설문조사를 실시한 다음 이들 모두에게 옷 속으로 휴대용 혈압계를 착용하게 하고 수면시간을 포함해 24시간 동안 수시로 1인당 72회씩 혈압을 측정하게 했다. 그 결과 결혼생활이 행복한 부부가 그렇지 않은 부부와 독신자들보다 모두 평균혈압이 낮고 불행한 부부가 가장 높은 것으로 나타났다. 즉 대체적으로 결혼생활에 만족을 느끼는 부부는 독신자들보다 최고혈압이 평균 4mmHg 낮았고 특히 수면 중에는 독신자들보다 더 혈압이 떨어졌다. 그러나 결혼생활이 만족스럽지 못한 부부는 독신자들보다 평균혈압이 높았고 특히 낮에는 5mmHg나 높았다.

반면 독신자 중에서 사회생활이 활발한 사람은 그렇지 않은 사람에 비해 다소 혈압이 낮았으나 행복한 결혼생활을 영위하는 부부의 수준에는 못 미쳤다. 밤중에도 혈압이 낮아지지 않는 사람은 심혈관질환 위험이 훨씬 높다. 조사 참가자들의 평균연령은 31세(최하 20세, 최고 68세)이고 부부들의 결혼기간은 평균 8년이었다. 이번 조사결과는 식사습관, 운동, 흡연, 스트레스 등 혈압에 영향을 미치는 다른 요인들을 감안한 것이다. 이 연구결과는 '행동의학 회보(Annals of Behavioral Medicine)' 최신호(3월20일자)에 발표되었다."

이와 같이 부부행복은 건강에 지대한 영향을 미친다는 것입니다. 우리나라 5월에는 가정에 관한 많은 기념일들이 있습니다. 5월 5일 어린이 날, 5월 8일 어버이날, 5월 15일 스승의 날, 5월 17일 성년의 날 등을 비롯해서 많은 기념일들을 가지고 있습니다. 그런데 부부의 날이 지금까지 없어서 좀 아쉬운 감이 없지 않았습니다. 그런데 다행히 2007년부터 부부의 날이 생겼습니다. 지난 5월 21일이 부부의 날이었습니다. 21일을 둘(2)이 하나(1)가 된다는 의미를 살려낸 것입니다. 이렇게 부부의 날을 제정하게 된 것은 가정의 중심이 자꾸만 다른 것으로 옮겨가고 있는 시대상황 속에서 그리고 가정이 심각하게 해체되고 있는 현실 속에서 가정을 살려내고자 하는 가정살림운동의 일환이라고 생각됩니다.

부부는 가정과 가족의 핵심입니다. 가족관계에서 가장 중요한 것은 부부관계입니다. 부부관계가 깨어지면 가족관계가 무너지고 마는 것입니다. 인류의 처음 시작도 아담과 하와 부부를 통하여 시작되었습니다. 부부가 건강하면 가정이 건강하고 사회가 건강하고 민족과 나라가 건강한 법입니다. 그런데 오늘날 우리는 전통적인 결혼관이 변질되고 부부관계가 어긋난 혼란의 시대에 살고 있습니다.

많은 부부가 아슬아슬한 벼랑 위에 서 있습니다. 언제 그 벼랑에서 떨어질지 모르는 불안함이 전운처럼 감돌고 있습니다. 며칠 전에 지인과 대화중에 놀란 이야기를 들었습니다. 요즈음 결혼을 하면서 혼수를 하지 않고 각자 돈으로 가져간다는 것입니다. 왜 그렇게 하느냐고 물었더니 그 이유란 게 참 참담하기 짝이 없는 것이었습니다. 살다가 헤어질 것을 염두에 두고 있기 때문에 물건이 아닌 돈을 가지고 간다는 것입니다.

결혼을 시작하면서 배우자에 대한 확신도 없이 결혼을 하다니, 그리고 행복하게 살 것을 생각하지 아니하고 이혼부터 꿈꾸고 이혼부터 생각하면서 결혼생활을 시작하다니…. 이런 병리적인 현상이 가정을 병들게 하고 가정을 지옥으로 만들어가고 있는 것입니다.

이혼을 부추기는 사회, 부부의 이혼에 시댁과 처갓댁이 나서서 대리전 양상으로 치루는 사회, 이혼은 하겠다면서도 아이들은 절대로 서로 떠맡지 않겠다고 하는 탈 모정과 탈 부정의 사회, 우리가 사는 사회의 단면이기도 합니다.

정치 경제 사회 문화 사회의 모든 분야에서 문제를 일으키는 사람들을 분석해 보면 하나같이 모두 가정에서 정신적인 상처를 입은 사람들입니다. 부부의 문제해결은 우리 사회의 모든 문제를 해결할 수 있는 열쇠입니다. 지금 우리 사회는 불행하게도 점점 범죄 연령이 낮아지고 있고 흉포화 되고 있으며 그 양도 폭발적으로 증가하고 있습니다.

그런데 이러한 경향성은 가정의 파괴와 무관하지 않다는 사실입니다. 가정이 무너져가면서 이러한 경향성은 뚜렷이 증가세를 나타내고 있는 것입니다. 가정을 회복시키지 아니하고는 청소년들의 문제와 사회범죄의 문제를 해결할 수가 없습니다. 따듯하고 건강한 가정, 천국 같은 가정만이 최선의 방법이며 모범답안인 것입니다. 다른 사회적 장치들과 방법들은 부수적인 것들일 수밖에 없습니다.

건강한 가정을 세우는 것이 건강한 사회와 나라와 민족을 세우는 길입니다. 가정 하나만 제대로 경영하고 가정 하나만 제대로 책임져도 사회에 대단한 공헌을 하는 셈입니다. 신앙인이 자신의 가정만 잘 믿음의 가정으로 만들어도 하나님의 교회와 하나님의 나라에 대단한 공헌을 한 것입니다. 모든 인생사는 위기가 있기 마련입니다. 가정이라고 예외일 수 없고, 부부관계라고 예외일 수는 없습니다. 그렇다고 위기가 올 때마다 모든 가정이 파산되고 모든 부부가 파경을 맞이한다면 아마 이 세상에는 한 쌍의 부부도 한 가정의 온전한 가정도 남아 있을 수 없을 것입니다.

그러므로 서로 용납하고 나를 먼저 생각하기 전에 너를 먼저 생각하고 배려하는 섬김의 자세가 살아 있어야 합니다. 그래서 오늘 부부를 살리기 위한 말씀을 준비하게 된 것입니다. 부부는 남남으로 태어나고 자랐지만 마침내 한 몸이 되어 함께 자녀를 낳아 부모가 되고 한 가정을 관리하는 가장이며 주부입니다.

그러므로 부부는 신성하고 존엄하며 신비스럽고 위대한 것입니다. 그러나 이러한 부부관계도 예절을 지키지 아니하면 파괴되어버릴 수 있는 것입니다. 행복한 가정을 이루기 위한 파워부부, 건강한 부부생활을 위해 몇 가지 제안을 하고자고 합니다.

첫째, 가정에서 부부간의 사랑을 제 1의 우선순위로 해야 한다.
그런데 우리나라는 부모가 부부의 사랑보다 우선 되어버리는 경우가 있습니다. 그런 가정은 반드시 문제가 생깁니다. 또 어떤 가정은 가정이 부부중심에서 자녀중심으로 바뀐 가정도 있습니다. 예를 들면 기러기 아빠 같은 경우가 그렇습니다.

그래서 문제가 많지 않습니까? 부모도 소중하고 자녀도 소중합니다. 그러나 부부만큼은 아닙니다. 가정은 부부가 중심이어야 합니다. 가정이 부부중심으로 회복되어야 합니다. 그러나 근래에 들어서 자꾸만 가정이 부부중심에서 다른 것으로 옮겨지고 있습니다. 가정이 부부중심에서 웃어른 중심, 자녀 중심, 애완동물 중심, 물건들 중심으로 옮겨지면 부부의 결속력과 사랑에 심각한 장애를 가져오게 됩니다.

그리고 그 가정은 행복의 동산이 될 수가 없습니다. 이런 것들이 이혼율을 높이는 것과 무관하지 않습니다. 부부는 언제나 동거해야 합니다. 이런 저런 이유로 동거를 피하거나 소홀히 하면 이미 문제가 커가고 있는 것입니다.

빙산과 충돌한 호화 여객선 타이타닉호의 승객 슈트라우스 부인은 배가 침몰하고 있을 때 남편은 그 배안에 남아 있었습니다. 남편과 헤어질 수 없어 슈트라우스 부인은 빨리 구명정에 타라는 말을 거절하고 이렇게 말했습니다. "우리는 40년 동안 함께 살아 왔어요. 이제 와서 헤어질 수 없어요." 얼마나 감동적입니까? 그런데 요즈음 아내가 죽으면 화장실에 들어가서 웃는다는 말이 있고 남편이 죽으면 남편 무덤 잔디를 뜯으면서 미소를 짓는다고 하지 않습니까? 누가 그냥 심심해서 지어낸 말이기를 바랍니다.

둘째, 부부관계는 상호 노력으로 유지됨을 인정해야 한다. 부부는 각자 인격의 성숙과 자기개발에 힘써야 합니다. 상대방의 자기 향상 노력을 격려해야 합니다. 남편과 아내는 자신의 열등의식을 극복해야 합니다. 서로를 존중해야 합니다. 서로에게 감사하는 마음을 가져야 합니다.

자신을 최상의 모습으로 가꾸어야 합니다. 집안에서도 편안하지만 단정함을 유지해야 합니다. 이런 것은 부부가 상호 노력해야 하는 것입니다. 어떤 여자는 집에서는 부스스 해가지고 있으면서 밖에 나갈 때만 말쑥하게 화장하고 차려입고 나가는 여자들이 있습니다. 다른 남자에게 예쁘다 어쩌자는 것입니까?

그렇지 않습니까? 손님을 대하듯 예절을 갖추어야 합니다. 창의적으로 사랑을 표현할 방법을 찾아야 합니다. 상대방이 지루하지 않도록 항상 신선함을 추구해야합니다. 부부는 협력해야 합니다. 협조자가 되어야 합니다. 돕는 배필이어야 합니다. 이 세상에는 돕는 배필보다는 바라는 배필로 살아가는 부부가 많습니다.

그러다 보니 대립과 대적과 분쟁이 끊이지 않습니다. 사랑은 온데간데없고 미움만 쌓이게 됩니다. 그래서 가정이 해체되고 상처를 받아서 2세의 문제를 가져오게 되고 사회의 문제로까지 번지는 것을 우리는 쉽게 목도하고 있습니다. 무엇을 바라는 부부보다는 내가 무엇을 도울까를 생각하는 부부가 되어야 하겠습니다. 부부가 서로 서로 상대방의 필요와 부족함을 메워주려고 힘쓰고 애쓰는 가운데 사랑이 더욱 깊어지게 되는 것입니다. 상대방의 부모에게도 똑같이 관심을 갖도록 해야 합니다.

어떻습니까? 부부의 행복은 그냥 저절로 주어지는 것이 아니라 이렇게 서로가 예절을 지키고 노력을 해서 만들어가는 것입니다.

셋째, 상대방의 커뮤니케이션 스타일을 파악해야 한다. 상대방의 관심사에 같이 관심을 갖는 것이 좋습니다. 상대방의 기분을 같이 느끼려고 노력해야 합니다. 수나사를 암나사처럼 만들려면 어떻게 되겠습니까? 암나사를 수나사로 만들려고 하면 어떻게 되겠습니까? 수나사나 암나사나 그대로 있을 때 쓸모가 있는 것입니다. 서로를 존중해야 합니다. 뜯어 고쳐 나처럼 만들어야 하겠다는 생각을 버려야 합니다. 이렇게 뜯어 고치려다가 호적을 뜯어고쳐버리는 일들을 많이 만들게 되는 것입니다.

외국의 한 보험회사가 부부원만의 비결이 무엇인지 알아보기 위하여 신혼에서 결혼 20년 이상까지 5등급으로 나누어 남녀 2000명에게 설문을 낸 일이 있었습니다. 그런데 "배려"와 "대화"를 꼽는 응답이 가장 많았다고 합니다. 남녀를 불문하고 1위는 "배려", 2위는 대화, 3위는 "스킨십"순으로 나타났습니다. 집은 있지만 가정이 없고, 식구는 있지만 가족이 없다는 아우성은 우리 사회의 가정 해체가 심각한 수준에 와 있음을 실증해주는 것이다. 이런 저런 이유로 이혼은 하지 않고 살지만 각방을 쓰고 대화가 오래 전에 끊겨버린 가정이 얼마나 많습니까?

넷째, 자신의 요구를 분명히(구체적으로) 표현해야 한다. 그리고 상대방에 대한 불만은 할 수만 있으면 건설적인 제안과 함께 부드럽게 표현합니다. 칭찬과 더불어 하면 효과가 좋습니다. 필자가 상담한 어떤 여성은 남편이 집에 들어와 말을 하지 않는다고 이혼했다는 것입니다. 대화가 중요합니다. "힘이 들면 어떻게 힘이 든다. 마음에 들지 않은 것은 이것이다. 어떤 일은 하지 않았으면 좋겠다." 부부관계에서 구체적인 대화는 중요합니다.

다섯째, 부조와 지조가 있어야 한다. 부부는 서로 슬플 때, 실패할 때 병들 때 힘들 때 부조하는 자세가 되어야 합니다. 부부는 젊어서는 애인이요, 중년 때는 동지요, 늙어서는 보호자란 말이 있습니다. 부부는 언제나 모든 일에 함께 해야 합니다. 오늘 성경에서도 "아내를 사랑하는 자는 자신을 사랑하는 것이라 했고, 아내 사랑하기를 자신 같이 하라"고 하셨습니다. 마찬가지로 남편을 사랑하는 것은 자신을 사랑하는 것이며 남편 사랑하기를 자신 같이 해야 할 것입니다. 처음 혼인 서약한 대로 그 약속을 바꾸지 않고 사는 것입니다.

알버트 슈바이처 박사는, 자기가 유명해진 것은 일생동안을 함께 살며 내조해준 아내 헬레네 부라스라의 절대적인 공로라고 회고하였습니다. 남편의 성패는 90%가 아내의 내조에 달려 있다고들 말합니다.

재미있는 통계가 있어 소개합니다. 남편이 아침 출근 때 아내와 포옹하고 입맞춤을 잊지 않는 부부는 그의 일생에 큰 변화가 나타난다는 것입니다. 통계에 의하면 아침에 집을 나서면서 키스하는 사람은 그렇게 하지 않는 부부 보다 평균 수명이 5년이나 길며, 자동차 사고도 현저하게 적고, 결근율도 50% 감해지며, 수입은 25% 증가했다는 것입니다. 이처럼 부부간의 키스는 모든 환란에서 부부를 벗어나게 한다는 것입니다.

그러나 부부는 낭만적인 사랑으로 사는 것이 아닙니다. 낭만적인 사랑은 오래가지 못하는 것입니다. 희생적인 사랑 즉

아가페의 사랑으로 사는 것입니다. 이렇게 부부의 날을 제정하게 된 것은 가정의 중심이 자꾸만 다른 것으로 옮겨가고 있는 시대상황 속에서 그리고 가정이 심각하게 해체되고 있는 현실 속에서 가정을 살려내고자 하는 가정살리기 운동의 일환이라고 생각됩니다.

부부는 가정과 가족의 핵심입니다. 가족관계에서 가장 중요한 것은 부부관계입니다. 부부관계가 깨어지면 가족관계가 무너지고 마는 것입니다. 인류의 처음 시작도 아담과 하와 부부를 통하여 시작되었습니다. 부부가 건강하면 가정이 건강하고 사회가 건강하고 민족과 나라가 건강한 법입니다.

가정이 무너져가면서 이러한 경향성은 뚜렷이 증가세를 나타내고 있는 것입니다. 가정을 회복시키지 아니하고는 청소년들의 문제와 사회범죄의 문제를 해결할 수가 없습니다. 따뜻하고 건강한 가정, 천국 같은 가정만이 최선의 방법이며 모범 답안인 것입니다. 다른 사회적 장치들과 방법들은 부수적인 것들일 수밖에 없습니다.

건강한 가정을 세우는 것이 건강한 사회와 나라와 민족을 세우는 길입니다. 가정 하나만 제대로 경영하고 가정 하나만 제대로 책임져도 사회에 대단한 공헌을 하는 셈입니다. 신앙인이 자신의 가정만 믿음의 가정으로 잘 만들어도 하나님의 교회와 하나님의 나라에 대단한 공헌을 한 것입니다.

오늘 본문에 "사랑"이란 말이 여섯번 나옵니다만 모두가 다

아가페를 말하고 있습니다.

아가페의 사랑은 하나님이 하시는 사랑입니다. 어떤 환경 가운데서도 하나님의 사랑으로 결혼생활의 고통과 위기를 극복할 수 있습니다. 그런데 이 아가페의 사랑을 실천하려면 성령충만해야 하는 것입니다. 자신의 힘만으로는 불가능합니다. 하나님이 하시는 사랑은 하나님의 성령으로 가능한 것입니다.

그리고 피차 복종하고 존중히 여기는 부부가 되어야 합니다. 부부는 서로 사랑이고 서로 복종이고 서로 존중이지 서로가 아닌 일방적인 것은 옳지 않습니다.

24장 부부 성생활이 만족해야 장수한다.

(창 1:27-28)"하나님이 자기 형상 곧 하나님의 형상대
로 사람을 창조하시되 남자와 여자를 창조하시고, 하나
님이 그들에게 복을 주시며 하나님이 그들에게 이르시되
생육하고 번성하여 땅에 충만하라, 땅을 정복하라, 바다
의 물고기와 하늘의 새와 땅에 움직이는 모든 생물을 다
스리라 하시니라."

부부 성생활은 하나님께서 인류의 번성을 위하여 허용하신 것
입니다. 하나님은 창세기 2장 18절에서 "여호와 하나님이 이르
시되 사람이 혼자 사는 것이 좋지 아니하니 내가 그를 위하여 돕
는 배필을 지으리라 하시니라"하셨습니다. 그리고 말씀하시기를
생육하고 번성하라고 하십니다. "하나님이 그들에게 복을 주시
며 하나님이 그들에게 이르시되 생육하고 번성하여 땅에 충만하
라, 땅을 정복하라, 바다의 물고기와 하늘의 새와 땅에 움직이는
모든 생물을 다스리라 하시니라(창 1:28)" 하나님께서 인간에게
명령하신 생육하고 번성하려면 부부 성생활 통해야 가능한 것입
니다. 그러므로 부부 성생활은 하나님께서 허용하신 것입니다.
그런데 일부 크리스천들이 성생활이 거룩한 생활을 방해하고,
추한 것으로 여기고, 부부 성생활을 거부하거나 멀리하는 경향
이 있는데 이는 오해한 것입니다. 언제인가 국민일보에 부부 성

생활에 대하여 기사가 난 적이 있었습니다. 어느 사모님의 경우는 남편목사님이나 자신이나 거룩한 생활에 방해가 된다고, 남편목사님의 접근을 차단하면서 일 년에 두 번 정도 성생활을 한다는 것입니다. 이 사모님은 수녀가 되셔야 할 분인 것입니다.

그러니 목사님이 짜증이 심하고 혈기가 심해졌다고 간증했습니다. 필자는 정상적인 성생활은 영적인 생활에도 기여를 한다고 생각을 합니다. 왜냐하면 성생활을 정상적으로 하는 부부가 건강하기 때문입니다. 영성도 육적인 건강이 따라야 강해집니다. 균형을 잡힌 영성이 될 수가 있습니다.

부부관계란 부부 상호간에 사랑과 만족과 존경의 행위이며 마음과 생각을 나누는 것이며 무언의 깊은 대화입니다. 생명이 시작되고 가문을 잇는 자녀가 나오며, 하나님의 계획을 이루는 중요한 제자가 배출되기도 합니다. 올바른 성생활은 큰 치유를 가져다줍니다. 피부미용. 우울증. 심장. 머리. 생활. 삶 등에 큰 유익을 줍니다. 그러나 잘못된 성관계는 큰 상처와 큰 고통을 줍니다.

성은 인간이 자연스럽게 지니게 되는 현상으로, 사회가 허용하는 범위 내에서는 충분히 즐길 수 있는데, 그것이 바로 결혼 후 부부간의 성 관계입니다. 과거에 일부 사람들이 제한 없이 성의 쾌락을 추구했던 까닭으로, 성은 부끄러운 것, 죄스러운 것 등으로 여겨졌으나, 허용된 범위내의 성은 정당한 대우를 받아 마땅합니다. 그러나 한도를 넘은 성행위는 사회의 질서를 파괴하는 결과를 초래하는 경우가 많습니다.

사람의 여러 배설 욕구 중 대소변은 반드시 배설이 되어야 하고, 그렇지 못한 경우는 병이 있는 상태로, 심하면 생명을 잃게 될 수도 있습니다. 그러나 사정은 억제되었다 하여 생명을 위협하는 상태에까지 이르지는 않습니다. 더구나, 사람만은 동물과 달리 생식과는 관계없이 수시로 이를 배설하고자 하는 욕구를 갖게 되는 까닭에, 자칫 억제함이 없이 마구 행사하고자 하는 일까지 나타나고, 이 때문에 성이 사회 문제로 대두되고 있는 것입니다.

따라서 사람이 사람으로서의 도리를 다하고, 사회의 질서를 지키려는 노력을 게을리 하지 않고, 허용된 범위 안에서 성을 즐긴다면 이는 결코 부끄럽거나 죄스러운 일이라고 할 수 없습니다. 이 허용된 범위란 것이 결혼이란 형태이므로, 결혼한 부부의 성은 별 거리낌 없이 즐길 수 있는 것임이 분명합니다. 타인에게 보이거나 타인과 비교할 문제는 아니고, 부부가 서로 원하는 범위 안에서 충분히 즐길 수 있습니다.

그러나 성이 사회에서 문제가 되는 경우는 이런 경우들이 아닙니다. 흔히, 혼외정사로 불리는 행위, 즉 결혼과 관계없는 성 행위의 경우가 문제가 되는 것입니다. 결혼과 관계없다는 것은 결혼한 부부들의 불륜만을 뜻하는 것이 아니라, 결혼을 하지 않은 청소년들의 성 행동도 포함됩니다.

성은 개개인의 깊숙한 곳의 문제로, 그것을 어떻게 구사하든 자유로운 것이어야 합니다. 그런 속에서 즐길 수 있는 것이 성인 것입니다. 그러나 그것은 조건이 있어서 사회의 질서를 파괴하지 않는 허용된 범위 내의 행동일 경우에만 가능합니다. 범위를 벗어나는 행동은 마땅히 억제 되어야 함은 물론입니다. 진열장에 놓여 있는 물건들을 내가 원한다하여 마구 집어가도 되는 것이 아니라는, 지극히 간단한 이치와 같은 것입니다.

내가 그렇게 원하니까, 상대가 어떻게 느끼든, 상대의 처지가 어떠하든 내 마음대로 할 수 있다는 논리는 있을 수 없는 일입니다. 서로 지킬 것은 지켜 나가는 생활 태도는 삶의 기본적인 자세입니다. 진정한 사랑은 성을 인격화 합니다. 한걸음 더 나아가, 배운 사람은 자신은 물론 그렇지 못한 옆 사람을 올 바른 길로 인도해 가야 하는 책임도 가져야 합니다.

첫째, 성생활은 건강의 기본이다. 인간의 사랑에 관하여, '정신의 사랑은 숭고하고 몸의 사랑은 천박하다'는 이분법적 사고는 20세기를 지배해온 커다란 오해의 하나가 아니었나 싶습니다. 다른 동물에게서 볼 수 없는 박애와 희생의 정신은 인간을 동물과 구분되는 숭고한 존재로 차별 짓는 중요한 잣대중 하나라는데 이견이 없지만, 그 때문에 육체의 사랑을 천시하거나 무시하는 것은 편견이 아닐 수 없습니다. 인간은 적어도 육체와 정신을 동시에 갖고 있으며 육체와 정신이 동시에 건강하고 행복함으로써만 균형 잡힌 건강과 행복을 누릴 수 있습니다.

균형 잡힌 정신적 사랑에 대하여 예술가들과 사상가 종교가들이 자극을 주고 조언을 해줄 수 있다면, 육체적 사랑에 대한 기술은 많은 의학자들이 다양한 충고를 남겨주고 있습니다.

　성숙한 육체를 가진 인간에게 성생활은 가장 본능적인 육체의 행위이며, 이 자연스런 행위를 통하여 가장 이상적인 물리적 운동효과와 생리적 건강효과를 얻을 수 있으니 성생활은 건강을 유지하는 데도 크게 도움이 됩니다.

　성생활의 유익은 먼저 몸의 균형을 잡아주는 생리적 현상으로서 각종 호르몬의 활발한 작용에 있습니다. 사람은 사랑의 감정을 느끼는 것만으로도 도파민과 같은 화학물질이 발생되어 기분이 좋아지고 긴장 해소와 함께 심신의 고통을 이겨내는 스트레스 내성이 길러집니다. 신체접촉을 갖게 되면 쾌감을 일으키는 엔돌핀이 상승하여 마음에 여유가 생기고 면역기능이 강화됩니다. 최근 연구에서는 정기적인 성생활을 영위하거나 자주 사랑의 키스를 하는 사람들은 감기나 독감에 대한 저항력이 훨씬 높다는 결과가 밝혀졌습니다.

　구애할 때 발생되는 페르몬은 긍정적 낙천적 성격을 갖게 하며, 엔돌핀과 함께 우울증을 막는 데 크게 도움이 되는 생리화학 물질입니다. 주기적으로 성생활을 유지하는 여성은 에스토스테론의 혈중 농도가 높아 월경이나 임신 출산 등 생리기능이 순조롭게 유지되며 생리관련 문제들이 치유됩니다. 체내 독성을 분비하는 스트레스 호르몬이 감소됨으로써 피부가 고와지고 에스트로겐은 여성의 골다공증을 막는 데도 도움이 됩니다. 말초신경의 자극과 호르몬 효과에 따라 두뇌가 활성화되므로 머리회전도 좋아지고 노화를 막아줍니다.

주 1-2회 정도의 성생활을 주기적으로 갖는 여인은 그렇지 않은 여자에 비해 생리주기도 일정해지고 인체 내에 에스트로겐이 두 배 정도 더 공급된다는 것입니다. 성욕이 왕성한 여자는 호르몬이 활발히 증가해 신체가 비옥한 토지같이 된다고 합니다. 애무도 성생활과 같은 효과를 나타낸다고 합니다. 호르몬과 에스트로겐을 증가시켜줘 뼈를 더욱 튼튼하게 해주고 신체를 더욱 건강하게 해준다고 합니다. 심장질환을 앓고 있는 사람들은 보통 성생활을 두려워합니다. 그러나 그건 잘못된 생각. 성관계 시 심장박동수가 빨라지는데, 그것은 혈액순환을 더 원활히 해주기 때문에 건강에 유익하다는 것입니다.

뉴욕의 섹스연구가 닥터 쥬디 쿠리안스키가 주장하길 성생활을 하는 동안 몸속에 엔돌핀이 증가하기 때문에 건강에 좋다는 것입니다. 성생활은 웃음을 포함한 모든 좋은 감정을 자극시킨다는 것입니다. 예부터 한번 웃으면 한번 젊어지듯이 웃음은 우리의 스트레스를 격감 시켜준다는 것입니다. 성생활은 특히 여자 몸에 좋다고 합니다. 7백 명의 여성을 상대로 조사한 결과 일주일에 한번정도의 성생활은 여자의 생식기관을 좋은 상태로 유지시켜 준다는 것입니다. 지속적으로 성생활을 즐기는 폐경기의 여성보다, 지속적이 아니고 가끔씩 즐기는 여성은 내분비기관에 지장을 초래 할 수도 있다고 발표했습니다. 건강에 관심이 있기를 바랍니다.

부부의 성생활은 자신을 보기 좋게 만듭니다. 혈액은 가슴으로 흘러가 가슴을 풍만하게 만들어 주며, 입술은 더욱 붉어지고 혈색이 좋아진다는 것입니다. 의학 자료에 의하면 성생활은 정맥류성의 정맥질환을 막아 준다고 합니다. 성생활은 소화계 근육을 부드럽게 해주며, 제 기능을 갖게 해준다고 합니다. 서로 상대방을 따뜻하게 유지하면, 차가운 세균의 침범을 막을 수 있습니다. 성생활은 부스스한 머리칼에 산소가 풍부한 혈액을 공급해 줌으로써 윤이 나게 해준다고 합니다. 성적인 자극은 눈동자(동공)를 확대 시켜줘 눈이 더욱 빛나게 보이게 한다는 것입니다. 성생활 때에 생겨나는 감성들은 삶의 두려움과 공포 등을 없애 주는 효과가 있다는 것입니다.

간혹 성생활은 의식주가 다 해결된 뒤에 생각해도 되는 '장식적인' 조건 정도로 생각하는 사람들이 있습니다. 하지만 기본적인 건강을 위해서도 성생활은 의식주 못지않은 기초 요건입니다. 건강상의 이유 등으로 성생활이 어려운 상황이라면 이를 방치하지 말고 개선하는 노력이 필요합니다.

둘째, 성생활은 건강하다는 증거이다. 일부 여성들이 나이가 많아 늙은 남편이 성생활을 요구할 때 주책 떤다고 거부하는 여성들이 있습니다. 육십이 넘은 사람이라도 주 1회 정도 성관계를 지속적으로 하는 부부는 그렇지 못한 부부보다 건강한 삶을 살아간다고 합니다. 10년 전 아내와 사별하고 이민 간 자녀로 인해, 심한 우울증을 앓았던 A(65)씨는 한 노인복지회관에서 사정이 비슷한 여성을 만나면서 밝아졌다고 합니다. A씨는 여성과 재혼하여 "일주일 1회 정도 성관계를 한다."며 "그 후로 마음도 몸도 훨씬 건강해졌다"고 말했다는 것입니다.

건전한 성생활은 기분 좋은 노년생활의 필수요소 중 하나입니다. 경희대병원 발표에 의하면 "노년기 우울증의 20%가 성생활과 관련돼 있다"며, "일을 통한 즐거움이 없는 노인의 경우 성생활을 통해 죽음에 대한 불안감, 상실감 등을 공유할 수 있다"는 것입니다.

아브라함의 경우를 생각하여 보면 실제적으로 이해가 될 것입니다. 우리가 한번은 모두 죽는 것은 사실이지만 수한이 차고 인생을 만족하게 보낸 후에 하나님 앞에 나아가야 한이 없는 것입니다. 영어 성경에는 아브라함이 175세에 이렇게 죽었다고 기록하였습니다. 나이가 많고 늙어서 그 생애를 만족하게 살다가 죽었다는 글로 표현하고 있습니다.

우리도 아브라함같이 하나님이 정하여 주신 수한 동안 만족한 생애를 보내다가 하나님 앞으로 가는 것이 좋은 길인 줄 아는 것입니다. 아브라함은 자식이 늙도록 없었지만 85세 때에 하갈을 첩으로 취하여 '이스마엘'을 얻었습니다. 그리고 99세에 할례를 하였습니다.

할례라는 것은 오늘날의 포경 수술 비슷한 것으로 남자의 양 피를 베어 내는 것을 말합니다. 99살 할아버지가 포경 수술을 한다는 것도 대단한 믿음의 결단이고 순종입니다. 할례를 받은 후에 사라와 성교를 하여 이삭을 낳게 되었습니다. 이삭이 성령 으로 잉태된 아이가 아닌 이상 부부 관계를 함으로 100세 먹은 노인과 90세 먹은 노인이 성관계를 가짐으로 아들을 얻게 된 것 입니다.

더 나아가서 사라가 127세 때에 사라의 수한이 차서 사라의 향년, 하나님이 정해 주신 세상의 사는 날수를 다 채우고 127 세에 죽었습니다. 이때의 아브라함의 나이가 137세 입니다. 137세 난 노인 할아버지 아브라함이 혼자 살기 적적하여 '그두 라'라는 젊은 여성을 후처로 취하였습니다. 후처를 취한 후 '그 두라'와 깨가 쏟아지는 신혼 재미로 살다가 보니 아들들이 계 속 연년생인지, 두 살 터울 이인지, 몇 살 터울 인지는 몰라 도 '시므란'이란 아들을 낳고, '욕산'이란 아들도 낳고, '므단'이 란 아들도 낳고, '미디안', '이스박', '수아'라는 여섯 아들을 계 속 낳은 것을 보면, 아마 10년 이상을 아브라함과 아브라함의 후처 '그두라'가 아들들을 낳은 것을 보니 적어도 아브라함이 150세 까지는 정력과 부부 관계가 좋았던 것으로 증명할 수 있 는 것입니다(창25:1-3).

이처럼 아브라함은 나이가 150세가 되어도 왕성한 성생활을 즐길 수 있도록 건강했다는 것입니다. 그러므로 나이와 성생활은 고려요소가 되지 못하다는 것입니다. 건강 하느냐, 건강하지 못하느냐가 문제가 된다는 것입니다. 성생활과 나이는 상관이 없다는 것입니다.

하나님의 복이나 동양의 오복이나 모두 자녀를 많이 낳는 것이 복중의 복으로 말하고 있습니다. 요사이는 산아 제한을 하여서 하나를 낳고서도 힘들어서 한집 건너서 하나씩만 낳자는 말을 하기도 하지만, 기독교인의 자녀관은 사무엘의 어머니 한나에게 하나님이 주신 출산의 복과 같이 3남 2녀는 되어야 정상적인 것입니다.

물론 인구가 많은 중국이나 땅이 좁은 한국에서 이런 말을 하면 역적이 되지만, 미국에서 사는 사람들은 먹을 것 많고, 교육비 걱정 없고, 모든 면에 풍요한 나라에서는 3남 2녀는 낳아야 자녀끼리 외롭지 않고, 하나님의 정하신 복에 순응하는 것이 된다는 것입니다. 필자는 2녀인데 지금 후회스러운 것은 더 낳을 수 있을 때 기회를 놓친 것이 우리 부부간의 후회이기도 합니다.

아브라함은 건강하였기 때문에 150세 정도가 될 때까지 자식을 낳을 수 있었고 건강하여 정력이 있었던 것입니다. 하나님과 관계가 열리니 아브라함에게 전인적인 복이 임한 것입니다. 아브라함은 재산도 많아서 부요한 삶을 산 것도 하나님이 주신 복입니다. 이러한 육체적인 건강과 부요는 하나님의 마음에 합한 아브라함의 믿음으로 오게 된 것입니다. 오늘날도 하나님과 관계가 열리고, 믿음을 가지면 우리도 아브라함과 같은 건강과 부요의 복을 누릴 수가 있는 것입니다.

　그러나 우리가 잘못 생각하는 것은 믿음으로 오는 건강의 축복이 너무 쉽게 이루어지는 줄을 잘못 알고 있는 것입니다. 아브라함도 이러한 복을 받기까지는 큰 믿음의 시련과 시험이 있었고 이것을 이긴 다음에야 나타난 것입니다.

　노인들이 성생활을 하면 신경, 뇌 등 육체 전반에 자극이 가해지면서 교감신경이 활성화 돼 활력을 찾게 된다는 것입니다.

　그러나 일반적으로 남성은 70대가 되면 발기부전장애를 겪고, 여성은 50대 폐경기를 맞아 위축성 질 염으로 고생하면서 육체적으로 성생활과 멀어지는 게 현실입니다.

　전문가들은 성기능장애일 경우에도 성욕이 남아있고 서로에 대한 애정을 필요로 하는 한, 꾸준히 성생활을 하는 것이 정서상 좋다고 입을 모읍니다. 단, 고혈압 동맥 경화, 심장질환 등을 앓고 있는 노인들의 경우 발기부전 치료제는 심혈관계 등에 무리를 줄 수 있으므로 가급적 피하는 것이 좋다고 합니다.

　셋째. 성생활의 유익을 정리하면 이렇다. 요즘 사람들이 모인 곳에는 장수와 건강 이야기가 주를 이룹니다. 어떤 사람은 건강을 위하여 매일 걷는다고 말합니다. 어떤 사람은 건강식을 열심히 한다고 말합니다. 어떤 사람은 건강을 위하여 매일 한 잔의 포도주를 마신다고 말합니다. `

　그러나 건강을 위하여 성생활을 열심히 한다는 사람은 아무도 없습니다. 사실 솔직히 말하면 정상적인 성생활도 건강을 위한 하나의 방법이라는 것입니다. 지금까지 성생활이 건강에 유익하다는 연구는 많이 있었습니다. 그중 대강 요점 만 추려보면 다음과 같습니다.

1)성생활은 가장 좋은 운동이다. 일주일에 3회 정도 얌전하게 성생활을 하는 사람은 일 년에 7500 칼로리를 소모하게 됩니다. 이것은 120km 조깅하는 것과 맞먹는 운동입니다. 성생활을 와일드 하게 할 경우엔 계산이 다릅니다. 와일드한 성생활은 일회에 약 200 칼로리를 소모하기 때문에 일주일에 3회 성생활을 한다고 가정할 때, 일 년에 31000 칼로리를 소모하며, 이는 483km 조깅하는 것과 맞먹게 됩니다. 다시 말하면 서울에서 부산까지 조깅하는 것과 같습니다.

이 정도면 건강을 위해서 일부러 매일 조깅할 필요가 없다고 생각할 수 있습니다. 또 한편 성생활은 기쁨을 안겨 주기 때문에 조깅과는 다릅니다. 조깅하면서 기뻐서 계속 웃는 사람은 보기 힘듭니다. 왜냐하면 숨을 헐떡거리며 조깅하기 때문에 웃을 여유가 없습니다. 성생활하면서 얼굴을 찡그리지 않을 것입니다. 부부가 서로 쾌감을 즐기는 시간일 것입니다.

2)성생활은 죽음의 위험도를 줄여 준다. 아일랜드(Ireland)의 Belfast 에 있는 Queen's University 연구팀은 1000명의 중년

신사를 상대로 10 년 동안 사망률에 관하여 연구하여 British Medical Journal 에 다음과 같이 발표하였습니다. "성생활을 즐기며 자주한 사람들이 성생활을 덜 한 사람들 보다 사망률이 50% 가 낮았다" 프랑스 사람들은 오르가슴(Orgasm)을 "la petite mort" 라고 말합니다. 영어로 번역하면 "a little death" 입니다. 즉 "작은 죽음" 이란 뜻입니다. 프랑스 사람들은 "작은 죽음을 계속 맛보면 큰 죽음을 면할 수 있다." 고 말합니다. 다시 말하면 적은 비용을 들여 생명을 연장한다고 말할수 있습니다.

3)성생활은 심장병의 위험을 줄여 준다. Queen's University 연구팀은 성생활은 심장을 튼튼하게 만들어 준다는 것을 발견하였습니다. 일주일에 3회 성생활을 하는 사람들은 심장병에 걸릴확률이 절반으로 경감된다고 발표했습니다.

4)성생활은 통증을 없애 준다. 성생활은 관절염을 비롯한 모든 통증을 경감시켜 준다고 합니다. 성생활 중에 뇌하수체(腦下垂體 : Pituitary Gland) 후엽에서 옥시토신(Oxytocin)이란 호르몬이 평상시 보다 5 배가 더 많이 분비된다고 합니다. 옥시토신은 엔도르핀(Endorphin)을 분비하게 만든다고 하며 엔도르핀(Endorphin)은 몰핀과 같은 호르몬입니다. 그러므로 두통이 심한 사람도 성생활(性生活)을 하고 나면 두통이 말끔히 사라지는

이유는 엔도르핀(Endorphin)이 분비되었기 때문입니다.

5)성생활은 만성 전립선염을 예방해 준다. 성생활 중 오르가슴을 일으킬 때 전립선 주변에 있는 근육들이 수축함과 동시에 전립선 액을 밖으로 방출합니다. 그러므로 전립선이 건강해 집니다. 성생활을 자주 하지 않는 사람들은 전립선염에 걸릴 확률이 높다는 것입니다. 전립선 비대증에 걸린 사람들은 항문 주위에 만성 통증을 느끼기 때문에 괴롭습니다.

6)성생활은 감기를 예방해 준다. 펜실바니아 주에 있는 Wilkes University 연구팀은 일주일에 1 회 내지 2 회 성생활을 하는 사람들은 Immunoglobulin A 라는 항체가 30%이상 더 많이 방출한다는 사실을 발견하였습니다. Immunoglobulin A 는 Lymphoid Tissue(임파양조직: 淋巴樣組織)에서 생산되는 항체(抗體 : Antibody)로써 호흡기관과 소화기관과 비뇨기계통의 점막을 통하여 침입하는 병원균을 방어해 줍니다.

7)성생활은 스트레스를 경감시켜 준다. 수많은 현대인들은 걱정 근심 불안 때문에 불면증이 생겨 항울약(抗鬱藥)과 수면제를 복용한다고 나타났습니다. 이들은 해답이 성생활에 있다는 것을 모른 채 살아가고 있으며 부작용이 많은 항울약과 수면제를 계속 복용하고 있습니다. 정상적인 성생활은 부작용도 없을 뿐만

아니라, 스트레스를 풀어주고 깊은 잠을 잘 수 있게 만들어 줍니다. 그러므로 성생활은 스트레스를 풀어주는 천연약이나 다름없습니다.

8)성생활은 부부 관계를 돈독하게 만들어 준다. 성생활을 통하여 아기가 임신되고 분만하여 자식을 갖게 된 부부는 결혼생활이 더욱 행복해 진다고 합니다. 서양 사람들은 자식이 부부 사이의 애정의 유대 관계를 공고히 결속 시켜주는 풀(Bond)이라고 말합니다. 결혼하여 부부관계가 깨어지는 통계를 보면 만족하지 못한 성생활이 상당한 영향을 끼치는 것으로 조사가 되었다고 합니다. 부부가 성생활에 만족하다는 것은 부부생활이 건강하다는 결론입니다.

부부가 건강하고 관계가 행복하면 가정이 행복해집니다. 가정이 행복해지니 직장생활이 즐겁습니다. 사업이 즐겁습니다. 교회 생활이 즐겁습니다. 하루하루 살아가는 것이 즐겁습니다. 부부의 성생활을 원만한 가정을 이루는데 첫째요소라고 해도 과언은 아닐 것입니다.

25장 가정생활이 행복해야 장수한다.

(엡 6:1-5)"자녀들아 주 안에서 너희 부모에게 순종하라 이것이 옳으니라. 네 아버지와 어머니를 공경하라 이것은 약속이 있는 첫 계명이니, 이로써 네가 잘되고 땅에서 장수하리라. 또 아비들아 너희 자녀를 노엽게 하지 말고 오직 주의 교훈과 훈계로 양육하라. 종들아 두려워하고 떨며 성실한 마음으로 육체의 상전에게 순종하기를 그리스도께 하듯 하라"

하나님은 예수님을 믿는 하나님의 자녀들의 가정이 모두 건강하고 행복하기를 소원하십니다. 불행한 가정은 지상에 살면서 지옥을 체험하는 것입니다. 그러나 서로를 돌보며 사랑하고 이해와 동정을 같이 하며 따뜻하게 품어주고 협력하는 가정은 위로와 기쁨과 행복이 가득한 건강한 가정이 될 수 있는 것입니다. 사람은 이 땅에서 가정이 행복해야 그 모든 삶이 형통한 것입니다. 가정이 불행하면 모든 일에 파탄이 되고 마는 것입니다. 가화만사성이란 말이 바로 그 말인 것입니다.

사회 비평가인 존 러스킨은 이렇게 말했습니다. "인류 역사는 세계의 역사가 아니라 가정의 역사이다. 한 나라의 수준은 그 나라의 가정 수준 이상으로 올라갈 수 없고, 한 나라의 생존은 가정의 생존 여부에 달려 있다." 아리스토텔레스는 "가정은 국가의 근본 세포를 형성한다.”고 했는데, 이는 건강하고 행복한 가정이 많아야 건강한 국가가 되기 때문인 것입니다. 가정이 이처럼 중요한 것은 하나님의 뜻이기 때문입니다.

이러므로 우리는 하나님 앞에서 우리에게 주신 가정이라는 이 아름다운 성전을 잘 가꾸어서 천국의 행복을 누리다가 하늘나라의 영원한 가정으로 들어가는 성도들이 되어야 합니다. 행복한 가정을 이루기 위해서는 이렇게 하는 것이 좋습니다.

첫째, 행복한 가정의 절대적인 조건은 절대 주권자이신 하나님을 온전히 주인으로 모시는데 있다. 시편 127편 1절로 2절에 “여호와께서 집을 세우지 아니하시면 세우는 자의 수고가 헛되며 여호와께서 성을 지키지 아니하시면 파수꾼의 경성함이 허사로다 너희가 일찍이 일어나고 늦게 누우며 수고의 떡을 먹음이 헛되도다. 그러므로 여호와께서 그 사랑하시는 자에게는 잠을 주시는도다” 하나님 없이 집을 세우고 성을 지키고 고생하고 수고하는 것이 다 결국에는 헛되고 마는 것입니다. 그렇기 때문에 우리가 행복한 가정을 이루기 위해서는 먼저 그의 나라와 그의 의를 구해야 됩니다. 하나님께서 가정의 주인이 되어야 합니다. 우리의 가정이 하나님 중심으로 살고 우리 가정생활 전체 속에 그리스도의 의가 나타나야 되는 것입니다.

행복하고 건강한 가정을 이루기 위해서는 하나님과 영적인 관계가 열려야만 합니다. 가장 중심으로 하나님과 관계가 열리면 건강하고 행복한 가정이 되는 것입니다. 그러므로 가족이 다 뽈

뿔이 헤어지고 좀처럼 만날 수 없는 경우라고 할지라도, 주일만은 꼭 만날 수 있도록 노력하여 교회에 와서 하나님께 예배드려서 하나님을 주인으로 모시며, 가족이 하나가 되어 산다는 확실한 신앙의 증거를 보여 주어야 될 것입니다.

신명기 6장 5절로 7절에 "너는 마음을 다하고 성품을 다하고 힘을 다하여 네 하나님 여호와를 사랑하라 오늘날 내가 네게 명하는 이 말씀을 너는 마음에 새기고 네 자녀에게 부지런히 가르치며 집에 앉았을 때에든지 길에 행할 때에든지 누웠을 때에든지 일어날 때에든지 이 말씀을 강론할 것이며" 그러므로 가정에 자녀들에게 근본적으로 하나님을 주인으로 모시고 사는 것이 마음에 깊이깊이 새겨지도록 교육을 시켜야 되는 것입니다.

그리고 가족들이 모여서 기도를 게을리 하지 말아야 됩니다. 기도는 하나님의 거룩한 성령을 가정에 모시고 모든 마귀의 훼방을 물리치는 것입니다. 오늘날 우리는 자연의 공해로 꽉 들어찬 세계 속에 살고 있습니다. 공기가 부패하고 물이 부패하고 우리가 먹는 양식이 모두 다 오염되어 있습니다. 그런데 마귀는 우리의 영적인 정신적인 삶을 오염시키는 것입니다. 우리 가정에 정신적인 오염을 성령으로 정화하기 전에는 건강하고 행복한 가정이 될 수가 없을 것입니다. 그러므로 기도 생활을 게을리 해서는 안 됩니다. 마태복음 18장 20절에도 "두 세 사람이 내 이름으로 모인 곳에는 나도 그들 중에 있느니라."고 말씀하셨음으로 가족이 가정에 모여서 성령으로 기도할 때에 주님의 은혜가 가정에 충만하게 임재하시는 것입니다.

시편 112편 1절로 3절에 "할렐루야, 여호와를 경외하며 그 계명을 크게 즐거워하는 자는 복이 있도다. 그 후손이 땅에서 강성함이여 정직자의 후대가 복이 있으리로다. 부요와 재물이 그 집에 있음이여 그 의가 영원히 있으리로다."고 말씀한 것입니다. 이러므로 하나님을 주인으로 모실 때에 그 가정에 의롭고 부귀와 재물이 함께 있는 것입니다. 이렇기 때문에 건강하고 행복한 가정은 먼저 하나님과의 올바른 관계가 이루어지고 그것이 실천될 때에 가정에 이루어질 수 있는 것입니다.

둘째, 행복한 가정을 이루기 위해서는 남편과 아내의 관계가 원만해야만 한다. 남편은 남편으로서의 특권과 의무가 있습니다. 남편은 가정의 머리라고 성경에 말했습니다. 남편은 가정의 리더인 것입니다. 그러므로 마땅히 가정에서 남편은 머리로서 가정에 리더로서 존경을 받을 권리가 있습니다. 가정에서 남편이 존경을 받지 못하고 남편 대접을 받지 못하고 아버지 대접을 받지 못하면 이것은 날개 꺾인 새와 같습니다. 날지 못합니다. 그 사람은 세상에 나아가서 아무 것도 못합니다. 요사이 가정이 사랑으로써 존경으로써 이루어지는 가정이 아니고, 돈이 가정을 이루고 있습니다. 이것이 큰 낭패입니다. 지금 길거리에서 잠을 자고 있는 사람에게 언제 집으로 돌아가겠느냐고 물어 보면 모두다 똑같이 돈을 벌면 집으로 돌아가겠다고 말합니다. 돈이 집입니다. 아내의 사랑과 자식의 사랑, 존경 이런 것이 가정을 이루는 것이 아니라 돈이 가정을 이룬다고 하기 때문에 물질 만능주의 가정은 언제나 깨질 수가 있는 것입니다. 이러므로 남편은 돈이 있든지 없든지 가정의 리더로서 머리로서 존경을 받을 권리가 있습니다. 그렇기 때문에 아내나 자녀들은 남편이나 아버지를 존경해야 합니다. 가정의 중심이요, 기둥인 남편이나 아버지가 존경받지 못하고 리더가 되지 못하면 그 가정이 어디로 가겠습니까? 가정에서 가장이 민법상의 권위와 영적인 권위가 든든하게 서있을 때 하나님의 복이 임하는 것입니다. 그리고 남편은 부드럽고 따뜻하며 자상스럽고 이해와 동정심이 많은 남편이 되어야 하는 것입니다.

골로새서 3장 19절에 "남편들아 아내를 사랑하며 괴롭게 하지 말라" 오늘날 아내를 괴롭게 하는 남편들이 굉장히 많습니다. 남편이 권위주의로만 가정을 이끌어 가려고 하는 것이 아니라 부드럽고 따뜻하며 자상스럽고 이해와 동정심이 많아서 가정에 남편이 들어오면 온 가정의 분위기가 훈훈하게 봄바람이 부는 그런 가정을 만들어야 되는 것입니다.

요사이 가정법률상담소에 들어오는 상담 문제의 59%가 이혼 문제입니다. 가정에 59%가 지금 이혼 문제로 말미암아 골머리를 앓고 부모 갈등이 17%가 되는 것입니다. 가정의 남편은 이기주의적으로 자기 쾌락주의자가 되지 말아야 하는 것입니다. 무엇인지 자기만 생각합니다. 아내도 나만 섬겨라. 자식들도 나만 섬겨라. 그래서 집에 와서 고함 고함치고 호통치는 그런 이기주의적으로 자기 쾌락만 생각합니다. 무엇이든지 나만 잘 먹고 나만 잘 입고 나만 행복하면 된다. 그리고 아내나 자식들은 내 쾌락과 내 행복의 이용 가치에 불과하다 이러한 삐뚤어진 생각을 가진 남자들이 많이 있습니다.

베드로전서 3장 7절에 보면 "남편 된 자들아 이와 같이 지식을 따라 너희 아내와 동거하고 저는 더 연약한 그릇이요 또 생명의 은혜를 유업으로 함께 받을 자로 알아 귀히 여기라 이는 너희 기도가 막히지 아니하게 하려 함이라" 아내와 사이가 삐뚤어지면 기도가 막힌다고 했습니다. 많은 남편의 기도가 응답되지 않는 것은 아내를 귀히 여기지 아니하고 아내와 사이가 좋지 않을 때에 하나님의 나라에 들어가는 길이 막히게 되는 것입니다. 그렇기 때문에 남편은 이기주의나 자기 쾌락주의로 살지 말아야 합니다.

처자를 부양하고 아내의 꿈을 이루어주는 남편이 되어야 하는 것입니다. 남편은 뼈가 으스러지더라도 남편 된 이상은 취로사업을 하던 동냥을 하던 가족들을 먹여 살려야 되는 것입니다. 가족을 먹여 살릴 힘이 없으면 자기의 주권을 포기해 버리고 마는 것입니다. 그리고 남편은 결혼해서 아내를 데리고 왔으면 아내가 그 남편을 통해서 자기 꿈을 이루고 자녀들도 아버지를 통해서 꿈을 이룰 수 있도록 모든 힘을 다해서 뒤를 받들어 주는 이러한 남편이 되어야 하는 것입니다. 남편 되기가 쉬운 줄 압니까? 절대로 쉽지 않아요. 그러므로 이런 각오를 하지 않고는 장

가가지 말아야 합니다. 남편되려고 하지 말아야 합니다. 결혼해서 자식만 낳으면 남편인 줄 아는데 절대 그렇지 않습니다.

그러면 아내는 아내로서 특권과 의무가 있습니다. 아내는 남편의 사랑과 귀여움을 받을 권리가 있습니다. 하나님께서 그렇게 말씀하셨기 때문입니다. 남편들아 아내 사랑하기를 제 몸같이 하라고 했기 때문인 것입니다. 아내는 반드시 남편의 사랑을 요구할 특권이 있습니다. 남편의 귀여움을 받아야 할 특권이 있고 또 경제적인 도움을 받을 권리가 있습니다. 원래 남편이 열심히 일해서 경제적인 수입을 얻어서 가정을 돌볼 수 있도록 그렇게 가정을 만들어야 합니다. 힘이 어디서 나오느냐! 경제적인 데서 나옵니다.

경제력이 있으면 가정의 리더십을 가질 수가 있습니다. 그렇기 때문에 어찌하든지 경제력이 있어야 합니다. 경제력이 없으면 가정을 이끌어 갈 수가 없습니다. 아내와 자식들을 먹이고 입히고 살리고 이끌어 나아가야지요. 아내는 경제적인 도움을 받을 권리가 있고 그 다음 아내로서 의무는 남편에게 복종하고 격려해야 합니다. 남편이 한 마디 말하면 열 마디 대꾸하고 남편이 좌하면 우하고 우하면 좌하고 그렇게 되면 콩가루 집안이 됩니다. 하나님께서 가정을 세우실 때에 하나님은 남녀에게 인격적인 동등한 권한을 주었지만 그렇지만 가정을 이루는 데에 있어서는 순서가 있습니다. 남편이 가정의 머리요 리더요 아내는 남편을 내조하고 그리고 복종하고 남편을 존경해야 합니다.

아내의 마음속에 남편에 대한 존경심이 사라지고 남편에게 복종할 마음이 없어지면 벌써 아내로서의 의무를 포기한 것입니다. 그런 가정은 끝없는 고뇌가 따르는 것입니다. 언제나 남편은 아내의 내조를 통하여 용기백배합니다. 언제나 역사를 통해서 배울 때에 훌륭한 남편 뒤에는 훌륭한 아내가 있습니다. 수많은 역경 중에도 힘과 용기를 실어 주는 것입니다.

마틴 루터가 종교 개혁을 하다가 너무 힘들고 어려워 하나님이 자기를 버린 것 같아 낙심해서 그만 드러누웠습니다. 그런데 남편이 방안에서 가만히 들어보니까 그 부인이 마루에서 아이고 아이고 울고 있는 것입니다. 완전히 상복을 입고 눈물을 흘리면서…. 누가 죽었소? 물어 보니까 하나님이 죽었어요. 하나님이 죽다니? 부인이 곧 하나님이 안 죽었으면 당신이 하나님을 믿고 종교 개혁을 하려는데 그렇게 낙심해서 완전히 드러누울 수 있습니까? 가만히 보니까 이처럼 믿던 하나님을 떠나서 낙심하는 것을 보니까 틀림없이 하나님이 죽었다고 생각했기 때문에 내가 하나님 장례 지낸다고 그렇게 말한 것입니다. 남편이 크게 각성을 했습니다. 하나님이 살아 계신데 내가 왜 낙심하겠는가? 그래서 종교개혁을 완성했다는 것입니다.

남편은 의외로 아내에게 의존하고 있습니다. 아내의 말 한마디가 남편을 죽이기도 하고 용기를 주기도 하고 낙심을 주기도 하는 것입니다. 그렇기 때문에 아내는 남편에 대해서 언제나 긍정적이고 적극적인 태도를 취해야 하는 것입니다. 용기를 주고 힘을 주고 위로를 주고, 그래서 일어날 수 있도록 만들어 주어야 하는 것입니다. 잠언서 14장 1절에 "무릇 지혜로운 여인은 그 집을 세우되 미련한 여인은 자기 손으로 그것을 허느니라"고 말했습니다. 집을 세우는 여인이 있는가 하면 자기 손으로 그 집을 다 허무는 여인도 있는 것입니다. 아내는 반드시 가사를 돌보고 자녀를 잘 양육해야 될 의무가 있습니다. 잠언서 31장 30절에 보면 "고운 것도 거짓되고 아름다운 것도 헛되나 오직 여호와를 경외하는 여자는 칭찬을 받을 것이라" 이 세상에서 아무리 고와도 세월이 지나가면 고운 것 다 없어지잖아요? 아름다운 것도 다 사라지잖아요? 그러나 마음속에 하나님을 공경하고 하나님을 섬기는 마음으로 가정을 돌보는 여인, 이것은 진실로 아름다운 것입니다.

오늘날 남편과 아내가 손을 합쳐서 행복의 사냥꾼이 되어야 합니다. 사냥하는 사람이 산과 들로 다니면서 짐승을 찾아서 사냥을 하지 않습니까? 남편과 아내가 서로 손을 맞잡고 행복을 사냥해야 되는 것입니다. 그러기 위해서는 남편과 아내가 함께 살면서 약점을 파헤치지 말아야 합니다. 사람 치고 약점이 없는 사람이 어디에 있습니까? 산도 멀리 있을 때는 참 아름답게 보이지만 금강산도 직접 가보십시오. 그곳에 부러진 나무, 흩어진 쓰레기, 튀어나온 바위 별로 아름답지 않은 것이 많습니다. 산과 사람은 멀리서 보면 좋은데 가까이에서 보면 허물이 있는 것입니다. 그렇기 때문에 하나님이 사람을 사랑하는 것은 허물이 있기 때문에 사람을 위해서 구원해 주시는 것입니다. 이렇기 때문에 서로 약점을 파헤치지 마십시오. 약점 없는 사람이 어디에 있습니까? 우리는 다 서로서로 개성도 다르고 교육도 다르고 자라온 환경도 다르고 자라온 배경과 가정도 다릅니다. 어떻게 둘 다 똑같을 수 있습니까? 이러므로 약점을 서로 보완하는 것이 부부지! 약점을 서로 파헤치는 것이 부부는 아닙니다. 서로 절대 비난하지 마십시오. 아담은 하와를 비난하고 하와는 뱀을 비난하고 형은 아우를 비난하고 아우는 형을 비난하고 그래서 아담과 하와의 가정이 파탄에 이르고 말았지 않았습니까?

누가복음 6장 36절로 37절에 "너희 아버지의 자비하심 같이 너희도 자비하라 비판치 말라 그리하면 너희가 비판을 받지 않을 것이요 정죄하지 말라 그리하면 너희가 정죄를 받지 않을 것이요 용서하라 그리하면 너희가 용서를 받을 것이요" 부부간에 서로 비판하고 정죄하면 결국에 그 가정은 파괴되고 마는 것입니다.

부부간에 행복을 생각하기 위해서는 마음을 넓게 가져야 됩니다. 마음이 좁기가 대통만 해가지고서 남편이 이말 하면 부인이 왈칵 성을 내고, 부인이 저말 하면 남편이 고래고래 고함을 치는 그런 가정들이 굉장히 많습니다. 마음을 열어서 넓게 가져야 합니다. 오해 잘하고 화 잘 내면 깊은 물이 되요. 남편이 오해를 잘하고 화를 잘 내면 부인이 입을 닫습니다. 또 부인이 자꾸 오해를 잘하고 화를 내면 남편도 입을 닫아 버립니다. 서로 대화가 끊기는 것입니다. 서로 기피하게 되는 것입니다. 에베소서 4장 26절로 27절에 "분을 내어도 죄를 짓지 말며 해가 지도록 분을 품지 말고 마귀로 틈을 타지 못하게 하라" 혹시 사람이 살면서 분이 날 때가 있지만 절대로 해지기 전에 회개해야 합니다. 해가 지고 하루가 지나고 이틀이 지나고 사흘이 지나도록 분을 품고 있으면 사단이 틈을 타서 파괴를 가져오게 되는 것입니다.

옛말에 한 가정보다 한 나라를 다스리는 것이 더 쉽다고 말했습니다. 나라 다스리는 것은 경찰 병력도 있고 검찰도 있고 군대도 있어서 나라 다스리기에는 쉽습니다. 그러나 가정을 다스리는 것은 그리 쉽지 않습니다. 돈이 집은 지으나 사랑이 가정을 이룬다고 했습니다. 아무리 돈이 많아서 돈으로써 호화로운 별장도 가지고 좋은 집도 짓지만 그러나 가정은 돈으로 만들지 못합니다. 사랑으로 만들어지기 때문에 진실한 사랑을 가지려고 애를 써야 하는 것입니다. 하나님께서 하와를 만들 때에 갈비뼈를 취해서 만든 것은 갈비뼈는 심장에 가장 가깝습니다.

그렇기 때문에 부부간의 관계는 사랑의 관계이지 이성의 관계도 아니고 폭력의 관계도 아닙니다. 부부간의 문제를 이성이나 이론으로 해결하려고 하면 안 됩니다. 또 폭력으로 해결하려고 해도 안 됩니다. 어찌 하든지 애정으로 해결하려고 해야 하는 것입니다. 서로를 존경하고 칭찬을 아끼지 말아야 합니다. 남편은 아내를 존경하고 아내도 남편을 존경하고 서로서로 잘난 점을 자꾸 칭찬을 해야 하는 것입니다.

셋째, 부모와 자식 간의 관계가 확실해야 한다. 부모가 자녀에 대해서는 항상 자녀와 친구가 되어야 하는 것입니다. 권위주의로 일방적인 교육만 하지 말고 자녀들도 인격을 가지고 있는 이상 자녀와 친구가 되어야 합니다. 그리고 자녀들이 이 세상에 혼자서는 살 수 없다. 우리는 함께 산다는 공동체 의식을 길러주어서 교회에 와서도 함께 예배드리고, 그리고 함께 여행도 하고 이웃을 불쌍히 여기고 소년소녀 가장도 돌봐주고 양로원도 방문하게 하고 이래서 인생은 나 혼자 사는 것이 아니라 약한 자와 강한 자가 다 함께 손을 잡고 공동체 생활을 한다는 것을 깨닫게 해 주면 행복해지는 것입니다. 내 이기주의로 모든 사람을 내가 이용만 하고 산다고 생각하면 나중에 수없이 많은 갈등을 일으키게 되고 결국에는 범죄 행위가 될 수 있는 위험성이 있는 것입니다.

그리고 자녀가 부모에게 대해서 해야 하는 일은 효는 백핸지대본입니다. 이 세상에 효가 모든 행위의 근본입니다. 부모를 잘 받드는 자식은 아내도 충실하게 돌보고 사회에도 훌륭한 사람이 됩니다. 그러나 부모를 공경하지 않고 불효한 자식은 아내도 돌보지 아니하고 사회에서도 정상적인 사람이 되지 않습니다. 오늘날 많은 가정에 아내가 남편이 부모에게 효도하려면 허리춤을 잡아당깁니다. 왜 그 많은 돈을 주느냐! 왜 아버지 어머니에게 헌신적으로 하느냐? 이렇게 해서 효도를 못하게 하는 아내들이 많습니다. 그것은 자기 눈을 자기 손가락으로 찌르는 것입니다.

왜 부모에게 효도하지 않은 남편은 부인에게도 충실하지 않습니다. 그리고 사회에서도 존경받는 일을 하지 않는 것입니다.

레위기 19장 3절에 "너희 각 사람은 부모를 경외하고 나의 안식일을 지키라 나는 너희 하나님 여호와니라" 출애굽기 20장 12절에 "네 부모를 공경하라. 그리하면 너의 하나님 나 여호와가 네게 준 땅에서 네 생명이 길리라"고 말한 것입니다. 부모 공경과 함께 하나님은 생명을 길게 하고 복 받게 해 주겠다고 약속하신 것입니다. 그러므로 자녀가 해야 될 일은 부모를 공경해야 하는 것입니다. 언어 심사 행동에서 부모를 공경하는 말을 써야 하는 것입니다. 부모를 만만하게 대하고 부모에 대해서 나쁜 말로 욕을 하고 비난하고 비평하는 것은 하나님은 크게 기뻐하지 않습니다. 효라는 것은 부모를 공경해서 언어 심사 등에 신중을 기해야 하는 것입니다. 그리고 부모를 기쁘게 하는 것이 효입니다.

잠언서 23장 25절에 "네 부모를 즐겁게 하며 너 낳은 어미를 기쁘게 하라" 무엇을 해서 부모를 기쁘시게 할까? 그런 것을 생각하고 부모를 기쁘게 해드리는 그러한 행동을 하는 것 그것이 효입니다. 그리고 부모를 욕되게 하지 말아야 합니다. 게으르고 자기 생활도 하지 않고 처자도 돌보지 않는 그런 것은 부모를 근심하게 하고 욕되게 합니다. 부모에게 효도하는 것은 부모에게 근심을 끼치지 않는 것이 부모에게 효를 하는 것입니다.

그리고 부모를 보양해야 하는 것입니다. 마태복음 15장 4절에 "하나님이 이르셨으되 네 부모를 공경하라 하시고, 또 아비나 어미를 훼방하는 자는 반드시 죽으리라 하셨거늘" 성경에는 하나님께서 아비나 어미를 훼방하는 자는 죽이라고 하셨습니다. 자식은 부모를 잘 공양해야 하는 것입니다. 까마귀도 자기의 어미를 먹여 살리고 보양을 합니다.

충만한 교회에서는 매주 토요일 10:00-12:30까지 각각 2시간 30분씩 개별 특별집중 기적치유 시간을 갖고 있습니다. 한번에 4-6명밖에 할 수 없으므로 1주일 전에 지정된 선교헌금을 입금하시고 예약을 합니다.

*대상은 이렇습니다. 충만한 교회 화-수-목 정기 집회에 참석해도 상처가 깊어서 효과가 나지 않는 분들이 최우선입니다. 여기서도 저기서도 치유와 능력을 받지 못한 분/ 불치병, 귀신역사를 빨리 치유 받을 분/ 목과 허리디스크, 허리어깨통증, 근육통, 온몸이 아프고 무거움에서 치유해방 받고 싶은 분/ 자녀나 본인의 우울증, 공황장애, 조울증, 불면증을 빨리 치유 받을 분/ 가슴이 답답하고 기도하기가 힘이 드는 분/ 축복과 영의 통로를 뚫고 싶은 분/ 성령의 불세례를 체험하고 싶은 분/ 최단기간에 성령치유 능력 받고 싶은 분입니다.

믿음을 가지고 오시기만 하면 무슨 문제라도 치유되고 해결이 됩니다. 염려하시지 말고 성령께서 감동하시면 오셔서 빠른 시간에 치유 받고 권능을 받아 쓰임을 받으시기를 바랍니다.

반드시 일주일 전에 선교헌금을 전화로 확인하시고 입금 후 예약해야 합니다(전화 02-3474-0675).

26장 자녀들이 행복해야 장수한다.

(골 3:18-21)"아내들아 남편에게 복종하라 이는 주 안에서 마땅하니라. 남편들아 아내를 사랑하며 괴롭게 하지 말라. 자녀들아 모든 일에 부모에게 순종하라 이는 주 안에서 기쁘게 하는 것이니라. 아비들아 너희 자녀를 노엽게 하지 말지니 낙심할까 함이라"

하나님은 가정들이 건강하고 행복하기를 원하십니다. 가정이 행복하면 만사가 형통합니다. 가정에 활기가 차고 생활에 능력이 따릅니다. 가정에서 기쁨과 행복을 얻지 못하면 다른 곳에서는 얻을 수가 없습니다. 사회에서 물의를 일으키는 대다수의 청소년들은 불행한 가정에서 자라난 청소년들인 것입니다. 그러므로 우리들은 건강하고 행복한 가정을 만들겠다는 마음의 결심과 노력이 절실히 필요합니다. 그래야 나도 행복하고 가족들도 행복하고 삶의 의미와 가치가 있게 되는 것입니다. 하늘나라가 이루어지게 되는 것입니다.

첫째, 자녀들의 신앙을 바르게 해야 한다. 하나님께서는 사람의 노력으로는 도저히 죄를 없이 할 수 없다는 사실을 아시고 독생자 예수 그리스도를 이 땅에 보내셨습니다. 그리고 예수님께 인류의 죄를 대신 짊어지게 하셨습니다. 예수님은 그 일을 위하여 이 땅에 오셨고 믿는 자들을 위한 대속의 죽음을 당하셨던 것입니다. 죄를 사함 받으려면 죽어야 합니다. 죄로 인하여 자신이 죽어야 죄가 사해진다는 말합니다. 예수님이 우리의 죄를 사함 받게 하려고 대신 죽으신 것입니다.

그래서 예수님을 믿어야 하는 것입니다. 예수님을 믿는 순간 자신은 죽는 것입니다. 예수님을 믿는 순간 자신이 죽었다가 다시 부활하신 예수로 태어난 것입니다. 지금 자신이 사는 것은 예수님의 인생을 사는 것입니다. 그렇기 때문에 예수를 믿으면 행복한 삶을 살아간다고 말하는 것입니다. 하나님은 우리들의 생각을 통해서 역사하시는 것입니다. 우리 몸은 하나님의 성령이 거하시는 성전이라고 말했는데 예수 믿으면 하나님의 성령이 우리 영속에 와서 거하십니다. 그러나 성령이 거하는 영이 지성소라면 우리 마음은 성소요 우리 몸은 성전 뜰입니다. 하나님의 성령은 우리의 영에서 역사하여, 마음을 경유해서, 우리의 육체를 뚫고 나타나는 것입니다. 이렇기 때문에 아무리 성령이 우리에게 충만해도 우리 마음이 정비돼 있지 못하면 하나님께서 나타날 수가 없는 것입니다.

성경에는 "지킬만한 것보다 네 마음을 지켜라 생명의 근원이 이에서 남이라고" 말씀하셨으며 우리의 온갖 구하는 것이나 생각하는 것에 넘치도록 능히 하시는 하나님이라고 말씀하시고 있는 것입니다. 그러므로 우리의 생각을 자신 안에 계신 하나님과의 관계를 여는 신앙으로 정비해야 합니다. 그러면 생각을 어떻게 정비할까요? 우리는 먼저 보이는 성전 중심 신앙생활의 생각을 바꾸어야 합니다. 보이는 성전(유형교회)에 50% 관심을 두고, 마음 성전(무형교회)이 잘되는 일에 50% 관심을 두어야 합니다. 마음 성전이 잘되기 위하여 보이는 교회에 나가는 것입니다.

저는 성령치유 사역을 16년간 했습니다. 많은 부모님들이 자녀들의 문제로 상담을 합니다. 대다수의 부모님들이 생각이 이렇습니다. 어려서 교회에 잘나가면 신앙이 다 된 것으로 착각을 합니다. 찬송 부르고 예배드리고 성경을 읽으면 믿음이 된 것으로 생각을 합니다. 무조건 교회에 잘 나가면 된다는 사고입니다. 교회에 잘 다닌다고 영혼이 건강한 것이 아닙니다. 어려서 영혼과 육체를 성령으로 정화시켜주어야 합니다.

어느 여 집사의 이야기입니다. 이분이 초등학교 다니는 어린 딸이 있었습니다. 이 딸이 엄마나 아빠가 조금만 두렵게 하면 벌-벌-벌 떨면서 오줌을 쌀 정도로 문제가 있었습니다. 그렇게 지내다가 제가 쓴 "내적상처를 스스로 치유하는 치유기도문" 책을 읽고 저의 교회를 알게 되었습니다. CD를 구입하여 남편과 같이 들었습니다. 방학 동안에 집회에 참석했습니다. 딸과 같이 참석하여 기도하면서 저의 안수기도를 받았습니다. 점점 딸의 두려움이 사라지고 정상이 되었습니다. 어느날은 아들을 데리고 왔는데 제가 안수를 하니 목에 상처가 있었습니다. "예수님의 이름으로 명하노니 목을 풀어라. 목은 정상이 될 지어다." 하니까, 기침을 사정없이 하는 것입니다. 엄마가 하는 말이 출산할 때 목에 탯줄을 두 번을 감고 세상에 나왔다는 것입니다. 탯줄을 목에 감고 출산한 사람들이 목에 관련된 질병이 자주 생깁니다. 안수를 계속 해주었더니 목이 부드러워지면서 아이의 얼굴에 화색이 돌았습니다. 목이 시원하다는 것입니다. 점점 병약했던 건강이 회복되고 건강한 이이가 되었습니다. 집중력이 좋아져서 공부도 잘한다는 것입니다.

이렇게 성령으로 세례 받고 영혼에 만족을 누리니까, 밖으로 보이는 모든 문제가 해결된 것입니다. 이로보아 신앙은 예방신앙이어야 합니다. 어려서 영적인 상태를 진단하여 성령으로 정화시켜주어야 합니다. 만약이 이 아이들을 이렇게 사전에 치유하지 않으면 분명하게 고1-2학년에 영적이고 정신적인 문제가 발생하여 불필요한 고생을 할 수가 있습니다. 아이들이 영적검진을 받아 사전에 치유해주어야 건강한 자녀로 인생을 성공할 수가 있습니다.

특별하게 저는 성령으로 충만하다는 ○○○교회에 다닌다고 자만하고 계시던 분들이 영육의 질병이 발생하여 저희 교회에 찾아오시는 분들이 많습니다. 그런데 이분들을 안수기도 하다가 보면 저도 놀랍니다. 왜 놀라겠습니까? 그때까지 성령으로 세례를 받지 않았기 때문입니다. 성령으로 세례를 받아 성령이 전인격을 장악해야 영-혼-육이 건강하게 지내는데 성령으로 세례를 받지 않고 나는성령이 충만한 교회에 다닌다고 자만하고 믿음 생활을 했기 때문에 영육의 문제가 발생한 것입니다. 영육의 문제는 모두 자신의 무의식과 잼재의식에 있기 때문에 반드시 성령의 역사가 일어나야 해결이 되는 것입니다.

이렇게 문제는 아이의 내면(무의식과 잠재의식)에 있다는 것입니다. 아이들의 내면의 문제는 성령의 역사가 있어야 치유되고 변화됩니다. 내면이 치유되어야 한다는 것입니다. 혈통에 영적 정신적인 질병의 내력이 있는 자녀가 내면이 치유되지 않으면 꼭 고1-2학년에 영적정신적인 문제가 발생합니다. 내면의 치유는 성령으로 세례 받아야 치유되기 시작을 합니다. 영의 눈이 열리지 않았으니 내면의 세계를 이해하지 못합니다. 또 다른 이유는 세상에서 샤머니즘적인 신앙생활을 하여 교회에 가서 하나님을 섬기는 신앙의 사고가 고정되어 있다는 것입니다.

교회에 열심히 가서 하나님을 잘 섬기면 믿음이 좋은 것으로 믿어버립니다. 그래서 자신 안에 계신 하나님과 교통하는 신앙생활을 이해하지 못하는 것입니다. 이렇게 신앙생활을 하다가 보니 자신 안에 계신 하나님과 교통하지 못하는 것입니다. 보이는 성전중심의 신앙생활을 하게 됨으로 자신의 내면에 관심을 갖지 못합니다. 문제도 자신의 내면에 있고, 하나님도 자신의 내면에 임재 하여 계십니다.

그런데 자신의 내면에 관심을 갖지 않는 것입니다. 우리가 바르게 알아야 할 것은 내면에 잠재하여 있는 문제는 교회에 나가서 예배드리는 것으로 해결되지 못합니다. 반드시 성령으로 세례를 받고 내면을 치유하여 성령으로 충만해야 합니다. 문제의 뒤에는 사람의 힘보다 강한 귀신이 역사하기 때문입니다.

자녀들의 사고를 바꾸어야 합니다. 성령으로 충만하지 않으면 언제든지 귀신이 침입할 수 있다고 믿게 해야 합니다. 자신의 하나님과 멀어져 육체가 되면 언제라도 귀신이 침입한다는 것을 알고 체험하게 해야 합니다. 이를 방지하기 위하여 성령의 인도를 받으며 하나님과 동행하며 친하게 지내는 습관이 되게 해야 합니다. 어려서 영적으로 바뀌도록 치유해야 합니다. 자신 안에 역사하는 귀신은 교회에 다닌다고 떠나가지 않습니다.

제가 매주 토요일 날 하는 집중 치유할 때 어떤 분은 우리나라에서 성령의 역사가 가장 강하게 일어난다고 하는 교회를 십년이상 다녔는데도 귀신이 떠나가지를 않았다는 것입니다. 그래서 집중치유를 하니 2시간 15분 만에 혀를 10센티나 내밀면서 떠나가는 것입니다. 이렇게 성령이 충만한 교회에 십년을 다녀도 귀신이 나가지 않습니다. 그렇게 잠재하여 있는 귀신은 나이가 들면 치유하는데 시간도 많이 걸리고 치유받기도 힘이 듭니다. 대다수의 부모님들이 자녀들의 내면을 성령으로 치유하지 못하여 자녀들의 인생을 망가지게 하는 경우가 있습니다.

자녀들의 내면에 잠재하여 있는 문제는 나이가 들어가면서 더 강해집니다. 한 살이라도 덜 먹어서 치유하는 것이 좋습니다. 자녀들의 내면에 있는 문제는 자녀들의 믿음이 자라지 못하도록 방해합니다. 성령의 인도를 받는 것도 방해합니다. 하나님의 음성을 듣지 못하게 합니다. 어려서 치유하여 성령의 인도를 받으며 내면에 계신 하나님을 무시로 찾는 신앙으로 바꾸어야 합니다.

우리 자녀들의 신앙은 부모님들의 신앙을 따라가게 되어 있습니다. 저는 개인적으로 이런 생각을 하고 있습니다. 과거 우리 부모님들의 신앙이 복음 중심이 되지 못했다는 것입니다. 지금 교회의 지도자들이 영적으로 병든 자들에게나 육적으로 병든 자들에게 더욱 기도하고 헌신하라는 말만 되풀이 합니다. 무조건 기도하고 열심히 하면 영육의 문제가 해결이 된다고 합니다. 예수님이 주신 초자연적인 권능은 뒷전으로 하고, 행위와 보이는 열심으로 문제를 해결하려고 합니다. 이렇게 알고 문제를 해결하기 위하여 성전에 가서 살다시피 하면서 기도합니다. 물질을 드리기도 합니다. 그러나 문제가 해결이 되지 않습니다. 이를 보면서 자란 자녀들이 교회를 좋은 인식을 가지고 바라보지 않게 되었다는 것입니다. 교회를 더 멀리하는 핑계를 만들었다는 것입니다. 우리 어머니, 아버지가 교회에 살다시피 하면서 기도하고 봉사하고 헌금했는데 변한 것이 무엇인가, 의구심을 갖는 자녀들도 있습니다. 이렇게 만든 것은 부모님들이 기독교 복음을 바르게 알지 못한 결과라는 것입니다.

기독교 복음은 말씀과 성령으로 자신이 변하는 것입니다. 하나님께서 부여한 권능을 사용하여 문제를 풀어가야 합니다. 그런데 하나님께서 해주시기를 바라면서 기도하고 봉사했다는 것입니다. 이는 세상에서 하던 샤머니즘의 신앙의 잔재를 버리지 못한 연고입니다. 샤머니즘의 신앙이 자신이 숭배하는 신을 섬겨서 신이 문제를 해결해주기를 바라는 것입니다. 그런데 복음은 그렇지 못합니다. 자신이 말씀과 성령으로 변하면서 하나님께서 부여한 권능을 사용할 때 문제가 해결이 되는 것입니다.

　　하나님은 분명하게 마가복음 16장 17-18절에서 "믿는 자들에게는 이런 표적이 따르리니 곧 그들이 내 이름으로 귀신을 쫓아내며 새 방언을 말하며, 뱀을 집어 올리며 무슨 독을 마실지라도 해를 받지 아니하며 병든 사람에게 손을 얹은즉 나으리라 하시더라" 말씀하셨습니다. 하나님의 말씀대로 하지 않고 하나님께서 문제를 해결하여 주실 것으로 믿고 기도하고 봉사하고 헌금을 한 것입니다. 근본 방향이 잘못된 것입니다. 우리 자녀들에게 의식을 바꿔주어야 합니다.

　　예수를 믿었으면 교회에 가서 기도하면서 성령으로 세례를 받고, 자신의 무의식과 잠재의식에 있는 상처를 치유하고, 잘못된 자아를 말씀과 성령으로 부수고, 혈통에 역사하는 귀신들을 떠나보내야 한다는 것을 알고 체험하게 해야 합니다.

　　성령의 인도를 받으면서 하나님께서 자신에게 부여한 권능을 사용하는 하나님의 군사가 되도록 인도해야 합니다. 세상을 살아가면서 하나님과 동행하는 신앙이 되도록 인도해야 합니다. 그래야 자녀들이 세상을 살아가면서 행복을 누리면서 살아갈 수가 있습니다.

둘째, 자녀들의 진로선택 부모의 독단으로 결정하지 말라는 것이다. 자신의 재능을 자신이 발견하게 하라는 것입니다. 아이들에게 "넌 이다음에 뭐가 되고 싶니?"라고 물으면 대부분 다음과 같이 대답합니다. "저희 아빠(엄마)가 판사 되래요." "사장님 되래요." "의사가 되래요." "전문대나 나와서 기술이나 배우래요" 그런데 너는 무엇이 되기를 원하느냐? 이라고 되물으면 "모르겠어요."라는 응답이 나와 말문을 닫게 합니다.

저는 무엇이 될 지 생각해 본 적이 없고, 그저 엄마가, 아빠가 무엇이 되라고 하여 그것이 되어야 할 줄로 알고 있는 것입니다. 그런데 아이들은 얼마 가지 못하여 자신이 판사나 의사, 사장님이 되는 것이 어렵다는 걸 알게 됩니다. 그때부터 문제가 발생합니다. 자녀들이 조금 눈치가 생기고 철이 드는 사춘기 무렵에 문제가 발생하기 시작을 합니다. 자신들의 처지를 알게 된 아이들은 마땅히 무엇이 되어야 할지 몰라 방황하고, 자녀들을 의사나 판사로 만들고 싶었던 부모들은 그런 자녀들을 용납하지 않는 경우가 많습니다. 자식은 내 소유물이 아닙니다.

모든 것을 부모 손에 넣고 쥐락펴락해서는 안 되는 이유입니다. 물론 아직 세상 물정을 모르기 때문에 자녀에게 모든 것들을 맡겨 놓기에는 미덥지 못할 수도 있습니다. 하지만 부모는 조언자이거나 조력자로 남아야 합니다. 자녀가 잘 할 수 있는 일, 꼭 하고 싶은 일을 하며 기쁘게 살 수 있도록 격려하고 지켜보아야 합니다. 다소 부족하고 서툴더라도 말입니다.

그래야 자녀가 성령의 인도를 받으며 세상을 신명나게 살아갈 수가 있습니다. 저는 부모가 자녀의 진로선택을 하여 대학원을 나와서도 무위 도식하는 자녀들을 많이 봅니다. 부모가 원해서 선택했는데 적성에 맞지 않아 직장을 가더라도 얼마 있지 못하고 나오기 때문입니다. 세 명이 모두 남자인데 나이가 43세입니다. 결혼도 하지 못했습니다. 참으로 안타까운 일입니다. 자녀의 인생을 완전하게 망친 것입니다.

우리 부모님들은 자녀들에게 적성에 맞는 분야에 열정을 투자하면서 인생을 살아가게 해야 합니다. 부모님들이 자녀의 인생을 대신 살아줄 수가 없지 않습니까?

셋째, 자립심을 길러주어야 한다. 미국은 갓 태어난 아기를 아기방 아기침대에서 따로 재우는 것을 당연하게 여겨 왔습니다. 어린 아이들을 따로 재우는 이유는 아이의 자립심을 기르기 위해서라고 합니다. 미국에서는 학교도 아이들에게 혼자 힘으로 연습할 수 있는 기회를 수없이 제공합니다. 미국 학교의 학예회나 작품전시회에 가보면 우리 눈에는 너무나 장난 같은 작품들이 버젓이 발표되는 것도 이 때문입니다. 이 시기는 결과보다 과정을 배우는 시기이기 때문에 어른의 도움이 들어가 완성도가 높아진 작품보다는 아이들의 수준에서 서투른 노력이 엿보이는 작품들이 더 당당하게 여겨집니다.

우리 부모들도 아이에게 자립심을 길러 주길 원합니다. 그러나 과정이 중요한 때조차도 결과에 집착합니다. 과외에 바쁜 아이들을 위해 부모가 인터넷을 뒤지며 숙제를 해주고, 심지어 봉사활동도 대신 해줍니다. 초등학생들의 과제물은 부모님들의 실력겨루기 경연이 된지 이미 오래입니다. 이렇게 혼자 힘으로 연습하는 과정을 거치지 않고 자라난 아이들이 갑자기 자립하기란 쉽지 않습니다. 러시아의 심리학자 비고스키는 교육에서 부모의 역할을 강조했습니다. 비고스키에 따르면 아이들이 혼자서는 문제를 해결하지는 못하지만 거의 해결하기 일보 직전까지 와 있을 때가 있습니다. 이때 부모가 약간의 힌트만을 주면 아이는 문제를 해결할 수 있고 다음에는 혼자서도 문제해결이 가능해진다고 합니다. 이 때 아이가 도약할 수 있도록 발판을 만들어 주는 것이 어른의 역할입니다. 아이를 대신하여 요리를 하기보다 마지막의 한 방울로 아이의 요리를 완성시키는 참기름과 같은 존재가 부모의 역할이 아닐까요?

자립심을 길러주려면 스스로 생각하고 배우며 행동하도록 도와만 주어야 합니다. 과보호는 나약하고 의존적인 인간을 만듭니다. 아이들을 지나치게 사랑한 나머지 아이들이 원하는 것이 있으면 무엇이든지 충족시켜 주고 있습니다. 이미 기성세대들은 경제적으로 궁핍했던 시절 이였기에 풍족함이 그때는 자신감의 표상이요, 꿈을 꿀 수 있는 재료이기도 했었습니다.

또는 아이들을 보호한다는 구실로 아이들의 행동을 일일이 간섭하고 통제를 하게 됩니다. 의존적 성격은 결코 선천적이 아니며 어린 시절에 어떤 교육을 받았느냐에 따라서 결정된다고 합니다. 아이들은 네다섯 살 때에 자립심이 왕성하게 싹 트기 시작한다고 합니다. 물론 이때의 자립심은 혼자 살 수 있는 것을 의미하는 것이 아니고, 부모에게 의존해야 할 수 있었던 일들 즉, 일어나 걷기부터… 혼자서 밥 먹기… 대소변 가리기… 옷 입기 등등을 스스로 해보는 것을 의미합니다. 이때는 잘하는 것이 목적이 아니기 때문에 자녀가 스스로 하도록 기회를 주는 것입니다. 그리고 혼자 해냈다는 경험이 중요하므로 잘못했다고 야단치거나 똑바로 하라고 충고는 하지 말아야 도전에 대한 두려움이 생기지 않습니다. 아이들은 어려운 일을 혼자 해냈을 때 자신감이 생기고 자립심이 크게 강화되는 것입니다.

성장기의 아이들에게는 사물에 도전하는 힘을 키워 줘야 합니다. 누구나 넘어지면서 일어서는 법을 배우고 다치면서 조심하는 법을 배우는 과정을 거치면서 육체적으로나 정신적으로 건전하게 성장할 수 있습니다. 아이들이 힘들어 하고 아무리 느리게 하더라도 효율성이란 유혹에 부모님이 끼어들지 말아야 아이는 적극성을 배울 수 있습니다.

넷째, 포기하지 않는 습관을 길러야 한다. 세상에서 인생을 살아가노라면 여러 가지 예상하지 못한 험로와 난관에 봉착하게 됩니다. 자기 힘으로 해결하지 못하는 난관에 봉착하더라도 포기하지 않고 하나님에게 기도하여 난관을 뚫고 나가는 의지력이 중요합니다. 저는 지금 인생의 육십 고개에 들어선 목사입니다. 세상에서 공직생활도 해보았습니다. 그런데 지금 저의 인생의 뒤를 돌아보면 여러 가지 어려운 난관에 봉착한 경우가 한 두 번이 아닙니다. 저는 군대생활에 모든 것을 걸고 몰두했습니다. 처음에는 우수한 분들 밑에서 근무를 해서 청렴결백한 공직생활을 배웠습니다. 제가 항상 외치는 공명정대 광명정대의 논리가 통하지 않아서 군대에서 더 이상 승진할 수가 없게 되었습니다. 희망이 없어진 것입니다.

그러나 저는 좌절하거나 인생을 포기하지 않았습니다. 반드시 군대에서 보다 더 귀하게 쓰임을 받는 일이 있다는 믿음이 생겼습니다. 군대에서 전역한 다음 코스가 예비군에 관련되는 일을 하는 것입니다. 제가 아무리 기도를 해보아도 예비군에 관련되는 일을 하면 인생이 끝이 난다는 생각이 저를 주장했습니다. 그래서 기도를 하니 하나님이 목회자가 되라는 감동을 주셨습니다.

저는 주저하지 않고 저의 잠재력을 개발하기 위하여 도전한 것입니다. 40대 초반에 말입니다. 세상에서 쓰는 말로 표현하면 인생을 투기한 것입니다. 좋은 표현으로 말한다면 도전한 것입니다. 그것이 바로 신학을 하여 목회자가 되는 것입니다. 정말 생소한 일입니다. 그러나 반드시 군에서 보다 더 잘 된다는 확신이 생겼습니다. 그래서 희망이 없는 군대에서 명퇴하고 나오면서 많은 분들에게 나는 더 큰 일을 위하여 공부를 선택한다고 선포하고 군문을 나온 것입니다. 그 당시 모두 무모한 도전이라고 했습니다. 나이가 많다는 것입니다. 한마디로 안 된다는 것입니다.

저는 하나님의 뜻(말씀) 만을 믿고 신학을 해서 지금 이렇게 목회를 잘하고 있는 것입니다. 아주 귀하게 쓰임을 받고 있습니다. 제가 권면하고 싶은 것은 자신이 전력을 가지고 투자했던 것이 마음대로 되지 않았다고 쉽게 포기하지 말라는 것입니다. 좌절하지 말라는 것입니다. 반드시 하나님이 예비하신 다른 길이 있다고 믿어야 합니다.

다섯째, 끝을 보는 습관을 기르게 해야 한다. 시작한 일에 끝을 보는 것은 앞으로 인생을 살아가면서 중요한 습관 중의 하나입니다. 이런 습관은 그를 가장 고집스런 인간을 만들면서 인생에서 성공을 보장하는 열쇠이기도 합니다. 되도록 자녀들에게 할 일은 메모하는 습관을 들이도록 지도하세요. 스스로 할 일들은 꼼꼼하게 챙기고 반드시 완수하도록 지도하세요. 하나를 마무리하고 다음 일을 시작하는 습관을 갖게 하세요. 이것 했다가 저것 했다가 하면 되는 것이 하나도 없습니다. 인생은 그렇게 하루하루 최선을 다하는 속에 성공을 보장합니다. 하루아침에 모든 것을 이루려 하는 것은 부질없는 욕심입니다. 계획성 있게 하루하루 마무리를 잘하면서 사는 것이 성공을 보장하는 것입니다.

옛날 명언에 이런 글귀가 있습니다. '앞으로 한 자만 더 파면 나올 우물물을 파지 않고 근심만 하고 있도다.' 이제 한 자만 더 파면 물이 콸콸 나오게 될 텐데 그만 도중에 단념해 버립니다. 이런 상태에서는 지금까지의 노력이 모두 수포로 돌아간다는 교훈입니다. 여기서 '우물을 파다'는 '일을 완수하다'로 바꾸어서 해석해야 한다고 생각합니다.

무슨 일이든 계속 노력함으로써 이루어지게 됩니다. 정말 중요한 것은 재능이 아니라 끈기라고 말할 수 있을 것입니다. 어떤 일이든지 시작하기란 쉬운 일이지만 그것을 단념하지 않고 계속하기란 결단코 쉬운 일이 아닙니다.

어째서 계속할 수 없는 것일까요? 도중에 싫증이 나기 때문이라고 생각합니다. 혹은 나태한 마음에 사로잡히기도 할 것입니다. 도중에 자신의 한계나 어려움을 느끼고 내팽개치게 되는 경우도 있으리라 여깁니다. 저는 어려서 부터 좌우명이 있습니다. "일을 시작했으면 끝을 보아야 한다." 그래서 군 생활하면서도 저 나름대로 성공적인 군 생활을 했다고 자부합니다. 일이 떨어지면 반드시 끝을 보았기 때문입니다.

다른 한 가지는 "어려운 과제가 떨어지더라도 못한다고 하지 말자. 그냥 하다가 보면 하나님께서 할 수 있도록 지혜를 주신다." 저는 참으로 하나님의 사랑을 많이 받은 목사입니다. 군대에서 병과가 보병이지만 23년 군 생활 중에 참모생활을 15년을 했습니다. 참모 생활을 오래할 수 있었던 것이 어떤 일이 저에게 주어지더라도 할 수 있다고 생각하니까, 과제를 지혜롭게 해결하니 지휘관들이 저를 써주셨기 때문입니다. 이런 생활이 몸에 배어서 지금 목회에도 유용하게 사용하고 있습니다. 필자의 잠재력입니다.

이것은 우리 자녀들 인생에 있어서도 재산이라고 생각합니다. '이 세상의 모든 일은 끈기에 달려 있습니다. 끈기가 강한 자만이 최후의 승부를 얻는다.'라는 말이 새삼 절실해집니다. 자신을 채찍질하면서 '계속'이라는 자기지배력이 끈기를 지속시키는 포인트입니다. 일상생활 속에서의 사소한 일일지라도 하겠다고 마음을 먹었으면 계속하는 일이 무엇보다 중요합니다. 이 '계속 한다'는 기력을 가리켜 끈기라고 하는 것입니다. 일을 시작했으면 끝을 보는 습관을 어려서부터 길러야 합니다. 그래야 직장에서나 가정에서나 학교에서 살아갈 때 남에게 뒤떨어지지 않습니다.

여섯째, 가정 예배와 대화의 장소가 반드시 있어야 한다. 바쁜

스케줄에 가족 전체가 다 모여서 예배를 드리기는 어려울 것입니다. 그러나 모일 수 있는 수만큼 모여서 서로를 위해서 기도하고 예배드리면 두 세 사람이 모인 곳에는 주님이 직접 오신다고 하셨습니다. 모여서 대화할 수 있는 날을 정하면 좋습니다. 주님이 오시면 그냥 오시겠습니까? 반드시 복을 가지고 오시지요. 시편 128편 1절에 "여호와를 경외하며 그 도에 행하는 자마다 복이 있도다"고 했는데 우리가 가족 예배로 모여서 여호와를 경배하고 그 도를 다시 묵상하고 기억하면 하나님이 복을 주겠다고 한 것입니다.

우리 가정에 우리가 자녀를 키우면 이 자녀가 부모와 대화가 없을 때 문제가 생겨날 수가 있는 것입니다. 부모가 자녀들에게 친구가 되어 주어야 합니다. 그래서 대화의 상대가 되어 주어야만 되는 것입니다. 우리의 가족들이 모이면 서로 칭찬하고 고맙게 여겨야 가정이 화목하게 되는 것입니다.

27장 현실에 충실하고 만족해야 장수한다.

(렘 29:4-7)"만군의 여호와 이스라엘의 하나님께서 예루살렘에서 바벨론으로 사로잡혀 가게 한 모든 포로에게 이와 같이 말씀하시니라. 너희는 집을 짓고 거기에 살며 텃밭을 만들고 그 열매를 먹으라. 아내를 맞이하여 자녀를 낳으며 너희 아들이 아내를 맞이하며 너희 딸이 남편을 맞아 그들로 자녀를 낳게 하여 너희가 거기에서 번성하고 줄어들지 아니하게 하라. 너희는 내가 사로잡혀 가게 한 그 성읍의 평안을 구하고 그를 위하여 여호와께 기도하라 이는 그 성읍이 평안함으로 너희도 평안할 것임이라"

하나님은 현실에 충실한 성도가 되기를 원하십니다. 현실에 충실한 성도가 건강을 누리는 것입니다. 현실에 충실할 때 세상 사는 만족감을 얻을 수 있기 때문에 건강이 따라오는 것입니다. 현실에 충실할 수 있다는 것은 자신의 영-혼-육의 상태가 정상이라는 증거입니다. 몸을 움직여야 건강하고 장수한다고 합니다. 그래서 현실에 충실하면 건강하다는 것입니다. 크리스천이 현실에 충실할 수 있는 것은 행복 중에 행복입니다. 왜냐하면 자신이 전문성을 가지고 있더라도 영적으로 정신적으로 건강하지 못하면 현실에 충실하려고 해도 하지 못합니다. 저는 영적인 사역을 하는 목사로서 많은 크리스천이 영적으로 정신적으로 문제가 있어서 자신의 전문성을 활용하지 못하는 이들을 다수 만납니다. 참으로 안타까운 경우가 다수 있습니다.

그래서 하나님은 행복한 삶을 살아가려면 현실에 충실 하라고 말씀하십니다. 이 시간이 중요하고, 지금 하는 것에 최선을 다하라는 것입니다. 이 시간에 충실하지 못하며, 자신들이 이 시간에 다른 것 생각하고, 다른 것에 신경을 쓰고, 다른 행동은 몸은 여기 있지만, 마음은 콩밭에서 콩을 먹고 있는 것입니다. 아무것도 제대로 되지 않는 것입니다. 그래서 건강하고 행복한 생활을 하지 못하는 것입니다. 현실에 충실한 사람이 되면 마음의 여유가 생겨서 삶에서 건강을 누릴 수가 있는 것입니다.

건강하고 행복하며 아브라함의 복을 받으며 살아가고 싶다면 현실에 충실하십시오. 몸과 손은 여기서 일하면서, 마음과 생각은 다른 곳의 꿀단지를 생각하고, 콩 먹는 생각은 성경에서 잘 말하고 있습니다. 누가복음 9장 62절에서 "예수께서 이르시되 손에 쟁기를 잡고 뒤를 돌아보는 자는 하나님의 나라에 합당치 아니하니라 하시니라." 손에 쟁기를 잡고 뒤를 돌아보면 밭을 가는 농부가 밭을 갈아엎을 때 삐뚤삐뚤 갈아서 밭을 고르게 못 갈 아엎는다는 것입니다.

그러므로 밭을 갈아엎을 때는 밭가는 일에 충실 하라는 이야기 입니다. 지금 이 시간에 충실하시고 때와 장소와 형편과 환경을 분별하여 그 곳에서 맡은 일에 최선을 다하는 것입니다. 이 것은 밥 먹을 때 밥 먹고 화장실에서 볼일을 보아야지 다른 일을 그곳에서 하는 것은 맞지 않는 것입니다. 현실에 충실한 사람이 건강과 행복을 누리며 살아가는 것입니다. 현실에 충실하며 만족하니 영-혼-육이 건강한 것입니다. 건강하게 지내려면 현실에 충실한 크리스천이 되시기를 바랍니다.

성경에 나오는 믿음의 선진들은 모두 하나같이 현실에 충실한 삶을 살았습니다. 아브라함이나, 야곱이나, 요셉이나, 모세나 모두 현실에 충실한 삶을 살았습니다. 우리는 능력 전도되어 교회에 들어온 성도들을 현실에 충실한 크리스천이 되도록 해야 합니다. 현실의 삶에 충실한 사람은 남을 탓 할 시간이 없다는 것입니다. 모든 것이 자신의 탓이라는 것을 잘 알기 때문입니다. 마태복음 7장 1-2절에 "비판을 받지 아니하려거든 비판하지 말라. 너희가 비판하는 그 비판으로 너희가 비판을 받을 것이요 너희가 헤아리는 그 헤아림으로 너희가 헤아림을 받을 것이니라." 마태복음 7장 1-5절의 말씀은 비판을 받지 않기 위해서 비판을 하지 말라, 다른 말로 "남을 평가절하를 하지 말라"는 내용보다 자신을 돌아보는 자아성찰에 대한 내용을 먼저 담고 있습니다. 남을 이야기하기 전에 나부터 하나님 앞에 어떤 모습으로 살고 있는지부터 살펴봐야 한다는 말입니다. 자신을 만드는 일에 충실하라는 것입니다. 필자는 항상 이렇게 말합니다. 허황된 꿈을 꾸지 말고 현실에 충실하면서 자신을 만들어가라는 것입니다. 그래야 하는 일이 형통하여 건강하게 지낼 수가 있습니다.

하나님은 현실에 충실한자를 건강하게 하십니다. "그러므로 내일 일을 위하여 염려하지 말라 내일 일은 내일에 염려할 것이요, 한 날의 괴로움은 그 날로 족하니라."(마6:34). 내일일은 난 몰라요, 하루하루 살아요. 하루하루 현실에 충실하게 살아가면 행복한 것입니다. 다가오지도 않은 미래에 대하여 걱정하기 때문에 불행한 것입니다. 과거에 얽매이는 마음을 말씀과 성령과 기도로 치유하면 그만이지 현실까지 가지고 와서 얽매이는 것은 어리석은 일입니다. 또한 우리들 대부분은 오지도 않은 미래에 대해 고민하며 어찌될까… 얽매이고 있습니다.

미래에 얽매이는 마음 때문에 현실을 그르치는 경우를 많이 봅니다. 미래에 대한 그 어떤 계획이 있다면 고민하고 머리 굴려 불필요한 시간을 낭비 할 것이 아니라, 현실에 충실하면 기회를 잡게 되는 것입니다. 기회는 현실에 충실한 사람에게 찾아오기 때문입니다. 건강과 행복은 현실에 충실한 사람이 누리는 것입니다.

우리가 생각하는 미래의 성공이란 말은 고정되어 있지 않기 때문에 어디에도 집착할 필요가 없다는 것을 알아야 합니다. 재수생에게 있어 목표는 '현실에 열심히 공부하는 것' '열심히 수능을 준비하는 것'이 되어야지, 고정지어 '서울대'가 목표가 되어서는 안 된다는 것입니다. 행복과 성공이란 것은 고정되게 '서울대'에 있는 것이 아니기 때문입니다. 서울대 가도 잘 되는 사람이 있고, 못 되는 사람이 있고, 다른 대학을 가도 잘 되는 사람이 있고, 못 되는 사람이 있으며, 대학을 가지 않아도 잘 되는 사람이 있고, 못 되는 사람은 있기 마련입니다.

그러나 우리는 미래에 '이러저러하게 되어야지' 하고 고정되게 계획을 잡아 두기 때문에 그 계획이 무산되어 갈 때 괴로워하고 불행하여 현실을 그르치게 됩니다. 목표는 '서울대' '대기업' '사법고시'…에 있는 것이 아니라, 오직 '현실을 어떻게 살아가고 있는가'에 있음을 알아야 합니다. 현실에 충실하며 깨어 있고 집중하여 충실할 수 있다면 그것이 바로 최상의 미래 준비인 것입니다.

이렇듯 우리가 일상에서 체험한 '괴로움'의 실체는 어리석게도 과거나 미래로 마음을 흘려보내기에 일어나는 하등에 쓸모없는 '괴로움'으로 괴로워하지 않아도 될 괴로움인 경우가 많습니다. 오직 현실에 충실하면 괴로움은 많이 줄어들게 될 것입니다.

현실의 삶에서 인간은 존재하고, 미래, 현재 그리고 과거의 삶을 이야기 합니다. 어거스틴은 "이미 지나가버린 시간 즉 과거는 더 이상 존재하지 않는 것이므로 시간적 길이를 가지지 않고, 아직 다가오지 않은 시간 즉, 미래도 존재하지 않으므로 시간적 길이를 가지지 않기 때문에, 오직 우리가 계산하고 있는 시간은 우리의 의식을 통해서 지각하는 시간적 길이를 가진 현재 뿐이다"라고 했습니다.

현재에 충실한 자들에게 미래에 희망이 약속됩니다. 현실에 충실하지 아니할 때 미래에 대한 희망과 행복을 꿈꾼다면 그 꿈들은 현실로 이어지지 못합니다. 영원한 꿈으로만 존재할 뿐입니다. 꿈이 현실화되기 위해서는 현실에 충실하면 되는 것입니다. 내일의 비전을 위해 오늘 현재 하는 일 만큼 그 꿈은 이루어져가고 있습니다.

그러나 근심과 걱정으로 끊임없는 부정적인 생각은 마음에 절망을 가져오지만 격려의 말은 그를 다시 일으켜 줍니다. 다시 일어난다는 말은 오늘에 충실한 의욕 있는 사람으로 변한다는 뜻입니다. 불행한 사람은 항상 생각한다는 것이 사람을 잔인하게 괴롭히는 것 밖에 모릅니다. 그러나 행복한 사람은 얼굴 빛 부터가 다릅니다.

현실에 충실 하라. 이것이 21세기 인터넷 문화 속에 빠져있는 크리스천에게 하시는 주님의 메시지입니다. 마태복음 7장 3~4절 "어찌하여 형제의 눈 속에 있는 티를 보고 네 눈 속에 있는 들보는 깨닫지 못하느냐 보라. 네 눈 속에 들보가 있는데 어찌하여 형제에게 말하기를 나로 네 눈 속에 있는 티를 빼게 하라 하겠느냐" 비판을 비판으로 끝내지 말고 자신도 다른 사람에게 비판의 대상이 될 수 있음으로 자신부터 돌아보는 삶을 살아야 합니다. 그러므로 우선적으로 실천 되어야 할 것은 "자신을 돌아보는 삶"입니다.

성도들이 인생을 살면서 남의 탓을 하는 경우가 많습니다. 일을 할 때에도 원인을 자신에게서 찾지 않고 상대방에게 그 원인을 돌리는 경우가 많습니다. 그래서 남에게는 엄격한 잣대를 들이대고 자신에게는 후한 잣대를 들이대다 보니 주변사람들로부터 원망이 그치지 않고 핑계가 떠날 줄을 모릅니다.

정치계와 가정과의 공통점은 항상 안 되는 원인을 "외부적인 요인"에서 찾으려고 합니다. 학생들이 공부를 못하는 경우를 자신만이 쓸 수 있는 방이 없어서, 학원을 못 가서, 참고서를 못 사서 등의 이유라고 합니다. 그러나 막상 공부할 수 있는 방을 만들어주거나 학원을 보내고 참고서를 사주면 공부를 잘하느냐? 아닙니다. 없을 때보다 더 성적이 떨어지는 경우가 있습니다.

그러면 그 이유가 뭘까요? 공부는 "자기노력을 기본전제"로 하기 때문입니다. 하지만 학생 스스로 자신이 실패한 원인을 다른 곳에서 찾고 어쩔 수 없었다는 핑계를 대며 자기정당성을 주장한다면 이 학생은 이미 실패한 인생일 수밖에 없습니다. 물론 환경이 맞지 않아 공부에 집중하지 못하는 학생도 많습니다. 하지만 대부분의 학생이 학업에 대한 열정이 없는 한 공부는 쉽게 되지 않습니다. 공부하는 학생은 공부하는 일에 충실해야 좋은 성적을 거두는 것입니다. 자연스럽게 몸도 건강하게 되는 것입니다.

또한 그들이 환경에 부족함을 통해 항시 마음에 섭섭함을 가지고, 또 그 섭섭함을 못 견뎌 말하려는 행위의 근본은 "자기 자신을 돌아보지 못하는 것"에 그 원인이 있습니다. 그러면 어떤 사람이 비판의 대상이 되지 않을까요? "남을 나보다 낮게 여기는 사람," 그리고 "자신에게 충실한 사람"은 비판의 대상이 되지 않습니다. 자신을 준비하는 사람은 비판의 대상이 되지 않습니다. 자신을 위하여 준비하여 모범이 되기 때문입니다. 이 사람은 어떤 일을 해도 남을 배려하는 마음이 있고 그 안에 넉넉함이 있습니다. 그래서 모든 것에 다 충실할 수는 없지만, 자신이 최선을 다해 살아가는 것에는 그 누구도 따라 올 수 없습니다.

그러면 성도는 어떻게 살아야 할까요? 누가복음 5장 5절 "시몬이 대답하여 이르되 선생님 우리들이 밤이 새도록 수고하였으되 잡은 것이 없지마는 말씀에 의지하여 내가 그물을 내리 리이다" 시몬 베드로는 밤 새 수고하여 물고기를 잡으려고 노력했으나 아무것도 얻지 못했습니다. 그러나 그의 입에서 그 어떤 불평도 없었습니다. 왜냐하면 자신의 일에 최선을 다했기 때문입니다. 또한 자신에게 주어진 일은 남 탓을 한다고 얻어지는 것이 아닌 것을 너무도 잘 알고 있기 때문입니다.

그러므로 시몬 베드로는 자신이 수고하여 아무것도 얻지 못했으나 "말씀에 의지하여 내가 그물을 내리리이다."고 순종한 것입니다. 그러므로 성도는 현실의 삶에서 최선을 다하고 살 때 남을 판단할 능력은 사라지고 자신에게 주어진 일에 전념을 할 수 있음을 알 수 있습니다.

또한 자신이 할 수 없을 때에 말씀을 의지하여 그물을 내리는 자기 노력이 절실히 필요합니다. 비판은 "자기 노력이 없을 때에 비교의식"으로부터 생기는 것입니다. 그러나 주님은 그 비교의식이 내 영적인 세계까지 뒤흔들 수 있다고 말씀하십니다.

그러므로 밤새 수고하여 얻은 것이 없는 베드로와 같은 심정일지라도 "말씀에 의지하여, 또 다시 삶에 현장에서 충실하게 일을 다 할 때 기쁨의 열매를 얻을 수 있는 것"입니다. 하나님께서는 내가 보는 것이 전부라고 말씀하시지 않습니다. "항시 보이지 않는 것, 아직 내게 주어지지 않은 것을 기대하고 그것을 받은 줄로 믿으라고" 하십니다. 자신을 돌보는 것, 남을 나보다 낮게 여기는 것이 크리스천으로서 해야 할 과제입니다.

현실에 충실한 크리스천이 되어 영−혼−육이 건강하게 지내기 위하여 이 말을 가슴에 새겨야 합니다. "가장 현명한 사람은 늘 배우려고 노력하는 사람이고, 가장 훌륭한 정치가는 떠나야 할 때가 되었다고 생각이 되면 하던 일을 후배에게 맡기고 미련 없이 떠나는 사람이며, 가장 겸손한 사람은 개구리가 되어서도 올챙잇적 시절을 잊지 않는 사람이다." "가장 좋은 스승은 제자에게 자신이 가진 지식을 아낌없이 주는 사람이고, 가장 훌륭한 자식은 부모님의 마음을 상하지 않게 하는 사람이며, 가장 현명한 사람은 놀 때는 세상 모든 것을 잊고 놀며, 일 할 때는 오로지 일에만 전념하는 사람이다. 가장 훌륭한 삶을 산 사람은 살아있을 때보다 죽었을 때 이름이 빛나는 사람이다."

본문은 바벨론에 포로로 끌려간 유대인들에게 하나님께서 권면하시는 말씀입니다. 하나님께서는 그들에게 하나님이 허락하신 심판의 결과를 겸손히 받아들이라고 말씀하십니다. 그래서 과거를 생각하면서 회한에 빠져 시간을 낭비하지 말고, 주어진 환경에서 열심히 살라고 하십니다. 지금 포로로 온 이 땅에서 집을 짓고 농사를 지어 살고, 자녀들을 생산하여 번성하라고 말씀하십니다.

하나님의 심판은 이미 이루어졌고, 과거의 영화는 지나갔습니다. 지금 필요한 것은 다시 그런 심판이 이르지 않도록 회개하고 겸손히 현실을 받아들이는 것입니다. 이미 지나간 일에 대해 후회하지 말고, 앞으로 닥칠 일에 대해 불안해하지도 말고, 현재를 사는 훈련을 해야 합니다. 천국을 바라보는 성도는 현실에 너무 집착해서도 안 되지만, 또 현실을 너무 외면해서도 안 됩니다. 멀리 천국을 바라보면서도 지금 내가 사는 이 땅에서 성실하게 사는 것이 중요합니다.

요셉은 하나님께서 주신 꿈을 간직하고 있었습니다. 자기 형제들과 부모까지 자기 앞에 절하는 존귀한 자가 될 것을 미리 바라봤습니다. 그러나 현실은 정반대였습니다. 형제들이 그를 이스마엘 상인에게 노예로 팔아넘기는 바람에 멀리 애굽 땅에서 하루하루 천대를 받으며 살았습니다. 그러나 요셉은 현실을 비관하고 불평하며 막 살지 않았습니다. 있는 자리에서 충성을 다했습니다. 지금 자기 앞에 있는 주인을 최선을 다해 섬깁니다. 주인은 요셉을 기뻐하여 가정 총무의 일을 맡겼고, 요셉은 여전히 성실히 일합니다.

그런데 모함에 빠져 이제는 감옥에 갑니다. 그렇다고 낙심하지 않았습니다. 동일하게 감옥에서도 성실합니다. 마침내 30세가 되자 하나님께서는 요셉을 애굽의 총리가 되게 하십니다. 꿈이 이루어진 것입니다. 요셉이 꿈을 이루기까지 많은 시간이 걸렸지만 현실에 충실한 결과였습니다. 주어진 현실에 충실하니까 하나님께서 한꺼번에 좋은 것으로 갚아 주신 것입니다.

우리의 인생도 너무 멀리 바라보면 쉽게 지칩니다. 꿈은 높이 있어도, 낮추어서 현실을 성실하게 살아가는 것이 필요합니다. 필자는 이글을 아주 좋아합니다. "가장 좋은 스승은 제자에게 자신이 가진 지식을 아낌없이 주는 사람이고, 가장 훌륭한 자식은 부모님의 마음을 상하지 않게 하는 사람이며, 가장 현명한 사람은 놀 때는 세상 모든 것을 잊고 놀며, 일 할 때는 오로지 일에만 전념하는 사람이다. 가장 훌륭한 삶을 산 사람은 살아있을 때보다 죽었을 때 이름이 빛나는 사람이다."

우리의 인생도 너무 멀리 바라보면 쉽게 지칩니다. 꿈은 높이 있어도, 낮추어서 현실을 성실하게 살아가는 것이 필요합니다. 높은 계단을 오를 때 바로 앞의 계단만 보면 지치지 않습니다. 천리 길도 한 걸음씩 가면 지치지 않습니다. 필자가 특수부대 지휘관 할 때의 일입니다. 천리(400km)행군할 때 병사들에게 앞사람의 발뒤꿈치만 바라보고 가면 언젠가 목표점에 도달한다고 강하게 말합니다. 그러면 결국 목표지점에 도달합니다. 하나님과 대화하며 하나씩 해결하시고, 한 걸음씩 나아가십시오.

우리의 감정을 이제는 자기중심에서 예수님 중심으로 옮겨야 합니다. 예수님은 자신을 십자가에 못 박는 이들을 위해서 "아버지여 저희를 사하여 주옵소서, 자기의 하는 것을 알지 못함이니이다"(눅23:34). 라고 오히려 기도해주셨던 분이십니다. 우리는 우리의 삶의 환경을 축복해야 합니다. 지금 우리가 살아가고 있는 이 자리가 잘되어야 우리들이 잘됩니다. 우리의 회사가, 직장이, 잘되기를 기도해야 합니다. 발전하기를 기도해야 합니다. 그래야 우리가 잘되는 회사, 직장에 다닌다는 자부심도 얻을 수 있는 것입니다. 지금 현실에 충실 하고 만족하는 것이 행복인 것입니다.

"그러므로 내가 첫째로 권하노니 모든 사람을 위하여 간구와 기도와 도고와 감사를 하되, 임금들과 높은 지위에 있는 모든 사람을 위하여 하라. 이는 우리가 모든 경건과 단정한 중에 고요하고 평안한 생활을 하려 함이니라."(딤전 2:1-2).

내가 살고 있는 사회와 국가를 위해 기도하는 것이 성도의 마땅한 본분입니다. 나라가 평안해야 나도 평안할 수 있으며, 신앙생활도 잘 할 수 있기 때문입니다. 환난이 오면 정상적으로 하나님을 섬길 수 없습니다. 나라와 사회가 질서가 잡히고 공정하게 되어야 전도할 때도 어려움이 없습니다. 그렇게 성도는 평안함 가운데 천국을 향해 가는 것이 복입니다. "저희가 평온함을 인하여 기뻐하는 중에 여호와께서 저희를 소원의 항구로 인도하시는 도다"(시 107:30).

신앙생활에 장애물이 없도록 기도하는 것이 또한 우리의 기도제목이 되어야 합니다. 몸이 너무 아파도 신앙생활을 잘 할 수 없고, 또 너무 가난하거나 여러 가지 복잡한 문제가 얽혀도 신앙생활을 잘 할 수 없습니다. 내 삶에 도움이 되지 않는 일들은 과감하게 정리하고 생활을 단순화시키시기 바랍니다. 현실을 행복하게 살고, 주님을 잘 섬기기 위해서 불필요한 잔가지들을 쳐내는 지혜가 필요합니다. 그래야 건강한 삶을 살게 됩니다.

교회는 전도되어 들어온 성도들이 현실에 충실한 삶을 살아가도록 도와야 합니다. 삶을 살아가면서 알게 모르게 고통을 가하는 영적인 문제를 해결해야 합니다. 말씀과 성령으로 자유 함을 얻어서 현실에 충실하도록 성도들을 인도해야 할 것입니다. 영육이 말씀과 성령으로 장악되도록 해야 합니다.

개척교회를 하시는 목회자들도 마찬가지입니다. 교회를 개척했으면 하나님께 기도하여 어떻게 목회하면 교회를 자립성장 시키겠는가, 기도하면서 노력하지 아니하고, 몇 천 명 몇 만 명의 교회로 성장한 교회와 같이 순간에 성장시켜보려고 허황된 꿈을 가지고 행동합니다. 개척한 교회의 자립 성장에는 관심이 없고, 한순간 대 교회로 성장시켜 보려고 사람들이게 보이는 박사학위나 받으려고 다닙니다. 자신의 내면에는 관심이 없습니다. 하나님과 관계를 여는 일에는 관심이 없습니다. 보이는 면에만 충실합니다. 하루하루 이런 세월을 보내다가 보니까, 나이가 들어버립니다. 그러니 이것도 아니고 저것도 아닌 반건달이 된 목회자가 많습니다. 모두 현실에 충실하지 못하여 당하는 고난입니다. 전도되어 교회에 들어온 성도들을 현실에 충실한 성도가 되도록 지도해야 합니다. 그래야 하나님의 뜻대로 영-혼-육이 건강한 삶을 살아갈 수가 있습니다.

이 책을 통해 예수님이 땅끝까지 전파 되기를 소원합니다.
(출판으로 인한 이익금은 문서선교와 개척교회 선교에 사용합니다.)

백세시대 예수 안에서 장수하는 법

발 행 일 l 2016.08.01초판 1쇄 발행

지 은 이 l 강요셉

펴 낸 이 l 강무신

편집담당 l 강무신

디 자 인 l 강요셉

교정담당 l 원영자

펴 낸 곳 l 도서출판 성령

신고번호 l 제22-3134호(2007.5.25)

등록번호 l 114-90-70539

주   소 l 서울 서초구 방배천로 4안길 20(방배동)

전   화 l 02)3474-0675/ 3472-0191

E-mail l kangms113@hanmail.net

유   통 l 하늘유통. 031)947-7777

ISBN l 978-89-97999-46-0 부가기호 l 03230

가   격 l 16,000원